111 GRÜNDE, CHILE ZU LIEBEN

Johanna Umbach

111 *Gründe,* *Chile* *zu lieben*

Eine Liebeserklärung an das schönste Land der Welt

SCHWARZKOPF & SCHWARZKOPF

Inhalt

der Welt • Weil Stromausfälle hier romantisch sind • Wegen der Demonstrationen • Weil der Klimawandel bereits Realität ist und Chile als Lernbeispiel dienen kann • Wegen der Wege und Straßen • Weil Vulkane allgegenwärtig, wunderschön und bedrohlich sind • Weil Chile mit Draht zusammengehalten wird • Weil Chilenen den Tag genießen – denn es könnte immer der letzte sein

Vorwort

111 Gründe, Chile zu lieben ist für alle, die das lateinamerikanische Land »von innen« kennenlernen wollen, die einen Einblick in die Kultur erhaschen und verstehen wollen, wie die Chilenen fühlen, denken und ihren Alltag erleben. Es soll Lust machen, selbst hinzufahren, mitzumachen, zu probieren und nachzufragen. Chile ist ein riesiges Abenteuer und eine Herausforderung für effizienzverwöhnte Europäer, und genau deswegen fahren ja auch viele hin. Man kann die großartigsten Naturspektakel der Welt beobachten, eine Weite und Freiheit spüren, die einem den Atem verschlägt, und Menschen kennenlernen, die alles geben, obwohl sie nichts haben. Die Chilenen sind einfach wunderbar, weil sie jeden Tag leben, als wäre es der letzte. »Was man gegessen und getanzt hat, kann einem keiner mehr nehmen«, sagen sie und drücken damit ein unglaublich chilenisches Lebensgefühl aus. Familie und Freunde sind die wichtigsten Koordinaten, und mit ihnen teilt man alles. Vielleicht hat dieses Lebensgefühl auch etwas damit zu tun, dass kein Jahr ohne eine größere Naturkatastrophe oder politische Krise vergeht und man immer auf das Schlimmste gefasst sein muss.

Dieses Buch ist ein sehr persönlicher Blick auf ein Land, mit dem mich schon eine längere Geschichte verbindet. Ich habe das Glück, seit meiner Jugend zwischen Deutschland und Chile hin- und herzutauschen, und mein Partner ist Chilene. Deswegen lebe ich zeitweise im Süden des lateinamerikanischen Landes, und diesen Schwerpunkt habe ich auch im Buch gesetzt. Hier sind die indigenen Mapuche in vielen Gemeinden in der Mehrheit, und ihre Kultur prägt die Region und auch mein Erleben. Das ist nicht in allen Landesteilen der Fall, aber ein wichtiges Element chilenischer Realität und eine sehr wertvolle Bereicherung.

Chile ist eine wunderbare Herausforderung und lässt ganz sicher niemanden kalt. Die Chilenen haben eine Energie, die bewundernswert ist, eine Mischung aus Begeisterung, Aufbruchstimmung, Solidarität und einem Glauben, Berge versetzen zu können. Gleichzeitig kann man vor der Frustration und sozialen Ungerechtigkeit, vor Ineffizienz und Armut nicht die Augen verschließen. Ich liebe Chile, aber manchmal hasse ich es auch. Es war nicht einfach, die richtigen Worte für diese Liebe zu finden. Und nicht alle 111 Gründe, die ich anführe, sind wirklich liebenswert. Einige sind traurig oder nachdenklich, manche empörend oder sogar verstörend. Alle aber gehören zu Chile dazu und helfen zu verstehen, wie die Chilenen ticken. Wer nach Chile reist, der wird immer wieder vor Situationen stehen, die begeistern, zum Nachdenken und Einordnen anregen, die die eigenen Vorstellungen von Richtig und Falsch herausfordern und die nicht einfach schwarz oder weiß sind. Auf dieser Reise wird man sicherlich einiges über das Land und die Menschen lernen. Vor allem aber wird man viel über sich selbst lernen.

Johanna Umbach

Kapitel 1

Einleitung

1. Grund

Weil Chile die atemberaubendsten Naturspektakel der Welt zu bieten hat

Wer an Chile denkt, der sieht schneebedeckte Vulkane, die endlosen Weiten der Carretera Austral, Geysire, die hoch aufragenden Granitberge Torres del Paine, Gletscher mit spiegelglatten Bergseen und die Wüste der Atacama vor seinem inneren Auge vorbeiziehen. Er denkt an fantastisch anmutende Flamingos, die wie gemalt irgendwo in den Hochanden an einem Wasser herumstehen, an Guanacos und Vicuñas an staubigen Straßenrändern, Wale, Delfine und Pinguine und kann es kaum erwarten, all das mit eigenen Augen zu sehen. Es ist nicht verwegen, zu sagen, dass Chile mit den beeindruckendsten Naturschauspielen der Welt prahlen kann. Wer Naturliebhaber ist und die ungezähmte Wildheit und Schönheit unserer Erde erleben will, wird hier auf jeden Fall auf seine Kosten kommen. Und auch, wer nur neugierig ist, wird immer wieder staunend und ehrfürchtig dastehen und sich unglaublich klein fühlen vor der Macht der Natur, die in Chile sicht- und spürbar wird. Chile zählt inzwischen 41 Nationalparks, die sich wie an einer Schnur von Nord nach Süd aneinanderreihen, und jeder einzelne ist einen Besuch wert. Man kann die sehr lohnenswerten Top Ten anfahren, wobei in den Sommermonaten damit zu rechnen ist, dass man nicht allein ist, oder man besucht einen unbekannteren Nationalpark oder einfach eine alternative Route. Sehr oft wird man dort keiner Menschenseele begegnen und auch nur sparsam Hinweisschilder, Wege, Mülleimer oder Hütten finden. Chile ist Naturerlebnis mit allen Sinnen – man sollte gut vorbereitet sein. Gute Wanderschuhe, Kleidung gegen Regen und Kälte, eine gute Karte, Taschenlampe, ggf. ein Zelt und ein warmer Schlafsack sind absolut sinnvoll, wenn man Nationalparks erkundet. Selbst der erfahrenste Wanderer stand schon plötzlich vor einem überfluteten Wanderweg, es gab keinen Mobilfunk-Empfang, und die Tour wurde plötzlich länger als geplant. Denn auch das gehört eben dazu: Chiles Naturgewalten sind größer als wir Menschen, und das ist ein riesiges und wunderschönes Abenteuer!

2. Grund

Weil man von fast überall die Anden oder das Meer sehen kann

Von Nord nach Süd ist Chile über 4000 Kilometer lang, aber an der schmalsten Stelle nur etwa 90 Kilometer breit. Das heißt, dass man fast immer die Anden oder das Meer sehen kann – oder wenigstens riechen. Beide sind jedenfalls wichtige Bezugsgrößen für die Menschen. Wer in Chile nach einer Wegbeschreibung fragt, der wird sehr oft hören *hacia la cordillera* (Richtung Kordillere) oder *hacia el mar* (Richtung Meer), denn das sind für Chilenen die wichtigen Koordinaten. Ob links oder rechts, Ost oder West ist völlig egal, wenn man die Berge oder das Meer ja sieht. Weil Links und Rechts nicht so beliebte Größen für viele Chilenen sind, wird die Wegbeschreibung auch gern mit einer Mimik unterstützt – dabei deutet der Sprecher mit geschürzten Lippen in die gemeinte Richtung und hebt dabei leicht den Kopf. Klar, er meint: Richtung Meer oder Richtung

Berge. Ob man nun in der Nähe des einen oder anderen Endes lebt, macht einen Unterschied in der Kultur und Lebensform der Menschen. Die meisten Chilenen jedoch leben in den Städten und im Valle Central, also dem Zentraltal, denn dort waren Landwirtschaft und Besiedlung historisch am einfachsten. Aber selbst in Santiago, wo der Himmel oft von Smog und Abgasen verschleiert ist, hebt man plötzlich an einem klaren Tag die Augen und sieht die schneebedeckten 5000er über der Stadt thronen. Dann weiß man: Es ist Zeit, mal wieder in die Berge oder ans Meer zu fahren!

An einem einzigen Tag am Vormittag Ski zu fahren und am Nachmittag am Strand zu liegen, das ist in Chile kein Problem. Viele Agenturen und Tourismus-Anbieter werben damit. So kann man beispielsweise am Ski-Zentrum *Valle Nevado* bei Santiago oder auf dem Vulkan *Villarrica* im Süden des Landes morgens am Ski-Lift stehen und wenig später entweder am *Lago Villarrica* am schwarzen Vulkansandstrand liegen oder tatsächlich zwei bis drei Stunden bis an den Pazifik fahren. Für die meisten Chilenen ist so eine Freizeitgestaltung finanziell unmöglich, und nur sehr wohlhabende Familien können es sich leisten, Ski zu fahren. Aber auch wenn man in den Anden auf einen Berg oder Vulkan geklettert ist und auf der einen Seite bis Argentinien blicken kann, ist es schön zu wissen, dass man jedenfalls theoretisch noch am selben Tag am Meer zu Bett gehen könnte.

3. Grund

Weil die Chilenen großzügig, gastfreundlich und solidarisch sind

Mi casa es tu casa – Mein Haus ist dein Haus. Diesen Satz wird man häufiger hören, wenn man in Chile privat irgendwo zu Gast ist, und er ist ernst gemeint. Die allermeisten Chilenen sind sehr gastfreundlich und Fremden gegenüber aufgeschlossen. Heimlich bewundern sie Europa und die USA, und deswegen sind Reisende von dort auch besonders gern gesehen. Ziemlich schnell und spontan werden sie irgendwo eingeladen und plötzlich mit Aufmerksamkeit und Liebenswürdigkeit überschüttet. Der Gast bekommt das Beste, was man hat, auch wenn das bedeutet, dass man selbst auf dem Sofa schläft und für den Rest des Monats pleite ist. Notfalls werden Stühle vom Nachbarn geliehen und das Wohnzimmer umgeräumt. Ein Gast kann so lange bleiben, wie er möchte, und es wird keine Gegenleistung erwartet. Liebe geht bekanntlich durch den Magen, und auch Gastfreundschaft ist meistens direkt mit Essen verbunden. Das bedeutet für den Gast, dass er alles probieren, loben und viel essen muss. Der Gastgeber lässt es sich nicht nehmen, alles zu bezahlen (auch wenn es dem Gast viel leichter fiele) und dabei nur das Beste aufzutischen: Natürlich Fleisch, manchmal ein *Asado*, meistens Brot und *Pebre* (eine scharfe Soße), vielleicht Suppe und natürlich ein guter Wein, der Beste, den man kriegen konnte, alternativ auch Bier oder andere Alkoholika. Auch chilenische Gäste werden so behandelt, und man macht einen Wettbewerb daraus, wer schneller für alle bezahlt. Dabei versteht sich von selbst, dass jeder mal am schnellsten ist. Als Ehrengast darf man es dem Gastgeber natürlich nicht nehmen, eine Einladung auszusprechen. Wenn man jedoch zum wiederholten Male zu Gast ist, bietet es sich an, genau zu beobachten und selbst auch mal schnell beim Kellner oder an der Kasse zu sein und für alle zu zahlen.

Todo vuelve – alles kommt zurück. Dieser Glaube könnte auch mit dazu beitragen, dass die Chilenen so freigiebig sind. Es kann einem passieren, dass man einen Haushaltsgegenstand, den man eben noch aus Höflichkeit bewundert hat, plötzlich als Gastgeschenk in die Hand gedrückt bekommt. Freundinnen leihen sich gegenseitig Kleidung und Schmuckstücke, Bücher und Materialien, ohne zu erwarten, dass die Gegenstände auch zurückgegeben werden. Geiz oder Nicht-teilen-Können sind unpopulär und auch nicht verbreitet. Schon Kinder werden dazu erzogen, Süßigkeiten und Spielzeug zu teilen, und diese Tugend zieht sich weiter durch das ganze Leben. Die Erfahrung, dass Freigiebigkeit mit doppelter Freude vergolten wird und Menschen einem im Gegenzug helfen, wenn man es selbst nötig hat, machen Chilenen jeden Alters immer wieder. Deswegen wundert es auch nicht, dass sich so viele Chilenen freiwillig engagieren und anderen helfen. Ob im Nachbarschaftsrat *Junta de Vecinos* oder in der aus der Not entstandenen Suppenküche für die Opfer einer Naturkatastrophe, ob in einer großen Organisation wie *Techo*, die mit Freiwilligen an einem Wochenende Notbehausungen für in Armut lebende Familien baut, oder im Tierheim oder bei Organisationen wie *Coanil*, die sich für Kinder mit Behinderung einsetzen – viele Chilenen sind sehr solidarisch und setzen sich in ihrer Freizeit für andere ein. Dabei entstehen neue Freundschaften und ein Netzwerk an Helfern, die sich auch gegenseitig beistehen, wenn es nötig ist. Dass viele Leistungen, die private oder gemeinnützige Organisationen mit Freiwilligen erbringen, eigentlich Aufgaben des Staates sind, steht auf der anderen Seite der Medaille.

4. Grund

Weil Chile Freiheit bietet

Wer auf einer Schotterpiste Richtung Nationalpark unterwegs ist, den riesigen Himmel über und die Andenkordillere oder einen schneebedeckten Vulkan neben sich, den Geruch von Staub in der Nase und alle wichtigen Dinge in einem Rucksack, den wird ein erhebendes Gefühl von Freiheit und Wildheit befallen, das Chile ausmacht. Alles scheint möglich – und zwar in vielerlei Hinsicht. Außerhalb der großen Städte ist die Staatsmacht meist weit, keiner ist da, um einem zu verbieten, irgendwo ein Zelt aufzuschlagen, ein Haus zu bauen oder laut Musik zu hören. Wälder, Lavafelder, Seen und Wiesen – alles ist riesig, weit, und in tagelangen Wanderungen wird man keine weitere Menschenseele antreffen. Der Staat ist nicht nur weit, er bietet auch wenig Schutz in Krisen. Man hilft sich also selbst, und da dies »schon immer« so war, hat man tiefstes Vertrauen in die eigenen Fähigkeiten. Da es nur in wenigen Kommunen Flächennutzungspläne gibt, bauen Familien und Einzelpersonen, wo es ihnen passt und wenn Zeit und Geld da sind. Dabei entstehen lustige, manchmal schiefe, manchmal hässliche Gebäude oder Hütten, und mit der Zeit werden diese Bauten verbessert, vergrößert und verschönert. Der Wille der Eigentümer ist dabei entscheidend: Auch wenn wenig Geld da ist – Familie und Freunde werden mobilisiert und helfen mit, um den Traum zu verwirklichen oder die dringende Notlage zu beheben – denn alles ist möglich. Manchmal scheint es, als wären 20 Millionen Chilenen Kleinunternehmer und gerade dabei, ihr Business zu entfalten. Wer am Ende des Monats noch die Miete zahlen will, muss natürlich auch mit großer Dringlichkeit in die Gänge kommen. Die unternehmerische Energie und der Glaube an sich selbst, den die Chilenen dabei entwickeln, sind beneidenswert. Ob die Ausbildung stimmt, Infrastruktur oder Maschinen da sind oder die Arbeit effizient gestaltet werden kann, ist bei einer Gründung nicht so entscheidend, denn es gibt wenig staatliche Vorgaben, um Qualität und Sicherheit zu garantieren, und meistens beginnen die Menschen erst einmal und kümmern sich später um den »Rest«. Die Firma oder das Projekt kann auch erst mal jahrelang ohne Anmeldung oder Steuerzahlungen laufen, ohne dass dafür gleich Strafen anfallen würden. Ein Grundstück kaufen, ein Haus bauen, einen Kiosk oder ein anderes Geschäft eröffnen – all das ist in Chile sehr schnell möglich, denn der Wille, es zu schaffen und dabei auch selbst anzupacken, versetzt bekanntlich Berge.

Auch bei politischen Themen bemerkt man schnell, dass die Chilenen sich alles zutrauen und zutiefst an die Möglichkeit des Wandels glauben. Klar, viele haben in wenigen Jahren den Sozialismus Allendes, die Militärdiktatur und die Rückkehr zur neuen Demokratie miterlebt und damit am eigenen Leib erfahren, dass Politik aktiv gemacht wird und sie ihr nicht nur passiv ausgesetzt sind. Mit großer Leidenschaft und hohen Idealen setzen sich viele jüngere Chilenen für ein gerechteres Land ein und träumen groß. Sie glauben nicht nur daran, dass sie ihr Land und ihre Realität verändern können, sondern sie sind schon mitten dabei. Ob es um das Recht auf eine kostenlose Bildung, würdige Rente und Krankenversorgung, um Schwangerschaftsabbruch oder gleich die Neugründung des Staates durch eine neue Verfassung geht – in Chile scheint alles ständig in Bewegung, und alles möglich. Diese Freiheit und Fähigkeit der Chilenen, zu träumen, ist voller Energie, bewundernswert und nur zu vergleichen mit dem Gefühl, alles Wichtige im Rucksack zu haben und sich aufzumachen in die unbekannten Weiten eines Nationalparks.

5. Grund

Weil man fast alle Klimazonen in einem Land finden kann

Der Wetterbericht in Chile zieht sich normalerweise etwas länger hin als in Deutschland: Die Wetterfrösche müssen mal eben das Wetter für fünf Klimazonen ansagen, und das kann dauern. Chiles Klima ist geprägt vom kalten Humboldt-Strom, der von Nord nach Süd an der Küste entlangströmt und kaltes Tiefenwasser an die Oberfläche befördert. Er sorgt für recht niedrige Wasser- und kühle Lufttemperaturen, ein Bad im Pazifik ist also eher eine Mutprobe. Trotzdem ist es in Chile immer gerade irgendwo warm und sonnig, man muss nur gegebenenfalls ein paar Tausend Kilometer fahren. Da das Land auf der Südhalbkugel liegt, sind die Jahreszeiten immer genau umgedreht zu denen in Mitteleuropa. Am wärmsten sind die Monate Januar und Februar, die kältesten Wintermonate sind Juli und August. Glücklicherweise werden außer ganz im Süden des Landes die Wintertage nicht so kurz wie in Europa.

Der Große Norden ist vom Wüstenklima der Atacama-Wüste geprägt, der trockensten Wüste der Erde. Hier kann es vorkommen, dass jahrelang kein Regen fällt, dafür scheint tagsüber fast immer die Sonne, und es ist stabil warm. Nachts wird es oft bitterkalt mit Temperaturen unter dem Gefrierpunkt. Weil es in der Wüste so dunkel, trocken und kalt ist, haben sich hier zahlreiche große Observatorien angesiedelt, die auch teilweise von Touristen besucht werden können. Wer die trockene Luft und die sengende Sonne nicht gewohnt ist, sollte sich mit Sonnencreme, Hut und Lippenpflege ausstatten, um nicht augenblicklich Sonnenbrand und rissige Lippen und Hände zu bekommen.

Zentralchile hat ein mediterranes Klima mit heißen und trockenen Sommern und kühl-feuchten Wintern. Santiago, Valparaíso und Viña del Mar liegen in dieser Zone. Man fühlt sich ein bisschen wie im Mittelmeerraum, allerdings wird es nachts kühler. Hier werden Obst, Gemüse und Wein angebaut. Im Winter erreichen die Temperaturen im Mittel acht Grad, und im Inland kann es sogar schneien.

Der Kleine Süden ist durch ein gemäßigtes ozeanisches Klima geprägt. Es regnet ganzjährig immer mal wieder mit starken Niederschlägen im Winter. Je weiter man Richtung Süden fährt, desto grüner wird es und desto höher sind die durchschnittlichen Niederschläge. Der gemäßigte oder Valdivianische Regenwald ist hier heimisch. Richtung Anden friert es im Winter, und es fällt Schnee.

Feuerland und Patagonien haben ein subantarktisches, feuchtkühles Klima, es regnet das ganze Jahr regelmäßig. Wirklich warm wird es nie, die durchschnittlichen Tagestemperaturen betragen im Sommer gerade mal 12 bis 14 Grad. Das Wetter kann innerhalb von Minuten umschlagen, und es ist mit teils starken Winden zu rechnen. Die Anden, die fünfte Klimaregion Chiles, zeichnen sich durch ein alpines Klima mit Schnee außer im Norden und großen Höhenunterschieden aus.

Wer nach Chile reist, hat also eine große Auswahl an verschiedenen Klimata und Naturräumen. Es ergibt Sinn, sich auf eine Großregion zu konzentrieren und die richtige Jahreszeit für eine Reise abzuwarten. Wer weniger Kilometer zurücklegen muss, hat dafür mehr Zeit zum Erleben und Kennenlernen. Falls es dann wider Erwarten doch kalt und nass werden sollte, lässt sich einfach der Wetterbericht für ganz Chile studieren und ein Plan B entwerfen – irgendwo ist es schließlich immer warm und sonnig.

6. Grund

Weil Seelöwen hier nach Präsidenten schnappen und man mit etwas Glück auch Pinguine, Lamas und Kondore bestaunen kann

Wer einmal auf einen chilenischen Gipfel geklettert ist und atemlos einen majestätischen Kondor über sich hat gleiten sehen, der vergisst es so schnell nicht wieder. Der riesige Vogel mit einer Flügelspannweite von bis zu drei Metern bewegt sich in baumlosen, windigen und lebensfeindlichen Höhen, als wäre es das Leichteste der Welt. Lautlos segelt er dahin und nutzt dabei die Aufwinde der Anden, wobei er mühelos Hunderte Kilometer am Tag zurücklegen kann. Wenn man das Glück hat, einen Kondor mal aus der Nähe zu betrachten, stellt man allerdings fest, dass er nicht besonders schön ist, Hals und Kopf etwas kahl aussehen und das Starten für ihn einen Kraftaufwand bedeutet. Trotzdem ist das beeindruckende Tier das Freiheitssymbol schlechthin und Teil des chilenischen Wappens.

Chile ist ein Paradies für Wildtier-Beobachter, und in jeder Region kann man wunderschöne Tiere in freier Wildbahn mit eigenen Augen sehen. An der fischreichen, kalten Küste des Pazifiks nisten viele verschiedene Pinguin-Arten. Dafür muss man gar nicht bis in die Antarktis fahren. Nördlich von La Serena, einer Stadt etwa 470 Kilometer nördlich von Santiago, kann man in der Reserva Nacional Pingüino de Humboldt den vom Aussterben bedrohten Humboldt-Pinguin beobachten. Wegen seines berühmten Namensgebers ist er wohl auch in Europa recht bekannt. An Land watschelt er so unbeholfen durch die Gegend, dass man ihm am liebsten sofort zu Hilfe eilen möchte. Der Pinguin brütet zwei Mal im Jahr und baut seine Nester weit oben an Felsenküsten. Da das mit dem Fliegen im Laufe der Evolution irgendwann abhandengekommen ist, muss er nun mehrmals am Tag die steilen Felsen hoch- und runterwatscheln, was etwas mitleiderregend aussieht. Sobald er aber im Wasser ist, bewegt er sich pfeilschnell und elegant und ist kaum wiederzuerkennen. Mit etwas Glück kann man beim Besuch der Reserva Nacional Pingüino de Humboldt auch Seelöwen, Delfine und andere Meerestiere finden.

Riesige Seelöwen sind an großen Teilen der chilenischen Küste zu Hause und sorgen immer wieder für Schlagzeilen. Meistens lungern sie nur in kleinen Gruppen an Küsten und Uferpromenaden herum und stoßen ab und an einen tiefen Seufzer aus. An Land sind ihre massigen Körper schwerfällig, und sie scheinen tiefenentspannt und friedfertig. Da sie jedoch bei Fischmärkten mit Abfällen gefüttert werden, suchen sie watschelnd die Nähe der Menschen und können so zur Gefahr werden, wenn sie sich bedroht fühlen. So wurde der ehemalige Präsident Sebastián Piñera bei seinem ersten Wahlkampf in Valdivia von einem Seelöwen angegriffen, der vor laufenden Kameras nach seinem Kopf schnappte. Der Seelöwe heißt deswegen jetzt im Volksmund »Allende« und ist eine prominente Stadtpersönlichkeit. Die Tiere machen es sich wie selbstverständlich auch an Stränden, Fischmärkten und Straßen gemütlich und sorgen dabei bei Fischern und Markthändlern für Empörung. Keiner traut sich an so einem Riesen vorbei, und Vorgärten, Promenaden oder ganze Straßen können unpassierbar werden. Da sie besonders geschützt sind, dürfen sie nicht gejagt werden, auch wenn das Fischer immer wieder fordern. Wie so oft ist das »Seelöwen-Problem« ein menschengemachtes, und meist reichen ganz einfache Maßnahmen wie neue Rastplätze für die Seelöwen und Absperrungen am Ufer, um die Tiere auf Abstand zu halten.

Im Norden des Landes findet man andere freilebende Tiere: Lamas, Alpacas, Vicuñas und Guanacos aus der Familie der Kamele sind miteinander verwandt und sehen sich etwas ähnlich. Lamas waren für die Zivilisation der Inka von sehr großer Bedeutung. Bis heute werden sie als Haustiere gehalten und spielen vor allem in schwer zugänglichen Regionen der Anden eine Rolle als Lasttiere. Auch für den Tourismus kommen sie zum Einsatz. Ihre Cousins, die Guanacos, sind die wild lebende Form der domestizierten Lamas und leben in Höhen bis 4000 Metern. Beide Arten, Lamas und Guanacos, spucken, wenn sie sich bedroht oder geärgert fühlen – und sind dabei sehr treffsicher! Meistens bespucken sie sich dabei eher untereinander, um die Rangordnung klarzustellen, aber auch Menschen werden wenn nötig mit der übel riechenden klebrigen Substanz auf Distanz gehalten. Die kleineren Alpacas werden vor allem wegen ihrer wunderbar weichen Wolle und wegen ihres Fleisches gehalten und sehen ein bisschen wie Teddybären-Lamas aus. Alpacas sind mit den wild lebenden Vicuñas verwandt, die eine ganz besonders weiche und sehr kostbare Wolle haben und deswegen geschoren werden.

Besonders spannend sind diese Kamelarten auch in Bezug auf den Klimawandel. Logischerweise sind sie auf extreme Standorte in der Höhe mit wenig Wasser, karger Nahrung und sehr kalten Temperaturen angepasst. Sie gehören zur Familie der Wiederkäuer und sind Schwielensohler, das heißt, sie haben keine Hufe oder Klauen wie Schafe, Kühe oder Pferde, sondern weiche Schwielen mit zwei Zehennägeln. Durch diese weichen Füße und dadurch, dass sie viel leichter als europäisches Vieh sind, verursachen sie kaum Schäden auf Weiden und Grasflächen. Lamas und ihre Verwandten sind somit Landschaftspfleger und lebendiger Bodenschutz. Wer die eierlegende Wollmilchsau der Haustiere sucht, der kommt bei ihnen sehr nahe heran: Wunderbar weiche Wolle, Fleisch, Rasenmäher,

Touristenattraktion und gleichzeitig sanftes Wesen, Genügsamkeit und Erosionsvermeidung in einem, was will man mehr?

7. Grund

Weil Chile herausfordernd ist

Chile ist ein Land, das man nur lieben und hassen kann, beides gleichzeitig ist als Hassliebe *amor-odio (wörtlich andersherum Liebe-Hass)* auf Spanisch bekannt. Wer sich länger in dem Land aufhält, dessen Nerven und guter Wille werden auf die Probe gestellt werden – immer wieder. Obwohl die Chilenen im lateinamerikanischen Vergleich wahrscheinlich die Pünktlichsten sind, ist Pünktlichkeit trotzdem ein dehnbarer Begriff. Ob noch ein kurzes Schwätzchen dazwischenkam, der Bus voll war und auf den nächsten gewartet werden musste, der Strom ausfällt oder die Vorbereitung einfach erst kurz vor dem vereinbarten Termin stattfand: Vieles dauert länger als geplant, sodass Planungen an sich schon schwierig sind. Zu viele Unbekannte tauchen in der Durchführung auf und bringen alles durcheinander. Es ist zum Verrücktwerden! Man kann es aber auch von einer anderen Seite her betrachten: Chilenische Realität und Zeitmanagement lehren durchgeplante, disziplinierte Europäer, sich mal locker zu machen, *dejar fluir* (*es fließen zu lassen*), eben den Dingen ihren Lauf zu lassen und das Leben zu leben. Meistens entsteht spontan etwas Neues, ganz anders als geplant, aber oder gerade deswegen wunderbar.

Chile ist herausfordernd, wenn es in den Städten oft voll, laut und dreckig ist und zu viele Menschen gleichzeitig versuchen, etwas zu tun. Ob die langen Schlangen im Supermarkt, die ewigen Staus, die Enge in der U-Bahn und in den kleinen Regional-Minibussen, das Leid auf den überfüllten Gängen im öffentlichen Krankenhaus oder das beinahe krankhafte Nummernziehen in Apotheken, an

Fleischtheken und in Einwohnermeldeämtern – nirgends reicht das Angebot für die Nachfrage von knapp 20 Millionen Chileninnen und Chilenen, die scheinbar immer gleichzeitig einkaufen, essen oder Freunde besuchen gehen müssen. Das Internet ist wackelig, der Kundenservice unerreichbar, vieles ist auf Kante genäht, und bei größeren Menschenansammlungen kollabieren Informations- und Infrastruktur-Systeme. Man sollte es mit Humor nehmen, seinen Platz in der Schlange einnehmen und den Moment nutzen, um zu beobachten oder seinen Nachbarn in ein Gespräch zu verwickeln. Denn die Chilenen wissen: Was man nicht ändern kann, darüber braucht man sich auch nicht aufzuregen.

Chile ist herausfordernd, weil Chilenen sich alles zutrauen, was an sich bewundernswert ist. Oft fehlt es an wichtigen Stellen an Geld, und es ist immer jemand da, der sich mit einfachen Mitteln und viel Kreativität des Problems annimmt. Viele kleine Reparaturen lassen sich mit etwas Geduld und Nachdenken zu Hause gut selbst verwirklichen. Allerdings führt diese *Do-it-yourself*-Mentalität auch zu suboptimalen Ergebnissen, wenn Türen, Stromanschlüsse, Vergaser, Brücken oder Vitrinen selbst gebaut sind. Sie klemmen, wackeln, quietschen oder sind sicherheitsverwöhnten Europäern unheimlich. Oft sind auch einfach keine speziell ausgebildeten Fachleute verfügbar, und es bleibt nichts anderes übrig, als zu improvisieren. Nichts ist so beständig wie Provisorien – für diesen Grundsatz sind die Chilenen Experten. Und zur Verteidigung muss man auch feststellen, dass oft die schwache Infrastruktur Teil des Problems ist: Wenn der Strom ausfällt, die Straßen unzureichend ausgebaut und Busse und Bahnen überlastet sind, Internet eine wacklige Angelegenheit ist und die Trinkwasserversorgung nicht für alle reicht, dann muss man eben selbst aktiv werden. Es entstehen privat Schotterpisten und Brücken aus Holz, Menschen verlegen Rohre zu ihren Häusern und bauen Wassertanks. Dass diese dann nicht den gleichen Qualitätsansprüchen genügen können wie ein öffentlicher Bau, ist eigentlich klar.

Die größte Herausforderung besteht in Chile für mich aber immer wieder aus dem enormen sozialen Gefälle und der krassen sozialen Ungleichheit. Arm und Reich sind so nah beieinander und sich doch so fern, dass sie scheinbar in zwei Welten leben. Ein Prozent der Bevölkerung besitzt zwei Drittel des nationalen Reichtums, während gleichzeitig fast die Hälfte der Bevölkerung weniger als den Mindestlohn verdient. Leistungen wie Bildung, Gesundheit, Renten, Strom, Wasser und Transport sind in privater Hand, die Lebenshaltungskosten steigen jedes Jahr, die Löhne jedoch nicht. Wer in Las Condes in Santiago aufgewachsen und in eine private Schule gegangen ist, dessen Leben ähnelt eher dem eines US-Amerikaners der Mittelschicht. Er hat mit fehlender Infrastruktur wenig Erfahrung gemacht, spricht englisch und ist Teil einer Globalisierung, die wir aus Europa kennen. Wer jedoch wie die Mehrheit in einer Peripherie Santiagos oder in einer Region aufwächst, hat kaum Zugang zu hochwertiger Bildung, gut bezahlten Arbeitsplätzen und Entwicklungschancen. Geld verdienen ist schwer in Chile, wenn man nicht zur Oberschicht gehört oder keine Universität besucht hat. Das Gefühl, »die da oben« regieren in einer anderen Welt, während man selbst ums tägliche Überleben kämpft, ist sehr verbreitet. »Alternative« Nachrichten und Fake News machen so schnell ihre Runde. Tatsächlich ist diese Einstellung auch verständlich, denn eine kleine Elite ist in Chile sehr gut in den Bereichen Politik, Wirtschaft und Medien vernetzt und lenkt die Geschicke des Landes. Bisher war sie nicht gewillt oder fähig, grundlegende politische Anpassungen zu machen und Reichtum zu verteilen. Mit einer neuen Verfassung soll sich das alles ändern. Die Zukunft wird zeigen, ob sie das auch kann.

8. Grund

Weil das chilenische Spanisch eine Welt für sich ist und den Humor der Chilenen enthüllt

Die chilenische Variante des Spanischen ist unverkennbar, einzigartig, zum Haareraufen und gleichzeitig wunderbar! Chilenen erkennen sich unter allen Spanischsprachigen auf 100 Meter Entfernung gegen den Wind an ihrer Art zu sprechen. So redet sonst niemand. Anfänger werden allerdings in den ersten Wochen schier verzweifeln, denn die Chilenen sprechen in einem so atemberaubenden Tempo, dass es Nicht-Muttersprachlern schwerfällt, mitzukommen. Dabei verschlucken sie gern Wortendungen oder ganze Satzteile und sparen sich viele s-Laute. Suffixe wie *-ado* werden zu *-ao* oder *-ada* zu einem betonten *-á* wie etwa in *empaná* statt *empanada*. Sehr beliebt ist auch die Verwendung der Silbe *po* am Satzende. Sie fungiert wie ein *pues*, also ein Füllwort, das *halt*, *also* oder auch gar nichts bedeuten kann. Und es wird noch komplizierter: Unter jüngeren Leuten wird gern in informellen Kontexten die Endung *-ai* an die Du-Form des Verbs gehängt, also etwa *Adonde vai?* statt *Adonde vas*? Als Anfänger muss man diese Feinheiten nicht aktiv beherrschen, aber zum Verständnis hilft es doch, sie zu kennen. Zum chilenischen Slang gehört außerdem eine große Zahl an Chilenismen, die nur hier verwendet werden. Einige sind Lehnwörter aus dem Mapuzungún, der Sprache der Mapuche, der größten indigenen Gruppe Chiles, aus dem Quechua, aus Argentinien, aus dem Englischen, Französischen oder Deutschen und es ist sehr spannend, herauszufinden, woher das jeweilige Wort stammt. Es lohnt sich, Wörter regelrecht zu sammeln und immer wieder genau nachzufragen. Die meisten Chilenen freuen sich sehr, wenn man Interesse zeigt, und erklären einem lebhaft, wie man das jeweilige Wort benutzt. Die chilenische Oberschicht ist sparsamer mit der Verwendung von Chilenismen, benutzt dafür insgesamt ein größeres Vokabular, moduliert genauer und klingt manchmal ein bisschen nasal. Man kann also in Chile, wenn man genau hinhört, bereits an der Sprache erkennen, wo jemand in etwa herkommt.

Nur mit dieser Art zu sprechen lässt sich auch der chilenische Humor wiedergeben, der für Nicht-Chilenen oft zunächst derb wirkt. Alles wird zweideutig verstanden, und sexuelle Andeutungen werden hin- und hergegeben. Auf einen Kommentar folgt eine laute Lachsalve und so schnell wie möglich der nächste zweideutige Kommentar. Aber auch selbstironische Erzählungen und Geschichten sind sehr beliebt und sorgen für kollektive Lachanfälle. Der kleine Mann von der Straße ist ein Lieblingsheld der chilenischen Humoristen und auch der Zuschauer. Er benennt politische und soziale Schieflagen, übertreibt sie maßlos, nimmt alle, vor allem die Elite auf die Schippe und wurstelt sich mit Witz und Einfallsreichtum durchs Leben. Bei Asados, Partys und anderen sozialen Events gehört das gemeinsame Witzeln und Lachen zur Kommunikation wie Smalltalk. Man muss diese Art des Austausches von klein auf gelernt haben, schnell, witzig und eloquent sein und aktuelle Fernsehserien, politische Ereignisse und Popkultur kennen. Wer dabei nicht alles versteht, kann ruhig einfach mal mitlachen. Meistens geht es zu fix, um nachfragen zu können, und wer erklärt schon gern seine eigenen Witze? Humor ist eben die höchste Disziplin interkultureller Kommunikation, und als Nicht-Muttersprachler wird einem nicht übel genommen, wenn man nicht jeden Witz versteht.

9. Grund

Weil Chile eins der sichersten Länder Lateinamerikas ist

Regelmäßig befindet sich Chile im jährlichen Ranking des *Global Peace Index* für die Region Lateinamerika und Karibik unter den ersten Plätzen. Das bedeutet, dass das Land zu den sichersten Ländern des Kontinents gezählt wird und man sich ohne Angst und frei bewegen kann. Wie überall auf der Welt gibt es Taschendiebe, die vor allem in stark frequentierten Situationen ihr Glück versuchen. Bewaffnete Überfälle, wie sie in anderen Ländern Lateinamerikas häufig sind, kommen in Chile aber kaum vor. Es hilft, Wertsachen nicht zur Schau zu stellen, insgesamt technisches Gerät und teure Marken nicht mitten auf der Straße auszupacken. Gepäckstücke, Rucksäcke und Ähnliches sollte man immer im Blick haben und auf keinen Fall auch nur einen Moment unbeaufsichtigt lassen. Große blonde Menschen fallen in Chile besonders auf und sollten sich dessen bewusst sein. Insgesamt aber sind die Chilenen Reisenden und speziell Europäern gegenüber sehr aufgeschlossen und hilfsbereit. Auch allein reisende Frauen können in Chile ohne Angst unterwegs sein, sollten aber darauf gefasst sein, den einen oder anderen *Piropo* hinterhergerufen zu bekommen. Ein *Piropo* kann alles zwischen einem witzigen Kompliment und anzüglichem Raunen sein und ist meistens nicht sehr ernst gemeint. Man sollte es nicht als Belästigung interpretieren, sondern einfach ignorieren und weiter seines Weges gehen. Männer und Frauen gleichermaßen sollten nachts in Städten nur dort unterwegs sein, wo sie sich auskennen und die Sicherheitslage einschätzen können, oder noch besser nicht allein.

Beamte und Polizisten genießen nach wie vor insgesamt großes Vertrauen bei der chilenischen Bevölkerung. Sie sind in ihrer täglichen Arbeit auf der Straße und in Büros unbestechlich, auch wenn in den letzten Jahren mehrere Fälle institutioneller Korruption bekannt wurden. Wer die Polizei *Carabineros* (133) oder den Krankenwagen (131) ruft, darf davon ausgehen, dass diese kommen und auch ihren Job tun. Im Verlauf der sozialen Proteste der letzten Jahre ist jedoch auch immer mehr der unangemessene Gebrauch von Gewalt der *Carabineros* in den Blick der chilenischen Bevölkerung gerückt. Demonstranten, darunter auch Minderjährige, beklagten, dass Polizisten sie gejagt, geschlagen, misshandelt und sexuell belästigt hatten. Im Süden des Landes werden Mapuche, oft auch Kinder und Familien, Opfer von willkürlicher Polizeigewalt. Menschenrechtsorganisationen wie Amnesty International kritisieren seit Langem das Agieren der *Carabineros*, bislang jedoch nur mit mäßigem Erfolg.

Kapitel 2

Alltag

10. Grund

Weil alle Chilenen eine Nummer haben und nichts dabei finden

Egal, ob man in Chile seine Steuer erklären, etwas online kaufen, ein Konto eröffnen oder einen Handyvertrag abschließen will: Nichts geht ohne RUT oder RUN. RUN steht für *Rol Único Nacional*, also eine Personenkennzahl. Diese ist identisch mit der RUT, *Rol Único Tributario*, also der Steueridentifikationsnummer, und meistens wird der Einfachheit halber diese genannt. Jedes in Chile neugeborene Kind erhält solch eine sieben- oder achtstellige Nummer, und auch Ausländer, die ein Visum erhalten, bekommen eine RUT zugewiesen. Sie ist ein Leben lang gültig und fungiert unter anderem als Steueridentifikations-, Sozialversicherungs-, Personalausweis- und Führerscheinnummer und auch für viele nichtöffentliche Zwecke.

In Chile finden die wenigsten Menschen etwas daran, persönliche Daten preiszugeben. Unter der Homepage nombrerutyfirma.com kann man die Personennummer jeder Person suchen und anschließend im *Registro Civil (Einwohnermeldeamt)* Angaben und sogar Urkunden zu Geburtstag, Geschlecht, Wohnort, Familienstand und Eltern finden. In Behörden und an Kassen ist es völlig normal, nicht zuerst nach seinem Namen, sondern zuallererst nach einer Nummer gefragt zu werden. »Möchten Sie Falabella-Punkte sammeln? Ihre Personennummer bitte!« Ohne zu zögern sagen Menschen an der Kasse ihre Kennzahl auswendig auf, die dann von der Kassiererin in die Tasten gehackt wird: »Vierundzwanzigmillionendreihunderttausendfünfhundertfünf-Strich-Null«. Da die Nummern fortlaufend und einmalig vom *Registro Civil* vergeben werden, kann man anhand der Zahl etwa abschätzen, wie alt eine Person ist. Eine Sechzehnmillionen ist vermutlich Mitte bis Ende der 80er-Jahre geboren, eine Zwanzigmillionen etwa um die Jahrtausendwende.

Für viele Europäer ein befremdliches Gefühl: Der Mensch eine Nummer? Ein gläserner Bürger? Wo landen meine Informationen? Tatsächlich hat Datenschutz in Chile einen stiefmütterlichen Status. Zwar ist 2018 nach mehreren Skandalen von Datenmissbrauch ein aktualisiertes Datenschutzgesetz entstanden, dieses ist jedoch immer noch zu lax und schützt die Menschen kaum. So bieten große Unternehmen und Kaufhäuser weiterhin Rabatte, Ratenkauf und Kreditkarten an und fragen bei jedem Einkauf nach der Personennummer RUT. Mit dieser erstellen sie detaillierte Profile und greifen sowohl auf Daten des *Registro Civil* wie Name, Adresse, Alter, als auch auf solche aus sozialen Netzwerken und über gekaufte Produkte zu. Diese Profile nutzen sie für personalisierte Werbung oder verkaufen sie an Dritte weiter. Eine Krankenversicherung kann so anhand der getätigten Einkäufe wissen, welche Medikamente eine Person kauft oder dass eine Frau schwanger ist, bevor sie das meldet. Daraufhin kann die Kasse die Beitragszahlungen anpassen, die in Chile von Vorerkrankungen, Geschlecht und Alter abhängen.

Bisher ist in Chile die große Empörung ausgeblieben – vielleicht, weil viele mit dringenderen Problemen wie Schulden und der nächsten Miete beschäftigt sind oder das Gefühl haben, ihre bescheidenen Mittel seien den großen Unternehmen egal. Immerhin sind in den letzten Jahren kritische Studien und Kampagnen wie etwa *#NodoymiRUT* (*Ich sage meinen RUT nicht*) von NGOs entstanden, die auf die schlechte Situation im Bereich Datenschutz aufmerksam machen und sich für einen strengeren Schutz der Rechte der Bürger einsetzen. Bislang kann man sich in Chile kaum vor dem Datenmissbrauch schützen. Wer auf das Punktesammeln, Ratenzahlungen und Kreditkarten von großen Kaufhäusern verzichtet, kann wenigstens dort seine RUT für sich behalten. Bei Handy-Verträgen, Kontoeröffnungen und anderen Verträgen mit Firmen kommt man jedoch nicht umhin, seine Daten preiszugeben.

11. Grund

Weil Heizen Überlebenstraining ist

Es ist kalt und nass. Kalt und nass seit Wochen und der Frühling noch in weiter Ferne. Regen, Regen, Regen ohne Ende. Die Sommer in Chiles Zentralregion und im Süden sind zwar trocken und heiß, die Winter aber eben auch feucht und kühl, und es scheint, als sei niemand darauf vorbereitet. Nicht die kältesten, aber die verfrorensten Winter meines Lebens habe ich in Chile verbracht. Es gibt nur sehr selten durchdachte Heizsysteme wie Zentralheizungen oder Grundöfen, auch Isolierung ist weitgehend unbekannt, und insgesamt fehlt es im großen Maßstab an langfristiger und nachhaltiger Heiz-Planung. Chilenischer Winter bedeutet deswegen meistens: Frieren.

Auf dem Land sind die auch in Mitteleuropa noch lange bekannten Küchen- oder Stangenöfen verbreitet. Die *Cocina a leña* steht ganz klassisch bis heute in den Küchen und ist das Herz des Hauses: Oft ist sie die einzige Wärmequelle, hier wird gekocht, Brot gebacken und manchmal auch das Wasser für die Dusche erwärmt. Hier trifft man sich zum Matetrinken, über dem Ofen hängen Chilis zum Trocknen, und es ist unglaublich gemütlich. Eine Teekanne mit heißem Wasser steht immer auf dem Herd. Regelmäßig muss einer, oft die Frauen, den Ofen mit neuen Holzstücken füttern, damit es warm bleibt. Dazu muss bereits im Sommer ein stattlicher Holzvorrat angelegt worden sein, der meist erst im Winter nach und nach mit der Motorsäge im kleine Stücke gesägt wird. Oft ist das Holz noch nicht richtig durchgetrocknet, wenn es zum Heizen in die Küche gebracht wird, und es braucht viel Hingabe und Erfahrung, an einem Wintermorgen mit klammen Fingern bei acht Grad ein wärmendes Feuer zu entzünden. Der liebste Feuer-Gehilfe vieler Chilenen sind große Kiefernzapfen, die sehr schnell Feuer fangen und auch feuchtes Holz anstecken. In allen anderen Zimmern als der Küche ist es eher kalt, und man zieht auch zum Schlafen lieber einen Pullover über.

In den Städten ist die *Cocina a leña* eher weniger verbreitet. Vor allem im Süden wird nach Herzenslust in kleinen Holzöfen gekokelt. In dunklen Winternächten hängen der beißende Geruch und der dichte Rauch dann so tief in den Straßen, dass die Sicht manchmal auf wenige Meter zusammenschrumpft und man sich wie in einem Horrorfilm fühlt. Dieser Smog ist so gesundheitsschädlich, dass die Regierung das Heizen mit Holzöfen im Winter immer wieder für einige Wochen oder auch ganz verbieten muss, wenn bestimmte Grenzwerte überschritten werden. Auch Fahrverbote werden dann ausgesprochen. In den Zeitungen stehen regelmäßig die Luftbelastungen und die aktuellen Heizverbote, die sich auf ganze Städte, Bezirke oder auch Tage beziehen können. Da es keine strukturelle Förderung nachhaltiger und funktionierender Heizung und Isolierung gibt, stehen die meisten Haushalte im Winter dann plötzlich vor der Situation, ihren Holzofen nicht mehr anheizen zu dürfen und schnell einen Ersatz zu benötigen. Im nächsten Baumarkt lassen sich zu niedrigen Preisen Paraffin-, Gas- und Elektroheizgeräte kaufen. Zu Hause stellen die Familien dann jedoch schnell fest, dass die neuen Geräte teuer in der Benutzung sind, Gefahren bergen und keine wohlige Wärme erzeugen. Schaltet man den Gas- oder Elektroheizer aus, ist es sofort wieder kalt. Im Ergebnis ist es deswegen nicht ungewöhnlich, dass Familien in ihrem Wohnzimmer, Schüler im Klassenraum und Studierende in der Vorlesung in ihren

Jacken ungemütlich zusammenhocken und ständig frieren. Auch die Feuchtigkeit ist dann ein häufiger Gast, sie kriecht in alle Ritzen, lässt die Wäsche im Schrank müffeln und sogar schimmeln, wenn man sie nicht regelmäßig zum Trocknen herausnimmt. Der Geruch, der aus feuchten Kleidern entweicht, die lange im Schrank lagen, gemischt mit dem von feucht verbrennendem Holz, ist für mich der chilenische Wintergeruch.

In Santiago ist der Gebrauch von Holzöfen schon seit einigen Jahren komplett verboten. Durch die Lage der Stadt in einem Talkessel sammeln sich Abgase besonders schnell und ziehen dann nur noch schwer ab. Nach Angaben der Weltgesundheitsorganisation WHO gehört die Luftqualität der Stadt zu den schlechtesten der Welt. Immer wieder müssen chilenische Behörden den Umwelt-Notstand ausrufen und warnen vor Sport im Freien und generell dem Freiluft-Aufenthalt von Risikogruppen. Wer die Luft Santiagos nicht gewohnt ist, dem brennen mit großer Wahrscheinlichkeit anfangs die Augen, er bekommt Nasenbluten, Migräne oder atmet schwer. Nach einigen Tagen gewöhnt man sich aber an den Santiago-Mief. Um der schlechten Luft und der damit einhergehenden Gesundheitsgefahr für die Einwohner irgendwie Herr zu werden, sind in den letzten Jahren neue Gesetze entstanden. Bei Smog-Alarm spricht die Regierung regelmäßig Fahrverbote für Fahrzeuge und Produktionspausen für Industriebetriebe aus und erhebt hohe Bußgelder bei einem Verstoß gegen die Regeln. Ein großer Teil der Bewohner Santiagos ist daher in den letzten Jahren auf Gas, Elektrizität oder Paraffin als Heizmaterial umgestiegen. Trotzdem sieht man es hier und da aus einem Schornstein qualmen. Denn nach wie vor ist Holz die günstigste Heizoption – sofern man nicht erwischt wird.

Trotzdem gibt es auch positive Beispiele für nachhaltigeres und zielführenderes Heizen. In Santiago und in den Regionen nördlich der Hauptstadt sind günstige Warmwasserbereiter auf dem Dach verbreitet, die das ganze Jahr über nur mit der Energie der Sonne warmes Wasser liefern. Oft werden sie nur als Brauchwasser, nicht zum Heizen verwendet, aber es gibt auch Beispiele für die Verwendung dezentraler Heizungen mit Warmwasser aus Warmwasserbereitern. Das Umweltministerium hat sich des Themas Heizen und Isolierung angenommen und wenigstens damit begonnen, über bessere Heiztechniken aufzuklären. Oft ist es auch einfach der Preis für Feuerholz, der die Menschen zum Nachdenken animiert. Der Weg ist noch weit, und oft reichen die Mittel nicht für eine aufwendige Isolierung oder eine teure Heizung. Aber das Thema Energie und Heizen ist längst überall angekommen und wird in Küchen, Nachrichtensendungen und politischen Gremien behandelt.

12. Grund

Weil die Nana eine Institution nationaler Relevanz ist

Wer in Santiago auf den *Plazas* und Parks oder auch in den öffentlichen Verkehrsmitteln unterwegs ist, wird ihren Weg kreuzen und sie doch übersehen: Etwa 250.000 Hausangestellte, in Chile *Nanas* oder auch *Empleadas domesticas* genannt, sind im ganzen Land tagsüber in ihren charakteristischen Uniformen unterwegs, gehen mit Kindern auf die *Plazas* oder zum Einkaufen in den Supermarkt. *Nanas* sind fast ausschließlich Frauen, häufig über 40 und verfügen meist über einen niedrigen Bildungsabschluss. Seit einigen Jahren sind vermehrt Einwanderinnen aus Peru, Kolumbien, Venezuela und anderen lateinamerikanischen Ländern unter ihnen. Die Aufgaben und Alltage von Hausangestellten können sehr unterschiedlich sein: Heutzutage arbeiten die meisten von ihnen *puertas afuera*, was übersetzt *Tür nach außen* heißt. Das bedeutet, dass die Hausangestellte nur zum Arbeiten da ist und am Abend die Tür von außen schließt, um nach Hause zu fahren. Früher war es verbreitet und bis heute gibt es auch noch einige *Nanas*, die *puertas adentro* arbeiten, also

Tür von innen, was bedeutet, dass sie im Haus ihres Arbeitgebers ein eigenes Zimmer, oft nur eine kleine Kammer, haben und dort die Tür von innen schließen, weil sie im Hause wohnen. *Nanas* widmen sich in wohlhabenden und reichen Haushalten der Hausarbeit, putzen, kochen, waschen, erziehen die Kinder und kümmern sich um alles, was liegen bleibt.

Die *Nana* ist für viele Familien eine extrem wichtige, oft aber missachtete Person. Ohne sie funktioniert nichts. Sie zieht die Kinder groß, pflegt ein liebevolles Verhältnis zu ihnen und wird fast zu einem Teil der Familie. Ihre Care-Arbeit geht nicht ohne emotionales Engagement. Unter Umständen kommt sie sogar mit in den Urlaub, so wie in dem mexikanischen Film *Roma* von Alfonso Cuarón von 2018. Manchmal ist die Beziehung der Kinder enger zu ihrer *Nana* als zur eigenen Mutter, und sie werden mit den Geschichten und Liedern ferner Regionen groß. Das enge Verhältnis zur *Nana* ist jedoch asymmetrisch: Die *Nana* ist eben *kein* echtes Familienmitglied, und sie wird für ihre Arbeit bezahlt. Ihr kann von heute auf morgen gekündigt werden. Durch die enge Verbindung zur Familie werden viele *Nanas* immer wieder Opfer von Ausbeutung und sexuellen Übergriffen. Sie arbeiten unbezahlte Überstunden, können ihre Pausen nicht nehmen, manche machen nie Ferien und sind ihren Arbeitgebern ausgeliefert. Zwar sind seit den 2000er-Jahren neue Gesetze zum Schutz von Hausangestellten entstanden. Mindestlohn, Sozialabgaben und maximale Arbeitszeit greifen aber nicht, wenn die Hausangestellte keinen Vertrag hat, wie es bei über der Hälfte der Fall ist. Sie bekommen ihr Geld meistens bar auf die Hand.

Die schrecklichen Uniformen der *Nanas*, meistens Kittelschürzen oder Schürzen in Dunkelrot oder Grün, führen uns die Situation der Hausangestellten vor Augen: Die meisten Menschen übersehen sie, denn sie sehen alle gleich aus. Es gibt keine vorgeschriebene Uniform, meist wird sie aber vom Arbeitgeber vorgeschlagen. Es scheint, als wolle man durch sie die seltsame Ambivalenz der *Nana* als Quasi-Familienmitglied und Angestellte auslöschen. Sie ist eindeutig eine Arbeitsuniform und so hässlich, dass sie hoffentlich alle sexuellen Interessen des Hausherrn unterdrückt. Seit der Kolonialzeit und auch danach waren außereheliche, oft durch Vergewaltigung hervorgegangene Kinder mit Hausangestellten Teil der *mestizaje*, der Vermischung der weißen Kolonialherren mit den indigenen und schwarzen Angestellten und Sklaven. Es scheint, als sei das ein historisches Trauma. Die Uniform stellt den Klassismus und die tiefe Schlucht der sozialen Klassen zur Schau, die in Chile noch viel tiefer sind als in Europa. Bis heute soll die *Nana* mit ihrer Uniform als Person unsichtbar sein, und doch sollen alle sehen, dass man es sich leisten kann, die eigenen Kinder von einer Hausangestellten großziehen zu lassen.

13. Grund

Weil chilenische Freizeitgestaltung aus Fußball, Shopping und Asado besteht

In manchen Ländern frönen die Menschen exotischen, teuren oder erleuchtenden Hobbys. In Chile geht man Fußball spielen oder in die Mall. Da die Mehrheit der Chilenen über sehr begrenzte Ressourcen verfügt, sind Hobbys wie Reiten oder Ski fahren einfach nicht drin und weil auch niemand im Familien- oder Bekanntenkreis diesen Aktivitäten nachgeht, kommt auch keiner auf die Idee, es trotzdem mal zu versuchen. Fußball spielen ist vor allem für Jungen und Männer eine günstige Art, Zeit mit Freunden zu verbringen, Spaß zu haben und sich auszutoben. In jeder großen Pause, in jedem Park und natürlich in den Stadien und Sportstätten wird mit Leidenschaft gekickt. Es gibt auch Frauen-Teams, die allerdings nach wie vor in der Minderheit sind und beäugt werden. Fußball ist mit Abstand der beliebteste Sport der Chilenen – egal ob aktiv auf dem Rasen oder der Straße oder passiv vor dem Fernseher. Häufig sieht man auch Menschen in Hallen und auf Plätzen Basketball oder Volleyball spielen. Wegen einiger sehr erfolgreicher chilenischer Tennisspieler verfolgen viele Chilenen diesen Sport mit großem Interesse im Fernsehen, auch wenn weit und breit niemand im Bekanntenkreis Tennis spielt.

Wer es sich gut gehen lassen will und Zeit hat, der geht etwas einkaufen, am besten etwas, was man sofort essen oder mit der Familie teilen kann. In fast allen größeren Städten sind gesichtslose Malls aus der Erde geschossen, in denen sich Paare zum ersten Date, Schülerinnen nach der Schule oder ganze Familien zum Ausflug treffen. Dort schlendern sie durch die Hallen, bestaunen die bunte Welt der Waren hinter den Schaufenstern (wofür es sogar das wunderbare Wort *vitrinear*, also *schaufenstern,* gibt) und kaufen sich dann ein Softeis am künstlichen Springbrunnen. Ehrlicherweise muss man aber auch feststellen, dass es vor allem im Winter in vielen Städten an Alternativen fehlt, also an öffentlich zugänglichen Orten, die warm und trocken sind. In der Mall können die Kinder spielen, es gibt eine öffentliche Toilette, und nebenbei lässt sich auch noch der Wocheneinkauf erledigen.

In einem sind sich aber wohl alle Chilenen einig: Am besten geht es einem, wenn man seine Zeit und sein Geld mit den Liebsten teilt. Eine klassische chilenische Freizeitaktivität besteht aus einem *Asado* mit Freunden und Familie. Dabei geht das schwer ersparte Geld für einen guten Wein und viel Fleisch drauf, das Haus ist hinterher in halb verwüstetem Zustand, aber das macht nichts, denn es soll an nichts mangeln, und alle sollen einen tollen Abend haben. Für kollektive Aktivitäten, die die Gemeinschaft stärken, ist immer Geld da, notfalls legt man eben zusammen oder fährt für das *Asado* mit dem Bus an den Strand, wenn es im Haus an Platz fehlt.

Man wird es in Chile schwer haben, schnell einen Quidditch-Verein, einen neuen Wassergymnastik-Trainer oder eine Gruppe Modelleisenbahnbauer zu finden. Verbreiteter sind konventionelle Sportarten und Freizeitbeschäftigungen. Exotischen Hobbys wird häufig keine so große Relevanz zugeschrieben. Wer aber die Augen offen hält und in Kulturzentren oder bei sozialen Organisationen nachfragt, hat gute Chancen, kleine Gruppen Gleichgesinnter zu finden und neue Leute kennenzulernen. Oft sind solche Orte voller kreativer Energie, die künstlerischen Angebote sehr innovativ und jeder darf mitmachen. Es lohnt sich auf jeden Fall, zwischen *Asado* und Fußball mal nachzuschauen, was es noch so gibt.

14. Grund

Weil beim Fußball plötzlich alle Chilenen austicken

Wenn im *Estadio Monumental* in Santiago die Großen gegeneinander Fußball spielen, bebt und vibriert es im ganzen Viertel. Es ist das unheimliche Geräusch von 40.000 leidenschaftlichen Fußballfans, die schreien, pfeifen, singen und mitfiebern wie bei einem Gladiatorenkampf. Schon am Nachmittag beginnen sich die *Garras Blancas*, die Ultras der heimischen Mannschaft *Colo-Colo*, vor dem Stadion zu sammeln und warmzusingen. Vor einem unglaublichen Andenpanorama und von einer großen Trommel und Trompeten begleitet, intonieren oder grölen sie die immer wiederkehrenden Gesänge ihres Teams und bringen sich in Stimmung für die Party, die sie gleich haben werden. Im Stadion besetzen sie die Fankurve, die mit einem dicken Glas in Richtung Spielfeld gesichert ist. Nur wenige Meter unterhalb stehen bereits die Spieler. Was sich in dieser Kurve abspielt, ist unvergleichlich, beängstigend und berauschend zugleich. Mit ihren *Canticos* heizen die *Garras Blancas* sich selbst und ihre Mannschaft an, pöbeln gegen die gegnerischen Fans und Spieler und versetzen das ganze Stadion in einen Fußball-Rausch, dem sich keiner entziehen kann. Übergroße Banner werden ausgerollt, Feuerwerke gezündet, Rauchbomben und -fackeln hüllen die Szenerie in ein apokalyptisches Licht. Klopapierrollen, Glitzerpapiere und Luftballons segeln durch die Luft, der Bass der Trommel geht einem durch Mark und Bein, alles hüpft, pfeift und grölt. Selbst wer als normaler Zuschauer auf den Rängen einen Platz gefunden hat, spürt die überbordende Leidenschaft der *Garras Blancas*, ihr Gewaltpotenzial und das absolute Chaos, das sie auslösen können. Trotz neuer Gesetze und Regelungen zur Gewaltvermeidung gehen Spiele immer wieder in große Schlägereien zwischen den gegnerischen Fans und der Polizei über. Auch auf der Straße vor oder nach Spielen kommt es zu Prügeleien, bei denen Verletzte und manchmal sogar Tote zu beklagen sind. Die *Carabineros* kommen deswegen zu größeren Spielen direkt in der gleichen Kampfmontur, die sie auch bei Demonstrationen einsetzten.

Jedes größere Profi-Team in Chile hat seine eigene *Barra Brava*, so der Name der Ultras, die ihr Team überallhin begleitet. Für viele der vor allem männlichen Mitglieder ist ihr Club Lebensinhalt, Quasireligion und integraler Bestandteil ihrer Identität. Teilweise verfügen diese Gruppen über ein beachtliches Maß an Organisation und bringen sogar eigene Alben mit ihren Gesängen heraus. Auch während der großen sozialen Proteste 2019 und 2020 waren verschiedene *Barras Bravas* aktiv als erkennbare Gruppen beteiligt und setzten sich für einen gesellschaftlichen und politischen Wandel ein.

Aber selbst wer nicht zu den Ultras gehört, sondern Fußball nur im Fernsehen oder sporadisch verfolgt, den packt das Fußballfieber spätestens, wenn die chilenische Nationalmannschaft spielt. Plötzlich werden an jeder Straßenecke die Trikots der *Roja* (der *Roten*, wie die Mannschaft genannt wird) und chilenische Nationalflaggen verkauft, Menschen treffen sich in Bars oder zu Hause zum Fußballgucken und verfolgen lautstark das Spiel. Plötzlich sind Läden geschlossen, Auto-Korsos verstopfen die Straßen, und eine rot gekleidete Masse an Menschen feiert dazwischen ausgelassen. Wenigstens beim Fußball sind sich dann plötzlich mal alle Chilenen einig: Sie haben die einzige und beste Nationalmannschaft der Welt, ist ja klar.

15. Grund

Weil man abergläubisch sein darf

Neujahr in Chile: Es ist Hochsommer, alle ächzen unter der Hitze und sind in ausgelassener Partystimmung. Man überlegt, ob man an den Fluss fährt oder sich doch das Feuerwerk anschaut. Da die Städte eigene offizielle Feuerwerke organisieren und privat gar nicht geböllert wird, entfällt dieser Stress komplett. Jetzt geht es los: Um im nächsten Jahr Glück zu haben und nicht augenblicklich vom Blitz getroffen zu werden, darf man nichts falsch machen: Überall auf den Straßen wird von fliegenden Händlern gelbe Unterwäsche angeboten. BHs, Boxershorts und Tangas flattern an allen Straßenecken gelb im Wind. Wenn man sie zu Silvester trägt, soll man im neuen Jahr finanziell und auch generell Glück haben. Außerdem sollte man Linsen essen, was sich positiv auf das allgemeine Wohlbefinden im neuen Jahr auswirken soll. Manche Leute feiern mit Koffern, damit sich im nächsten Jahr Reisemöglichkeiten eröffnen werden. Andere stecken Geld in die Schuhe, um Reichtum anzuziehen, oder verbrennen Zettelchen, auf denen sie die schlechten Dinge des vergangenen Jahres notiert haben.

Auch unter dem Jahr gibt es zahlreiche Aberglauben, die die Menschen mal mehr, mal weniger ernst nehmen: Salzstreuer soll man nicht direkt von Hand zu Hand übergeben, weil das Pech bringt. Wem der Rauch am offenen Feuer folgt, ist eifersüchtig. Scheren offen liegen zu lassen, bringt Pech. Wer sich am rechten Musikantenknochen stößt und die gestoßene Stelle nicht berührt, wird Geld bekommen. Lose Fäden und Fussel an Kleidungsstücken soll man bei anderen nicht entfernen, da man sonst streiten wird. Einen Löffel in die Salzdose zu stellen hilft, damit ein Besuch endlich das Haus verlässt. Die Liste ließe sich noch endlos weiterführen, und jede Region oder soziale Gruppe kennt ihren eigenen Aberglauben. Die meisten Chilenen nehmen diese Ratschläge nicht sehr ernst und verwenden sie eher im Schalk. Am verwirrendsten ist für Ausländer aber wahrscheinlich, dass in Chile nicht Freitag, der 13., sondern Dienstag, der 13. ein Pechtag sein soll. Dass 13 eine schlechte Zahl sei, glauben viele christlichen Kulturen. Aber was hat es mit dem Dienstag auf sich? Laut der römischen Mythologie, die mit den Spaniern nach Lateinamerika kam, ist Dienstag, *martes*, dem Planeten Mars und dem gleichnamigen Kriegsgott gewidmet. Beide stehen für Zerstörung, Unglück und Bosheit. Wie ernst man es nun mit Aberglauben und Pechtagen auch nimmt: An Dienstagen, die auf den 13. fallen, werden in Chile fast keine Hochzeiten gefeiert oder Reisen begonnen. Ein guter Tag für Ausländer, um ins Einwohnermeldeamt zu gehen, den Fernbus für sich zu haben oder eine gefährliche Fun-Sportart auszuprobieren.

16. Grund

Weil Bus fahren in Chile ein Abenteuer ist – und funktioniert

Der Bus, *La Micro* genannt (von *Micro-Bus*), ist für die meisten Chilenen wohl das gängigste Fortbewegungsmittel. Er ist günstig, sicher und bringt seine Fahrgäste in jede noch so abgelegene Ecke des Landes. Jede *Micro* hat einen anderen Stil, man darf sich überraschen lassen. Von außen ist sie mit den Farben der jeweiligen Linie bemalt und mit auffälligen Formen und Schriften verziert. Innen hat der Busfahrer das Werk vollendet: Manche *Micros* sind mit Wackel-Marias und Heiligenbildchen ausgestattet, andere haben selbst genähte Rüschengardinen und Schonbezüge, wieder andere sind ganz unpersönlich und nüchtern. Meistens hört der Busfahrer beim Arbeiten Cumbia oder Reggeatón aus einem rauschenden Radio. Und ja: Bis jetzt gibt es nur ganz wenige Frauen, die den Job Busfahrerin ausführen.

Um mit der *Micro* ans Ziel zu kommen, sollte man ein paar Details beachten: Busse halten meistens an dafür vorgesehenen Orten. Diese müssen aber nicht unbedingt eine Bushaltestelle haben, vor allem außerhalb größerer Städte kann es auch reichen, dass dort »schon immer« der Bus hielt und alle Einheimischen Bescheid wissen. Wer zum ersten Mal unterwegs ist, hat Pech. Er steht nämlich an der Straße und weiß nicht, wo der Bus nun hält. Es hilft nur, so lange rumzufragen, bis einem jemand erklärt, an welcher Ecke man warten soll. In Chile gibt es generell keine Fahrpläne für innerstädtische und Kleinbusse. Der Bus kommt halt, wenn er kommt. Das dauert nur selten länger, dafür kommen dann gleich zwei oder drei Busse der gleichen Nummer hintereinander angerast. Achtung: Busse halten nur, wenn man an die Straße tritt und den Arm deutlich ausstreckt. Wenn nun die Türen mit einem Schlag aufspringen, sollte man zügig einsteigen und sich gut festhalten, denn der Fahrstil der Busfahrer ist meistens rasant und ruckartig. Bezahlt wird in Städten meistens beim Einsteigen, indem man sagt, bis wohin man fahren möchte und der Fahrer den Tarif nennt. Zur Kontrolle hängen die Tarife auch gut sichtbar für alle Fahrgäste aus. In ländlichen Kleinbussen ist es mancherorts auch verbreitet, sich einfach hinzusetzen und während der Fahrt beim Fahrkartenverkäufer oder beim Aussteigen zu bezahlen. In Santiago bezahlt man beim Einsteigen mit der Geldkarte *bip!*, die man praktischerweise nur vorher an einem Automaten, nicht aber im Bus selbst aufladen kann.

Gut, man hat es also so weit geschafft und ist unterwegs. Es geht aber jetzt erst los. *Micros* können mitunter sehr voll werden, was bedeutet, dass man sich gut überlegen sollte, wohin man sich setzt oder stellt. Je mehr Menschen sich auf der Fahrt zwischen einem selbst und dem Ausgang platzieren, umso schwieriger wird es später, wieder rauszukommen. In Chile ist es verbreitet, dass Jüngere für Ältere und oft auch Männer für Frauen aufstehen, um ihnen den Platz anzubieten. Menschen steigen ein und aus, und außerdem schiebt sich in ländlichen Bussen auch noch der *Auxiliar*, eine Art Gehilfe und

Fahrkartenverkäufer, durch die Reihen und verkauft jedem Fahrgast sein Ticket. Wer steht, an dem drängeln sich ständig mit viel Körperkontakt andere Menschen vorbei. Wem das unangenehm ist, der ist auf einem Sitzplatz besser aufgehoben. Allerdings kriegt man auch da oft mehr von seinem Nachbarn mit, als man eigentlich wollte, da die Sitzbreite geringer ist als in Europa.

Die nächste Herausforderung ist zu bestehen, wenn man sich dem Ort des gewünschten Ausstiegs nähert. Man sollte unbedingt schon lange vorher beginnen, sich vorzubereiten, denn das Aussteigen ist mindestens genauso tückisch wie das Einsteigen. Dafür muss man wissen, wo der Bus hält und wie dieser Ort im Bus genannt wird, denn man muss dem Busfahrer von hinten aus zurufen, wo man rausgelassen werden möchte: »An der nächsten Ecke«, »Am Häuschen« oder »An der Haltestelle« sind häufige Busfahrer-Zurufe. Hier darf man keine Scheu zeigen: Über alle Köpfe hinweg brüllt man seine Ansage, damit der Busfahrer einen wirklich hört. Im Notfall machen sich Einheimische sofort und unüberhörbar bemerkbar, wenn der Busfahrer sie ignoriert hat, und das sollte man auch tun. Um sich zwischen all den Menschen bis zur Tür vorzuarbeiten, hilft ein einfaches und sehr hilfreiches Wort: Mit einem höflichen *permiso* (*Mit Verlaub*) scheint sich das Meer zu teilen, Menschen ziehen ihre Bäuche ein, schieben Taschen an die Seite und machen den Weg zum Ausgang frei. Bevor man jetzt erleichtert und glücklich die Stufen auf die Straße herunterspringt, ruft man dem Busfahrer noch kurz *gracias* zu oder verabschiedet sich höflich. Geschafft!

Im Gegensatz dazu sind die riesigen Überlandbusse von großen Firmen wie TurBus, Condor oder Pullmann eine andere Welt. Wie behäbige Raumschiffe fahren sie von größeren Busbahnhöfen ab und halten unterwegs nur selten. Die Busunternehmen haben alle einen offiziellen Fahrplan, der auch mit großer Präzision eingehalten wird. Überlandbusse sind sehr pünktlich, und man selbst sollte es auch sein. Die meisten Unternehmen bieten zwei oder drei verschiedene Klassen an und es lohnt sich bei Nachtfahrten, eine bessere

Klasse zu nehmen, um bequem schlafen zu können. Die Busse sind klimatisiert, sehr sauber, sicher und komfortabel. Außerdem sind die Preise wirklich erschwinglich, außer man fährt zur Hauptreisezeit der Chilenen. Am Abend werden meistens ein bis zwei billige Action-Streifen im Fernsehen gezeigt, dann kommt ein uniformierter und polierter *Auxiliar*, um Decken zu verteilen und die Gardinen vorzuziehen. Er schreibt sich auch auf, wo jeder Fahrgast genau aussteigen möchte, und weckt diesen dann rechtzeitig auf. Am Morgen verteilt er Tee oder wenig vertrauenerweckenden Nescafé im Plastikbecher und einen eingeschweißten Frühstückskeks. Wenn jetzt in der Nacht keiner laut geschnarcht hat, sind wahrscheinlich alle Gäste ausgeruht und zufrieden, im Schlaf einmal durch halb Chile gefahren worden zu sein.

17. Grund

Wegen der Alltagsgegenstände: Der »Tostador«

Der *Tostador* ist ein sehr geistreiches und wichtiges Objekt in chilenischen Küchen. Fast alle Familien nennen sich Eigentümer eines solchen Artefaktes, und sie benutzen ihn täglich. Statt eines elektrischen Toasters, wie man ihn in Europa oder den USA kennt und mit welchem man flache Toasts röstet, verwenden viele Chilenen einen quadratischen, flachen Toaster aus Metall, der billiger und praktischer ist. Dieser Toaster besteht aus einer Metallplatte, über welche Drahtstreifen laufen, und einem Plastik- oder Holzgriff, um ihn auf den Gasherd zu stellen und das Brot zu rösten. Da zwischen den Drahtstreifen und der Metallplatte ein wenig Platz ist, verbrennt das Brot nicht so leicht, und man kann heruntergefallene Brotkrumen entfernen. Aber das Beste ist, dass man mit dem *Tostador* auch Reis kochen kann, ohne dass dieser anbrennt. – Das Reiskochen ist in Chile eine wichtige und hohe Kunst, die fast jeder beherrscht und wobei im letzten Teil des Garens der Reis nur noch auf ganz niedriger Temperatur auf dem *Tostador* ausgeköchelt wird.

Der *Tostador* ist so wichtig, weil in Chile ein Essen ohne Brot kein Essen ist. Weißbrot gibt es immer und zu allem. Morgens gibt es die Brötchen von gestern auf dem Toaster wieder frischgemacht mit Butter und Marmelade. Mittags begleitet das Brot die Suppe oder das Essen, und abends gibt es eine Art Abendbrot mit Brötchen und Tee. Auch zum *Asado* darf kein Brot fehlen.

In den Städten und größeren Dörfern kaufen die meisten Leute ihr Brot. Zu fast jeder Tages- und Nachtzeit kann man frisches und noch warmes Brot kaufen, und das Überraschendste ist, dass sogar die meisten Supermärkte ihre eigene Bäckerei haben. Vor den Augen der Kunden, manchmal hinter großen Glasfenstern arbeiten die Bäcker: schwere Männer in weißen Kitteln und Hüten, die mit gewandten und sehr schnellen Bewegungen den Teig ausrollen, ausstechen, Brote formen und diese auf gigantische Bleche befördern, die in den Öfen verschwinden. Ab und an bringt einer der Bäcker eine Ladung frischen heißen Brotes nach vorn in den Verkaufsraum, wo sich sogleich die Kunden darauf stürzen. Fast scheinen die Bäcker aus einer anderen Zeit entsprungen. Allerdings ist ihre Bezahlung in Chile schlecht, und auch das soziale Ansehen eines Bäckers ist eher gering: Die Arbeit ist anstrengend, viel Handarbeit mit schweren Teigen, großer Hitze und das frühes Aufstehen mitten in der Nacht. Eine spezielle Ausbildung haben nur die wenigsten durchlaufen. Viele Bäcker in Santiago sind Arbeitsmigranten, die Mitte des letzten Jahrhunderts aus den Regionen nach Santiago gekommen sind, um ein besseres Leben zu suchen. Überdurchschnittlich viele Bäcker sind Mapuche oder ihre Nachkommen, die ihre Gemeinschaften verlassen mussten, weil es dort für Landwirtschaft zu eng wurde.

Auf dem Land backen die Leute ihr Brot bis heute meistens selbst in den Stangenöfen, wie sie es in Europa bis vor dem Krieg auch noch gab. Das ist gar nicht so einfach: Man muss genau wissen, mit wie viel Holz man den Ofen füttern muss, damit die Temperatur ausreicht, um das Brot zu backen, es aber nicht verbrennt. Viele Familien auf dem Land kaufen regelmäßig einen Sack weißes Weizenmehl, um damit ihren Brotbedarf zu decken, und das Backen gehört zu den wichtigen alltäglichen Aufgaben. In kleinen Läden oder auf der Straße wird häufig *pan amasado*, ein Weißbrot mit schöner knuspriger Kruste, verkauft und ist selbst gebacken. Auch *Sopaipillas*, in Fett ausgebackene Teigkreise, sind sehr beliebt und in Städten an jeder Ecke zu kaufen. Wer Glück hat, findet auf dem Land sogar eine *Tortilla al rescoldo*, ein Brot, das unter großer Hitze in der Glut gebacken ist, eine Delikatesse!

Wenn man den großen Brothunger der Chilenen bedenkt, ist die Brotauswahl in den Bäckereien und Supermärkten recht überschaubar: Fast alle Brote sind Weißbrote, Vollkornbrot findet man nur sehr selten. Am meisten wird *Pan Marraqueta* gekauft, ein luftiges Weißbrot, das sich in vier Teile reißen lässt, dicht gefolgt von *Pan Hallulla*, einem runden, etwas festeren Weißbrot. Diese Brote sind alle zu rund und zu dick, um in einen amerikanischen Elektrotoaster zu passen, aber perfekt, um sie aufgeschnitten auf dem metallenen chilenischen *Tostador* zu rösten. Wenn dann der wunderbare Duft von frischem Brot durch das ganze Haus strömt, ist es fast, als hätte man gerade eines der noch heißen Brötchen ergattert, welche der Bäcker gerade aus dem Ofen in die Verkaufskörbe gezaubert hat.

18. Grund

Wegen der Alltagsgegenstände: große Streichholzschachteln

Die Chilenen sind, wie wohl die meisten lateinamerikanischen Nationen, ein recht nationalistisches Völkchen, und im Alltag werden sie bei jedem Feuermachen, meist gleich am Morgen, an ihren Nationalstolz erinnert. Einer meiner liebsten chilenischen Alltagsgegenstände sind die großen Streichholzschachteln mit ihrem noblen, nationalistischen Design, und das Beste ist: Ich nehme sie, wie die meisten Chilenen, jeden Tag in die Hand.

Eine großzügige, schöne Schachtel und genug Streichhölzer, um alle Stromausfälle des Jahres mit Kerzen zu überstehen. Die Chilenen bemerken es wahrscheinlich nicht, aber sie haben wohl die schönsten Streichholzschachteln der Welt. Man braucht sie tatsächlich auch mehrfach täglich: auf dem Land, um morgens im Ofen Feuer zu machen und das Haus zu heizen, in der Stadt, um den Durchlauferhitzer für warmes Wasser anzuschmeißen oder auf dem Gasherd zu kochen. Man hat das Glück, jeden Tag Feuer zu sehen oder auch mit viel Geduld eines zu entfachen, was einen gewissen Zauber ausmacht und im Winter eine Herausforderung an Geduld und Technik bedeutet.

In jedem Fall, egal ob das Feuerchen nur als Gasflamme in einem vierten Stock in Santiago oder tausend Kilometer weiter südlich in einem Hüttchen in Patagonien oder nördlich in der Wüste entfacht wird, die national-romantischen Streichholzschachteln bleiben dieselben. Ich weiß nicht, ob es einen Zusammenhang zwischen den Streichholzherstellern und den Besitzern der großen Kiefern-Monokulturen gibt, die im Süden des Landes gern angezündet werden, aber fast alle Marken zeigen patriotische Symbole: Die verschneite Andenkordillere, Vulkane und Seen, die Nationalblume *Copihue,* und um ganz sicher zu gehen, steht auf den Schachteln auf allen Seiten, dass sie ein »chilenisches Produkt« und »Arbeit von Chilenen« sei. So freut sich der gute Patriot täglich, wenn er sich seinen Nescafé in Pulverform aufgießt, wenn er sich duschen oder seine Suppe warm machen will. Alle anderen weniger patriotischen Mitbürgerinnen freuen sich auch einfach, wenn sie die schöne Schachtel in die Hand nehmen oder sie als Geschenk an Freunde und Familie in Europa mitnehmen können.

19. Grund

Wegen der Alltagsgegenstände: »El confort«

Wer in Chile unterwegs ist, wird schnell bemerken, dass es in öffentlichen Toiletten kein Toilettenpapier gibt. Häufig verkauft eine Person das Papier quasi als »Eintritt« und kümmert sich um die Sauberkeit. Deswegen ist es völlig üblich, sein eigenes Klopapier überall mit sich herumzutragen. Egal ob schicke Damenhandtasche, Schulrucksack oder Umhängebeutel – das Luxus-Accessoire darf nirgends fehlen. Nach dem Benutzen wird Klopapier nicht einfach in die Schüssel, sondern in einen dafür vorgesehenem Eimer geworfen. Damit soll Verstopfungen vorgebeugt werden, und oft gibt es auch einfach keine Kläranlage. Außerhalb der großen Städte fließen Abwässer einfach ungefiltert in die Flüsse. Lustigerweise heißt Klopapier in Chile nicht wie in allen anderen lateinamerikanischen Ländern *papel higiénico*, sondern *confort*, was eigentlich ein Markenname ist und wohl größten Komfort suggerieren soll. Wer über Toilettenpapier spricht, sagt also *confort*, und alle verstehen. In kleineren Läden kann man sogar einzelne Rollen kaufen oder auch Zweier- oder Viererpacks für den kleinen Geldbeutel. Im Jahr 2015 kam leider ans Licht, dass sich die führenden Hersteller für verschiedene Klopapiere über Jahre heimlich über die Preise abgesprochen und sich mit überteuerten Preisen bereichert hatten. Dieser Skandal trug nicht gerade zum positiven Image des Markenpapiers *confort* bei, dafür wurden jedoch die beteiligten Firmen zu hohen Strafen verurteilt. In der Folge des Skandals deckten Fahnder weitere illegale Preisabsprachen in der chilenischen Lebensmittelindustrie und bei Arzneimitteln der Apotheken auf.

20. Grund

Weil man beim Schlangestehen Geduld und Demut lernt

Ob an der Supermarktkasse, in der Bank, in Behörden, im Krankenhaus oder anderswo: In Chile gehört das Schlangestehen und Warten zum Alltag, und keiner regt sich darüber auf. Man steht einfach jeden Tag irgendwo an, manchmal über Stunden, und es scheint das Normalste auf der Welt zu sein. Entweder das »System« ist mal wieder ausgefallen und das Einwohnermeldeamt kann nur noch analog arbeiten, oder es sind einfach viel zu viele Menschen gleichzeitig da, um einen Handyvertrag abzuschließen, oder der Kassierer tippt jeden Barcode einzeln ein, weil die Kasse ausgefallen ist, oder es lief etwas anderes schief. Macht nichts. Die Chilenen werden nicht ungeduldig oder unhöflich, sondern stehen einfach schicksalsergeben in der Schlange und harren der Dinge. Keiner nörgelt, drängelt oder regt sich auf. Selbst wenn man schon zum dritten Mal an einem Tag eine Nummer ziehen muss (z. B. in jeder Apotheke) und beim Blick auf die Anzeige weiß, dass noch etwa 100 Leute vor einem dran sind – alle sind entspannt. Die Zeit in Schlangen und Wartezimmern verbringen die Chilenen, indem sie in die Luft gucken, unauffällig andere Leute beobachten, in ihr Handy tippen oder sich unterhalten. Die Erfahrung hat sie gelehrt, dass man sich über Dinge, die man nicht ändern kann, nicht aufzuregen braucht, und das tun sie auch nicht. Effizienzgewohnte Europäer können die Wartezeiten nutzen, um sich in Demut und Geduld zu üben. Einfach durchatmen und das Gleiche tun wie die Chilenen: in die Luft gucken, Leute beobachten, Atemübungen machen. Wann haben wir in unserer schnellen Welt noch Momente, in denen nichts passiert? Leerlauf übt Bescheidenheit und soll gut fürs Gehirn sein. Termine, Verabredungen, Pläne müssen eben warten, denn niemand nimmt es einem übel, wenn man etwas verspätet kommt. »Ich war noch im Supermarkt« reicht meist, damit alle verstehen, dass die Schlange wohl mal wieder etwas länger war.

21. Grund

Weil Pünktlichkeit ein dehnbarer Begriff ist

Es gibt Studien, die besagen, dass die Chilenen die pünktlichsten unter den Lateinamerikanern sein sollen. Das mag stimmen. Außer bei Fernbussen kann ich Pünktlichkeit jedoch nicht als chilenische Tugend bestätigen. Wer sich für 20 Uhr zum Abendessen verabredet, der braucht nicht davon auszugehen, dass um 20 Uhr irgendetwas passiert. 30 Minuten sind das Mindestmaß an Verspätung, das man immer einplanen sollte, es kann aber auch passieren, dass die Verabredung erst nach zwei Stunden eintrifft. Sehr wahrscheinlich beginnt die eingeladene Person um 20 Uhr mit den Vorbereitungen. Das kann bedeuten, dass sie dann unter der Dusche steht oder dass sie gerade dabei ist, fünf verschiedene Outfits auszuprobieren, an der Bushaltestelle wartet, im Supermarkt einen Wein aussucht oder gerade noch die Tiere füttert und sich dann fertig macht. Vielleicht schreibt sie um 20.50 Uhr auch eine Nachricht »bin gleich da«, was allerdings keinen Anhaltspunkt bietet, wann mit einem Eintreffen zu rechnen ist. »Gleich« bedeutet auf jeden Fall, dass die Person kommen wird und es noch mindestens 20 Minuten dauert – eventuell aber auch noch sehr viel länger. Uhrzeit ist eben Interpretationssache, und man sollte sich nicht ärgern, wenn jemand unpünktlich ist. Die Zeit kann man nutzen, um selbst zu duschen, fünf Outfits anzuprobieren, die Tiere zu füttern oder an der Bushaltestelle zu warten. Umgedreht sollte man es nämlich auch vermeiden, pünktlich zu erscheinen, um den Gastgeber nicht in Bedrängnis zu bringen. Sogar bei Terminen bei Behörden oder im öffentlichen Gesundheitswesen ist es üblich, dass man lange warten muss, egal ob überhaupt Termine vergeben werden oder nicht.

Zum Ausgleich pflegen die Chilenen eine sehr liebenswerte Angewohnheit: Es ist immer Zeit für einen Plausch. Egal, ob eine Verabredung wartet oder ein Termin ansteht, der spontane menschliche Austausch ist immer wichtiger. Niemand wird einen stehen lassen mit den Worten »muss ganz schnell weiter«, sondern fragen, wie es einem geht. Schnell ist man in ein lautstarkes und lachendes Gespräch vertieft, das vielleicht mit einer Einladung zum Mate endet und dann sehr viel länger dauert. Oder man lässt den Bus eben fahren und nimmt den nächsten. Kein Chilene will zum Sklaven seines Kalenders werden, es ist der Moment, der zählt. Das Sprichwort *Lo comido y lo bailado no lo quita nadie – Was man gegessen und getanzt hat, kann einem keiner mehr nehmen* – bringt dieses Verständnis auf den Punkt. Vielleicht bebt wieder die Erde oder ein Vulkan bricht aus und das Leben ist morgen zu Ende. Was nützt es da, immer pünktlich gewesen zu sein? Es ist der Moment, der zählt, eine chilenische Lektion fürs Leben.

22. Grund

Weil Hunde sich hier selbst Gassi führen

Das Konzept Hundehaltung unterscheidet sich von Land zu Land, manchmal schon von Familie zu Familie und in Chile auch sehr zwischen Stadt und Land. Auf dem Land gehören Hunde meist dazu, ohne dass man sich aktiv für einen Hund entscheiden müsste: Oft bringt ein Nachbar einen Welpen aus einem Wurf mit, weil er ihn loswerden musste, oder der Hund steht eines schönes Tages einfach vor der Tür, und keiner weiß so richtig, wo er eigentlich herkam. Die Beziehung zu diesen Hunden ist dementsprechend oft eigentlich gar keine Beziehung. Er läuft frei herum, kommt nicht ins Haus, wird mit Futter oder aufgekochten Essensresten gefüttert und ist für die Kaninchendezimierung und als Alarmanlage zuständig. Ein guter Hund bellt viel, sagte meine Nachbarin gern und meinte damit, dass ein guter Hund Bescheid gibt, wenn sich Fremde dem Haus oder Wildtiere den Schafen, Schweinen, Hühnern oder Kühen nähern. Es gibt nur einen Fehler, der für einen Landhund unverzeihbar ist: Wenn Hunde dem Vieh nachstellen, werden sie normalerweise ohne Diskussionen sofort getötet. Keiner weint ihnen nach, denn sie sind ein Haustier wie jedes andere Schaf oder Schwein und haben für die Menschen eine praktische, selten eine emotionale Bedeutung.

In den Städten haben Hunde wie in Europa eher die Funktion, Freund und Begleiter ihrer Besitzer zu sein. Dort ist es normal, dass sie sich selbst Gassi führen, indem man sie einfach ab und an auf die Straße lässt. Sie ziehen dann allein oder in Banden durch die Straßen, wühlen im Müll, verbellen die Müllabfuhr und lungern auf schattigen Plätzen herum. Irgendwann gehen sie wieder nach Hause und warten, dass man ihnen die Tür öffnet. Nicht alle der zahlreichen auf den Straßen streunenden Hunde sind also wirklich herrenlos. Manche haben ein Zuhause und tragen auch ein Halsband, sind aber tagsüber auf Achse. Die allermeisten dieser Hunde sind sehr freundlich und anhänglich, man sollte aber nicht zu nett zu ihnen sein, sonst wird man sie den ganzen Tag nicht mehr los und freut sich am Abend an ihren Flöhen. Bei den kleinen Wohnungen der Chilenen ist diese Gassi-Lösung kein Wunder: Oft schleppt irgendein Kind einen Straßenhund an, der für die wenigen Quadratmeter viel zu groß ist und außerdem bereits weiß, wie man sich draußen bewegt. Diese Promenadenmischungen nennt man in Chile *Kiltro* und weiß, dass sie Überlebenskünstler und dankbare Familienmitglieder sind. Die Halbe-halbe-Lösung ist dann für den *Kiltro* in jedem Fall eine Verbesserung der Situation, denn er wird nicht Hunger leiden, und den Winter darf er im warmen Haus verbringen.

Manche Familien verfügen über einen kleinen Patio, einen Innenhof, der komplett versiegelt oder auch bepflanzt sein kann. Hier einen

Hund zu halten, ist wahrscheinlich weder für den Hund noch für den Besitzer besonders prickelnd: Um die Exkremente zu entfernen, wird einfach regelmäßig mit einem Schlauch alles abgespritzt und der Boden gechlort. Patio-Hunde bleiben normalerweise ihr ganzes Leben im Patio. Die einzigen Hunde, die in Chile von Menschen Gassi geführt werden, sind Rassehunde, die meistens gut situierten Familien gehören. Sie lungern natürlich nicht auf der Straße herum, sondern werden vom Hausmädchen zum Hundefriseur geführt oder als Statussymbol im Park herumgezeigt.

23. Grund

Weil man leicht ins Gespräch kommt

Um es gleich vorwegzunehmen: Ohne Spanisch gestaltet sich die Kommunikation mit den meisten Chilenen als schwierig. Nur wenige Chilenen sprechen ausreichend Englisch, um sich über einfache Themen unterhalten zu können. Dafür freuen sich aber viele, wenn sich Gäste auf Spanisch ins Zeug legen, und sehen über sprachliche Fehler großzügig hinweg. Wer vor der Reise wenigstens ein bisschen Spanisch gelernt hat, dem wird dies sehr helfen, mit Menschen ins Gespräch zu kommen und Chile besser zu verstehen.

Unterwegs ist es nicht schwer, mit Chilenen in ihrer Muttersprache ins Gespräch zu kommen. Ob im Bus, Flugzeug, auf dem Bahnhof oder zu Fuß in der Stadt, die meisten Menschen freuen sich, mit Ausländern zu sprechen. Einfache Themen, die immer gehen, sind Familie und Essen. Wer nach Kindern und Familie fragt, wird mit sehr großer Wahrscheinlichkeit freundliche Gesprächspartner finden, denn über ihre Familie reden fast alle Chilenen gern. Das einfachste und für mich lustigste Gesprächsthema ist aber definitiv das Essen. Ich habe mich schon viele Stunden mit Fremden über Rezepte und Kochtricks ausgetauscht, Tomatensorten gegeneinander abgewägt und mich selten dabei gelangweilt. Kochen und Essen ist ein wichtiger Bestandteil chilenischer Alltagsschönheit, und fast jedem fällt etwas dazu ein. Wie macht man die besten *Empanadas*? Wie kriegt man das *Pebre* so hin, dass es scharf, aber nicht beißend schmeckt, was ist die lokale Spezialität, welcher Wein dazu? Beim Thema Essen kann man wenig falsch machen und wahrscheinlich noch ein paar gute Kochideen aufschnappen. Sehr gern hören die Chilenen auch von Ausländern, dass ihr Land wunderschön ist. Über die eigene Reise, chilenische Nationalparks und Naturschauspiele kann man sich mit fast jedem sehr gut unterhalten und wird positive Antworten und noch den einen oder anderen Tipp bekommen.

Erst mal meiden kann man politische Themen wie Putsch und Diktatur, die frappierende soziale Ungleichheit und Marginalisierung weiter Bevölkerungsteile und die Rechte indigener Völker. Wer sein Gegenüber kennt, braucht keine Angst vor diesen Themen zu haben, allerdings empfehle ich sie nicht als Gesprächseinstieg mit einem Fremden. In Chile ist die Angewohnheit verbreitet, das eigene Land mit den USA oder Europa zu vergleichen, und es beschleicht einen leicht das Gefühl, die Chilenen litten unter einem kollektiven Minderwertigkeitskomplex. Es empfiehlt sich, hier kein Wasser auf die Mühlen zu geben und selbst keine Vergleiche anzustellen. Allerdings verzeihen die meisten Chilenen es Ausländern schnell, wenn diese quasi mit der Tür ins Haus fallen und sich auch mal kritisch äußern. Darauf anlegen muss man es bei Smalltalk erst mal nicht.

In Chile unterscheidet man generell zwischen Du *tú* und Sie *usted*, und es ist ratsam, sich erst mal an die Regeln des Duzens und Siezens zu halten. Unbekannte Erwachsene siezen sich meist zunächst gegenseitig, unter Jüngeren ist das *tú* normal und in der Familie ebenso. Ältere Menschen sowie politische oder religiöse Amtsträger sollte man eher siezen. Trotzdem sind diese Regeln natürlich nicht statisch und das eigene Bauchgefühl meist der beste Ratgeber. Auch hier gilt: Einem Nicht-Muttersprachler wird ein falsches *tú* oder *usted* kaum übel genommen.

Kapitel 3

Einwanderung früher – Einwanderung heute

24. Grund

Weil die europäische Einwanderung im 19. Jahrhundert das Selbstverständnis ihrer Nachkommen bis heute prägt

In Chiles »kleinem Süden« zwischen Temuco und Puerto Montt haben sich vor 150 Jahren Auswanderer aus Deutschland und der Schweiz eine neue Heimat geschaffen. Heute sieht das so aus, als wäre der Schwarzwald irgendwie in die Anden gerast und das Ganze von einer lässigen Cumbia unterlegt worden. Zwischen saftigen Weiden, tiefblauen Seen, schneebedeckten Gipfeln, Café Kunz und Sauerkraut wähnen sich viele deutschsprachige Touristen in einer vertrauten Umgebung, nur um an der nächsten Palme festzustellen, dass irgendetwas nicht ganz stimmt.

Nach der Unabhängigkeit Chiles 1818 entwickelten die führenden Politiker einen Plan zur Erschließung und Besiedlung des Landes. Bis dahin bestand Chile hauptsächlich aus Santiago und den Häfen Talcahuano und Valparaíso. In weiten Landstrichen war der Staat kaum präsent, indigene Völker lebten dort ungestört, oder Grenzverläufe waren umstritten. Die Besiedlung war also ein nationales Projekt, um die Souveränität des Landes zu stärken und neue Ländereien nutzbar zu machen. Unter dem Schlagwort »Fortschritt« sollten vor allem weiße Europäer Chile zu einem modernen Staat machen. Ein Besiedlungsprogramm stellte willigen Einwanderern Erleichterungen wie Steuerfreiheiten für zehn Jahre, Ländereien oder ein Startkapital in Aussicht. Der Plan ging auf: In mehreren Wellen kamen bis 1930 Familien aus Deutschland, Italien, der Schweiz, Großbritannien, Frankreich, Spanien und dem ehemaligen Jugoslawien.

Der deutsche Naturforscher Bernhard Philippi, der Chile bereits mehrfach besucht hatte, wurde zur ersten Kontaktperson für die chilenische Regierung und warb Landsleute an. Nach der gescheiterten Revolution 1848/49 kehrten viele liberale Köpfe ihren deutschen Ländern den Rücken. Es waren also auch gebildete und innovative Männer und Frauen zwischen den ersten Siedlern, die nach Chile, Argentinien oder Brasilien gingen. Aber auch Missernten und die Folgen der Industrialisierung veranlassten viele Familien, ihr Glück in Übersee zu suchen.

Die Einwanderer der ersten Wellen siedelten vor allem im Süden Chiles und widmeten sich der Landwirtschaft, dem Handel und der Industrie. Es entstanden deutsche und italienische Kolonien fern des Machtzentrums Santiago. Zwischen Osorno und La Unión sowie am Llanquihuesee siedelten Gruppen von Deutschen und Schweizern, von denen viele Bauern waren. Aus Berichten der Kolonisten lässt sich erahnen, wie schwer die ersten Jahre gewesen sein müssen: Die Grundstücke, die die chilenische Regierung den Einwanderern um Valdivia zugesprochen hatte, waren kaum oder gar nicht zu erreichen, inmitten eines undurchdringbaren, grünen Valdivianischen Urwalds. Die Niederschläge sind mit die höchsten des Landes, es regnet das halbe Jahr über. Die Kolonisten waren also die ersten Jahrzehnte damit beschäftigt, den Urwald im Regen zu roden, Wege anzulegen und das Land urbar zu machen. Innerhalb von Jahrzehnten schufen sie prosperierende Dörfer und kleine Städte wie Frutillar, Puerto Montt und Puerto Varas. Carl Anwandter gründete die erste Brauerei Chiles und die erste deutsche Schule.

Bis ins 20. Jahrhundert lebte man in diesen Kolonien recht abgeschlossen neben der chilenischen Gesellschaft her. Es gab zum Beispiel deutsche Vereine und Feuerwehren, deutsche Schulen, Zeitungen, Krankenhäuser und deutschsprachige Kirchen. Das ganze Leben spielte sich hier ab. Ehen mit Chilenen waren selten, denn die Mehrheit der Deutschen waren Protestanten, nicht wie die meisten Chilenen katholischer Religion. Erst ab Mitte des 20. Jahrhunderts veränderte sich das. Religion verlor an Relevanz bei der Partnerwahl, in der Schule wurde nun Spanisch gesprochen, die Mobilität wuchs, und die Deutschen integrierten sich allmählich.

Heute stammen etwa 500.000 Chilenen von Deutschen oder Schweizern ab. Nur noch ein ganz kleiner Teil von ihnen spricht die Sprache ihrer Großeltern. Das Identitätsmerkmal »deutsch« oder »schweizerisch« ist aber wichtig geblieben. Mit Stolz halten sie die mit Schindeln gedeckten Häuser in Schuss, kochen Sauerkraut und Schweinshaxe und spielen an publikumswirksamen Orten Klassik und Volksmusik. Jedes chilenische Kind kennt Kuchen, und deutsche Bierfeste sind im ganzen Land sehr beliebt. Manchmal nimmt diese Sicht auf Deutschland absurde Züge an: In der kollektiven Vorstellung scheint das Land ihrer Vorfahren ein Ort mit viel Bier, schwerem Essen und blonder Kinder zu sein, und es herrschten Ruhe und Ordnung. Die meisten Deutsch-Chilenen setzen sich nicht mit der heutigen Bundesrepublik auseinander und konstruieren ein deutsches Idyll, das es wahrscheinlich so nie gegeben hat. Viele Siedlernachfahren gehören zur Mittel- oder Oberschicht und haben ein dezidiertes Klassenbewusstsein, welches gemischt mit dem Stolz, deutscher Herkunft zu sein, an Arroganz grenzt.

Wie dem auch sei: Für die meisten Chilenen sind die Deutschen – gleichgesetzt mit deutschsprachig – im Süden eine Erfolgs- und Fortschrittsgeschichte. Kleine Läden im ganzen Land nennen sich »deutsch«, wenn sie eine besonders hohe Qualität suggerieren wollen, egal, ob es einen Bezug zu Deutschland gibt oder nicht. So finden sich unzählige »deutsche« Buchhandlungen, Schreibwarenläden, Bäckereien oder Restaurants, die natürlich die deutsche Fahne in ihrem Logo tragen. Ein deutscher Nachname ist bei Chilenen vorteilhaft bei der Arbeitssuche und gibt Auskunft über eine mittlere bis höhere soziale Herkunft.

Ob man als deutscher Besucher nun fassungslos den Kopf schüttelt oder einfach staunend lächelt, sei jedem freigestellt. Auf jeden Fall werden auch deutsche Besucher positiv wahrgenommen, denn sie gelten als zahlungskräftig, höflich und interessiert. Und vielleicht kann man in einem netten Gespräch auch noch ein paar Neuigkeiten aus Deutschland mitbringen und zur Entstaubung des deutschen Images beitragen.

25. Grund

Weil Deutsche in Chile und Chilenen in Deutschland Zuflucht fanden – solche und solche

Über 12.000 Kilometer liegen zwischen Deutschland und Chile – bis heute eine weite Strecke. Als man aber noch mit dem Schiff über das Meer segeln und im schlechtesten Falle von Argentinien mit dem Esel die Anden überqueren musste, bedeutete diese Distanz eine noch viel längere und gefährlichere Reise, die man normalerweise nur ein Mal im Leben auf sich nahm. Trotzdem gibt es jahrhundertealte und vielfältige Beziehungen zwischen beiden Ländern.

Die ersten deutschsprachigen Einwanderer kamen Mitte des 19. Jahrhunderts, angeworben durch die chilenische Regierung, die den Süden des Landes mit weißen, fleißigen Kolonisten besiedeln wollte. Der »kleine Süden« grenzte direkt an das noch autonome Mapuche-Gebiet, und die junge Nation Chile wollte dieses Territorium strategisch besiedeln und indigene Elemente zurückdrängen. In der Vorstellung der Zeit sollten die Siedler den europäischen Fortschritt mit nach Chile bringen und die Bevölkerung »aufweißen«. Dazu erließ die Regierung ein Gesetz zur Steuerung der Einwanderung, welches vorsah, europäische Siedler mit mittlerer bis höherer Bildung herzuholen. Zwischen 1850 und 1870 konnten etwa 4000 deutsche Einwanderer angeworben werden, die in Gruppen vor allem in der Region um Puerto Montt angesiedelt wurden. Die Motivationen und Hintergründe der Siedler waren vielfältig. Die gescheiterte Revolution 1848/49 bewegte vor allem liberale Intellektuelle dazu, ihrer Heimat den Rücken zu kehren und ihr Glück in der neuen Welt zu suchen. Diese Gruppe war meist gebildet, verfügte zumindest über ein kleineres Vermögen und brachte ihre Familie mit. Andere Siedler kamen aus wirtschaftlichen Gründen. Missernten und die Industrialisierung führten zu einem schnellen Anwachsen der Städte, in denen Armut grassierte. Diese Gruppe erhoffte sich durch die Migration eine Verbesserung ihrer wirtschaftlichen Lage und war meist mittellos.

Nach 1933 flohen deutschsprachige Juden und politische Feinde der Nazis nach Chile. Sie wussten, dass es dort eine aktive deutsche Gemeinschaft gab, und erhofften sich einen Neuanfang. Paradoxerweise folgten ihnen nach 1945 zahlreiche Nazis, die sich durch ihre Flucht der Justiz entziehen wollten. Hitlerdeutschland hatte zu Chile sehr enge Beziehungen gepflegt, und die Mehrheit der deutschen Community im Süden stand Nazideutschland nahe. Die Auslandsorganisation der NSDAP in Südchile hatte seit 1930 durch ihre verschiedenen Ortsgruppen und Stützpunkte deutsche Vereine, Verbände und Kirchen weitgehend gleichgeschaltet, und nach 1945 war es recht leicht für ehemalige Nazi-Kader, dort Zuflucht zu finden.

Als 1973 das Militär in Chile unter Augusto Pinochet putschte, drehte sich die Wanderungsbewegung um: Zwischen 1973 und 1989 flohen etwa 4000 Chilenen ins Exil in die BRD, etwa 1000 in die DDR. In Chile wurden sie aufgrund ihrer politisch linken Haltung und ihres Aktivismus verfolgt und hatten teilweise schreckliche Erfahrungen mit Folter, Einschüchterung und Gewalt gemacht. Plötzlich rückten das Land und die Exil-Chilenen für die bundesdeutsche

Linke in die Aufmerksamkeit. Die heimliche Hoffnung der 68er-Generation, dass in Chile mit Salvador Allende der Sozialismus auf demokratische Weise entstehen würde, war mit dem Putsch plötzlich dahin, und es wurde klar, welch historische Chance verloren gegangen war. Vielleicht hätte Chile zu einem Modell für andere Länder werden können, so die Hoffnung. Nun blieb nur noch die Chile-Solidarität, in der zivilgesellschaftliche Akteure die Verfolgten in Deutschland bei Arbeits- und Visumsangelegenheiten unterstützten, über Menschenrechtsverletzungen informierten und Druck auf die chilenische Regierung ausübten. Die meisten der Exil-Chilenen kehrten nach dem Ende der Militärdiktatur nach 1989 nach Chile zurück.

Weitere »prominente« Auswanderer haben die Reise zwischen Deutschland und Chile seit den 90er-Jahren gemacht, um sich der Justiz zu entziehen: Der Prominenteste ist wohl Erich Honecker, der sich 1993 mit seiner Frau Margot nach Chile absetzte, auch dank der guten Verbindungen, die die DDR seit der Aufnahme der Pinochet-Flüchtlinge zu Chile hatte. Er starb 1994 in Santiago, ohne in der Bundesrepublik rechtskräftig verurteilt worden zu sein. Andere bekannte flüchtige Deutsche sind verantwortliche Personen aus der ehemaligen Colonia Dignidad wie etwa der ehemalige Arzt der Sekte Hartmut Hopp. Er wurde in Chile wegen Beihilfe zu sexuellem Missbrauch und Vergewaltigung Minderjähriger zu fünf Jahren Haft verurteilt, floh jedoch nach Deutschland und lebt bis heute straflos in NRW.

Dass man Chile und Deutschland für diese teilweise sehr schmerzhafte Geschichte nicht lieben kann, ist natürlich klar. Vor allem für Opfer und deren Angehörige ist es oft unverständlich, warum wichtige Dokumente weiterhin verschlossen in Archiven lagern, Verantwortliche aus Politik und Wirtschaft schweigen und nötige Entscheidungen verschleppt werden. Aber es gibt auch schöne Geschichten zwischen den Kontinenten. Durch Zuwanderung und Flucht sind zahlreiche deutsch-chilenische Freundschaften und Familien entstanden, die bis heute zwischen beiden Ländern pendeln und zumindest menschlich gesehen die Distanz von 12.000 Kilometer verkleinern.

26. Grund

Weil einem die Schweinshaxe im Hals stecken bleibt, wenn man in der ehemaligen Colonia Dignidad Oktoberfest feiern soll

»Kolonie der Würde« – so hieß die totalitäre Sektengemeinschaft, in der ab 1961 unter Führung des deutschen Laienpredigers Paul Schäfer gefoltert, tyrannisiert und gemordet wurde. Rund 300 Deutsche waren Schäfer nach dem Krieg nach Chile gefolgt, wo er auf einem riesigen Landgut in der Nähe von Parral in Mittelchile eine abgeschlossene Siedlung aufbaute. Dort installierte er ein Regime des Schreckens, in dem ein permanentes Klima der Angst und des Terrors herrschte. Die Siedler wurden ständig überwacht und zur Zwangsarbeit herangezogen, bei unerwünschtem Verhalten drohten Strafen und Folter. Schäfer unterdrückte die Sexualität der Bewohner, indem er etwa keine Paare oder Familien zuließ, missbrauchte Kinder und ließ sich entführte chilenische Minderjährige aus der Umgebung bringen. Während der Militärdiktatur kooperierte die Colonia Dignidad mit dem chilenischen Geheimdienst Pinochets *DINA* und war am Verschwindenlassen, der Folter und Tötung chilenischer Oppositioneller auf ihrem Landgut beteiligt.

Nach der Umwandlung der Colonia in mehrere Gesellschaften 1990 und der Verhaftung Schäfers 2005 ersetzten die Siedler den zynischen Namen »Kolonie der Würde« durch »Villa Baviera«, Dorf Bayern. Sie wollen dem Ort ein neues Image geben und einen Neustart wagen. Manche Siedler verließen die Colonia in den 90er-Jahren, viele aber blieben. Durch ihre Erziehung, Erfahrungen und

Traumata ist es für die meisten zu schwer, ein Leben außerhalb zu führen. Viele wollten, konnten die Colonia aber nicht verlassen und sind innerlich an den Ort des Schreckens gekettet.

Heute finden Events und Hochzeiten auf dem Gelände statt, ein Hotel und ein Restaurant bieten deutsches Ambiente und Essen an, und man kann Tretboote mieten. Bis vor einigen Jahren fanden auch Oktoberfeste auf dem Gelände statt. Es gibt Schweinshaxe mit Sauerkraut, die Vorgärten sind mit Stiefmütterchen und Gartenzwergen verziert, und im Radio laufen Blasmusik oder Schlager. Eine vorgestellte deutsche Idylle, das romantisierte Bild von »Heimat« – so wie sie sich die Chilenen wünschen – wird hier geboten, voller Kleingeistigkeit und Beschönigung. Der Mief der frühen 60er Jahre steckt in allen Ecken, und es beschleicht einen das Gefühl, dass die Hälfte der Gäste hier ist, um sich zu gruseln, die andere Hälfte, um Bier zu trinken.

Wer sich auf dem Gelände bewegen möchte, kann dies heute ohne große Probleme tun. Die Geschichten der von den Siedlern errichteten Gebäude – Konditorei, Tankstelle oder Schlosserei – werden mithilfe von Informationstafeln und historischen Fotografien erzählt und vermitteln eher den Eindruck, man befinde sich in einem Freilichtmuseum als auf dem Gelände eines ehemaligen Folterlagers. Dieses verklärende Image ist natürlich gewollt und beginnt bereits am Eingang zur heutigen Villa Baviera, wo Besucher wie in einem Freizeitpark Eintritt zahlen müssen. Mit dem Ticket in der Hand braucht man jedoch selbst im Auto noch einige Minuten, bis man die Siedlung erreicht hat. Der kilometerlange Weg entlang des berühmten Stacheldrahtzauns führt die Besucher zurück in eines der dunkelsten Kapitel deutsch-chilenischer Geschichte.

Bis heute hat es keine unabhängige Aufarbeitung der Geschichte innerhalb der Colonia Dignidad gegeben, leben Opfer und Täter zusammen unter einem Dach. Nicht alle Opfer haben seit 2020 Entschädigungen in Form einer Einmalzahlung aus Deutschland erhalten, und Besitzverhältnisse der aus der Colonia hervorgegangenen

Firmen sind ungeklärt. Eine neue Führungsriege hat das Vermögen an sich genommen und verwaltet es, ohne die Opfergemeinschaft einzubeziehen. Diese neue Führung der Villa Baviera hat eine Ausstellung für die Besucher zusammengestellt. Etwas unbeholfen sind Bilder und schnörkelige Texte auf Plastikposter gedruckt, an denen die Touristen vor einem Museum vorbeispazieren, das eigentlich eine Scheune ist. Lapidar werden die Jahre 1961–1997 als *Años difíciles*, als *schwierige Jahre*, bezeichnet und ein paar Fotos von Alltagsszenen dazugestellt. Wer die Verantwortlichen waren, welche Gräueltaten hier geschahen und welche politischen und juristischen Herausforderungen noch zu meistern sind, bleibt unausgesprochen. Schnell geht es weiter mit der Darstellung einer Erfolgsgeschichte der Kolonie, die sich im Bereich Tourismus und Events profiliert und bis heute andauert. Über dem »Kartoffelkeller«, wo eins Oppositionelle gefoltert und getötet wurden, ist heute ein Wohnhaus – lediglich eine unauffällige Gedenktafel von 2016 weist auf die Verbrechen hin.

Nachdem 2015 der Film *Colonia Dignidad – Es gibt kein Zurück* in Deutschland öffentlichkeitswirksam in den Kinos lief (in Chile wurde er nicht gezeigt), versprach die deutsche Politik, ein Dokumentationszentrum zu schaffen, die Suche nach den bislang unentdeckten Massengräbern zu unterstützen und insgesamt bei der Aufklärung Druck zu machen. Leider ist bis heute nicht genug passiert. Täter wie der Colonia-Arzt Hartmut Hopp, der medizinische Experimente durchführte, Menschen mit Elektroschocks quälte und Psychopharmaka mit Zwangsmethoden zur Ruhigstellung verabreichte, konnten sich nach Deutschland absetzen, wo sie einen sicheren Rückzugsort gefunden haben. Ihre Verbrechen bleiben bis heute straflos. Die Pläne für eine Gedenkstätte kommen immer wieder ins Stocken, und es ist zu vermuten, dass die verscharrten Reste von Oppositionellen in Massengräbern noch immer irgendwo auf dem Gelände der Villa Baviera liegen. Vielleicht direkt unter denen, die hier zum Biertrinken und Gruseln gekommen sind. Die Geschmacklosigkeit eines fröhlichen Vergnügungsparks über den Kellern eines ehemaligen

Folterzentrums empört Hinterbliebene und ehemalige Siedler, die nach ihren Angehörigen suchen und die Aufklärung der Verbrechen in der Colonia Dignidad fordern.

27. Grund

Weil Chile ein Einwanderungsland ist und es erst jetzt beginnt, dies zu begreifen

Wer in Santiago oder anderen größeren Städten Chiles aufmerksam durch die Straßen geht, wird bemerken, dass Chile längst ein Einwanderungsland ist. In den Vierteln in der Nähe der Vega Central hört man peruanische, kolumbianische und venezolanische Akzente. Auf den vielen Märkten, die dort im Zuge der Einwanderung entstanden sind, sind ganze Marktreihen von Peruanern besetzt: Eine Pracht an Obst, Gemüse, Hülsenfrüchten, gepopptem Getreide in riesigen Säcken, Mais, Gewürzen, Heilkräutern, Soßen, Süßigkeiten, Torten, Küchenständen und fröhliche Musik, die aus irgendeinem Radio klingt, erzeugen den Eindruck, man wäre mitten in den Anden gelandet. In der Nähe der Estación Central schmeißen sich an Sonntagen ganze haitianische Familien in ihren besten Sonntagsstaat, man sieht sie vor ihrer Kirche in Gruppen zusammenstehen, lachen und scherzen.

Die Chilenen selbst haben erst in den letzten Jahren verstanden: Ihr Land ist für viele Lateinamerikaner aufgrund seiner Stabilität und Sicherheit zur Hoffnung geworden, und Tausende reisen jedes Jahr auf der Suche nach einem besseren Leben ein. Die größte Migrantengruppe sind seit 2014 Venezolaner, die nach der Wirtschaftskrise einwanderten. Ihnen kamen die Sprache, geringe Arbeitslosigkeit und einfache Einreisebestimmungen entgegen, außerdem ist ein großer Teil gut ausgebildet, und Venezolaner haben seit Langem ein recht gutes Image bei der chilenischen Bevölkerung. Viele venezolanische Ärzte praktizierten schon vor der Einreisewelle in Chile und sind angesehen.

Bis 2014 waren die Peruaner die größte Migrantengruppe. Seit den 80er-Jahren sind sie nach Chile eingewandert und dementsprechend bereits besser organisiert. Gruppen von Peruanern tun sich zusammen, um ganze Häuser oder Wohnungen zu mieten. Es gibt *Clubes Sociales*, eine eigene Zeitung und sehr viele peruanische Restaurants. Über die Gastronomie haben die peruanischen Einwanderer die Chilenen stückchenweise für sich gewinnen können, auch wenn es weiterhin Ressentiments gegen die Nachbarn gibt. Peruanische Frauen arbeiten seit vielen Jahren in wohlhabenden Häusern als Hausangestellte und haben die Gaumen ihrer Arbeitgeber mit ihrer Kochkunst verwöhnt. Wer einmal peruanisches Essen gekostet hat, der kommt nicht umhin, davon zu schwärmen: Ein *Ceviche* oder *Arroz con leche y mazamorra*, die man auf der Straße kauft, oder *Aji de Gallina, Arroz chaufán, Frejoles con seco, Causa a la limeña* oder *Papa a la Huancaína* in einem schicken Restaurant – die peruanischen Migranten haben die recht abwechslungsarme chilenische Küche in jedem Fall bereichert.

Der chilenische Staat wurde von seiner neuen Rolle als Einwanderungsland überrascht und hat erst vor wenigen Jahren ein modernes Einwanderungsgesetz erlassen, das ähnlich wie in Europa versucht, die Einwanderung zu ordnen und zu bremsen. 2019 gab das *Instituto Nacional de Estadísticas* eine Studie heraus, nach der 8 % der chilenischen Bevölkerung Ausländer sind. Im Vergleich dazu: In Deutschland werden etwa 12,4 % als Ausländer gezählt (ohne Deutsche mit Migrationshintergrund), in der Schweiz etwa 25 %, in Österreich etwa 18 %.

Chile versteht sich als weißes Land und tut sich noch schwer in seiner neuen Rolle. Das ist insofern etwas absurd, als der heutige Staat Chile zum überwiegenden Teil aus Nachfahren von Einwanderern nicht nur aus Europa sowie von Indigenen besteht. Bis heute werden Kolumbianer, Peruaner, Bolivianer und Haitianer kritisch beäugt, und immer wieder wird die Debatte geführt, ob die Migranten den Chilenen die Arbeit wegnähmen. In den konservativen Medien wird Migration meistens als ein Problem dargestellt und genutzt, um Sicherheitsängste in der Bevölkerung zu schüren. Als zu Beginn des Jahres 2023 viele illegale Migranten im Norden des Landes undokumentiert die Grenze überquerten, ließ der Präsident medienwirksam das Militär aufmarschieren und wurde dafür überall applaudiert. Zuvor hatte die Sorge vor organisierter Kriminalität und Banden die Berichterstattung dominiert. Durch die Medien gingen auch wiederholt Angriffe auf Zeltlager von Migranten, die sich in Wohnvierteln niedergelassen hatten.

Eine besonders schlechte Ausgangsposition haben Haitianer: Sie sprechen bei ihrer Ankunft meistens Creole und Französisch, kein Spanisch, haben mehrheitlich ein niedriges Bildungsniveau und werden aufgrund ihrer Hautfarbe sofort als Ausländer erkannt. Sie haben es schwer, eine angemessen bezahlte Arbeit, Wohnraum und Zugang zum Gesundheitssystem zu finden, vor allem bei irregulärem Aufenthaltsstatus. Viele Haitianer arbeiten und leben in prekären Verhältnissen und sind von Rassismus und Ausbeutung betroffen. Aber es hat sich auch einiges getan: Viele Chilenen, die selbst mit Haitianern zu tun haben, haben sich an die Neuen gewöhnt und leben nachbarschaftlich zusammen. Engagierte Freiwillige haben zu Anfang ähnlich wie in Deutschland, Österreich oder der Schweiz Sprachkurse organisiert. Inzwischen gibt es in Kommunen mit hohem Anteil von Haitianern auch öffentliche Übersetzer in Schulen und Gesundheitseinrichtungen, und der Anblick einer nicht ausschließlich weißen Schulklasse ist kein Hingucker mehr. Anders als die meisten lateinamerikanischen Länder war die chilenische Bevölkerung lange sehr homogen und nicht an schwarze Bürger gewöhnt. Das wird sich in den nächsten Jahrzehnten ändern müssen, wenn Einwanderer und ihre Nachkommen an sichtbare Stellen des Staates aufrücken.

28. Grund

Weil Roma die wahren »Unsichtbaren« Chiles sind

Wenn man vom Flughafen in Santiago mit dem Bus ins Stadtzentrum fährt, ziehen in den Außenbezirken auch die bunt gestreiften Zelte der Roma vorbei. Sie sehen ein bisschen wie Zirkuszelte aus mit ihren auffälligen Farben und Formen, aber wer genau hinsieht, der bemerkt, dass mehrere Zelte zusammenstehen, Kinder herumlaufen und Kleidung zum Trocknen aufgehängt wurde. Man sieht: Hier wohnen Familien.

Bis heute ist die Situation der Roma, die in Chile meistens einfach *gitanos*, also *Zigeuner*, genannt werden, prekär. Die Schätzungen über ihre Anzahl gehen auseinander, es könnten zwischen 10.000 und 20.000 Personen sein. Anfang des 20. Jahrhunderts wanderten sie vor allem aus Serbien, Russland und Rumänien ein und sprechen bis heute untereinander Romani. Es gibt Gruppen, die das ganze Jahr über mit ihrem Zelt durch Chile und auch darüber hinaus ziehen. Sie bleiben ein paar Wochen oder Monate an einem Ort und reisen dann weiter. Andere mieten über den Winter ein Haus, und wieder andere Gruppen sind das ganze Jahr über sesshaft und verbringen nur die Sommermonate unterwegs in ihrem Familienzelt. Manche Roma-Familien haben es auch zu beachtlichem Reichtum gebracht und besitzen ganze Straßenzüge. Durch ihre Kultur, Sprache und mobile Lebensführung unterscheiden sie sich von den Chilenen, die sie mit einer Mischung aus Ablehnung und Neugier beäugen.

Auf den Plazas fast im ganzen Land trifft man im Sommer die Roma-Frauen, die dort in ihren langen bunten Röcken und von ihren Kindern begleitet ihre Dienste im Hand- und Kartenlesen anbieten und eindringlich um Geld bitten. Sie sind in den meisten Familien dafür verantwortlich, die Lebensmittel und nötigen Alltagsgegenstände zu besorgen sowie Hausarbeit und Kinderbetreuung zu verrichten. Die Männer und Jungen gehen häufig Arbeiten wie dem

Auto- oder Elektrohandel oder der Herstellung von Pfannen und Töpfen aus Kupfer nach.

Als Anfang der 2000er-Jahre die Telenovela *Romané – Amor gitano* über die chilenischen Bildschirme flimmerte, war die mediale Aufmerksamkeit kurzzeitig groß: Überall konnte man Dokumentationen über die Situation der Roma in Chile sehen, soziale Projekte wurden gestartet, und die Sympathien waren groß. Doch die Begeisterung hielt nicht lange an. Bis heute sind die chilenischen Roma die wahren »Unsichtbaren« geblieben. Alle anderen benachteiligten Gruppen haben irgendeine Vertretung, die sich für sie einsetzt, Gesetze, die sie schützen, oder soziale Programme, die besonders auf sie gerichtet sind. Die Roma haben gar nichts. Durch ihren nomadischen Lebensstil gehen die meisten Kinder nicht oder nur kurz in die Schule, weswegen bis heute viele Roma Analphabeten sind. Sie sprechen mit einem harten Akzent spanisch und sind damit sofort als Roma zu erkennen. Fast alle Familien, die in Zelten leben, sind von Armut betroffen, haben keinen Zugang zu staatlichen Sozialleistungen, und im Krankheitsfall sind sie von der Familie abhängig. Die einzige langfristige Sozialarbeit bieten in den Roma-Camps die evangelikalen Freikirchen an, allen voran die Adventisten. Neben der Bekehrung und dem Gottesdienst organisiert sie Sommerschulen im Zelt für Kinder, ist in Krisenzeiten Ansprechpartnerin und hilft in Notlagen aus. Trotzdem ist es offensichtlich, dass die Roma in Chile eine vergessene und ungeliebte Gruppe sind. Wie fast überall in der Welt gibt es Vorurteile gegen sie, und das Zusammenleben gestaltet sich oft schwierig. Roma zu sein ist für viele Chilenen ein Synonym für Armut und soziale Ausgrenzung, und keine staatliche Einrichtung setzt sich ernsthaft für diese Gruppe ein.

29. Grund

Weil Temuco eine Stadt ohne Vergangenheit, aber mit Eisenwarengeschäften ist

Der wohl berühmteste Sohn der Stadt Temuco, Pablo Neruda, bemerkte in seiner Autobiografie bereits in den 70er-Jahren über den Ort seiner Kindheit: *Temuco es una ciudad pionera, de esas ciudades sin pasado, pero con ferreterías – Temuco ist eine Pionierstadt, von diesen Städten ohne Vergangenheit, aber mit Eisenwarengeschäften.* Und diese poetische Beschreibung und Einschätzung ist bis heute unglaublich treffend.

Temuco wurde als Festung gebaut, strategisch günstig gelegen, um die umliegende Region zu erobern, die dort lebenden Mapuche zu vertreiben und das Land mit europäischen Kolonisten zu besiedeln. Aus dieser Stadt wurden die militärischen und administrativen Fäden der heutigen Provinz Cautín gezogen und diese dem chilenischen Territorium einverleibt. Von hier aus erfolgte die Erschließung einer Region, die bis 1883 nicht zu Chile gehörte, sondern autonomes Mapuche-Gebiet war. Dann wurden Pläne gemacht und Länder vermessen, Eisenbahnen gebaut, Missionare, Beamte und Lehrer eingesetzt.

Bis heute ist Temuco diese Festung inmitten eines indigenen Landes, von wo aus geplant, verwaltet und entschieden wird. Hier sitzen alle wichtigen regionalen Behörden, größere Schulen, Universitäten und Firmen. Menschen aus dem Umland kommen nach Temuco, um Dinge zu erledigen, sie sind nur im Vorbeigehen dort. Aus den Busbahnhöfen in der Nähe der Estación Central strömen sie ins Zentrum, müde von langen Fahrten, bepackt mit Taschen und Kindern, um Einkäufe zu erledigen oder etwas zu verkaufen, Behörden zu besuchen oder zur Arbeit zu gehen. Schon am Morgen füllen sich die Straßen der Stadt, und gegen Mittag ist es bereits so voll, dass man sich durch die Menge quetschen muss und gegeneinanderstößt. An den Straßenecken verkaufen Mapuche-Frauen Gemüse und selbst gemachte Produkte wie *Merkén, Harina Tostada* oder *Mote*. Straßenkünstler nutzen Rotphasen, um auf dem Asphalt eine Vorstellung zu geben, und die Kunsthandwerker haben ihre Stände in der Calle Bulnes aufgebaut.

Erst gegen Abend, wenn sich die Straßen wieder leeren und die Menschen nach Hause fahren, ist Zeit, um langsamer zu gehen, um sich zu blicken und festzustellen, wie hässlich die Stadt ist. Temuco ist eine Pionierstadt ohne lange Geschichte, gegründet als strategisches und administratives Zentrum, nicht als kultureller oder repräsentativer Mittelpunkt. – Bis heute eine Stadt, die schnell wächst und besucht wird, um Erledigungen oder Geld zu machen. Fragen nach Identität und Geschichte sind bei der Stadtplanung bis heute nicht relevant. Es wird gebaut, was gebraucht wird, und abgerissen, was aus der Mode gekommen ist. Die schönen alten Villen, die ehemals die Avenida Alemania schmückten, mussten zum großen Teil den neuen Glaspalästen von Banken, großen Firmen und Universitäten weichen, und auch im Zentrum stehen gesichtslose Bauten ohne Bezug nebeneinander. Der Autoverkehr strukturiert das Stadtgeschehen, und die Bürgersteige quellen über, an Verkehrsberuhigung oder Fußgängerzonen ist kaum zu denken.

Der interessanteste und lebendigste Teil der Stadt liegt in der Nähe der Estación Central, dort, wo die Menschen aus dem Umland ihre Einkäufe erledigen. In und um die Feria Pinto bekommt man alles, was das Siedler- und Bauernherz begehrt, aber auch einige Städter sind hier unterwegs. Wie von Neruda beschrieben, drapieren bis heute Eisenwarenläden große Werkzeuge und Maschinen gut sichtbar an der Straße, und Fleischereien verzieren ihre Eingänge mit gemalten Pferdeköpfen und anderen Tieren, die es innen zu kaufen gibt. Große und kleine Küchenöfen mit Warmwasserspeicher befinden sich neben einem Laden für Tierfutter und Trockenfrüchte, und an der Ecke hat ein Vertreter für Motorsägen, Werkzeug und Weidezäune sein Domizil bezogen. Es sind die relevanten Gegenstände, die so viel über die Menschen erzählen, die weite Fahrten in Kauf nehmen, um sie zu erstehen. Sie kommen nicht nach Temuco, um in die Oper zu gehen oder ins Kino. Auch nicht, um historische Bauten zu bewundern oder ein neues Restaurant zu probieren. Temuco ist eine Pionierstadt geblieben, die man besucht, um Erledigungen zu machen, einen Zaun zu kaufen oder eine Motorsäge und dann wieder nach Hause zu fahren, um das Land zu bearbeiten, ganz im Sinne der Pioniere.

30. Grund

Weil man sich über das Selbstverständnis der Chilenen die Haare raufen kann

Wenn man junge Chilenen danach fragt, ob ihr Land rassistisch sei, bekommt man meistens schnell die Antwort »sehr rassistisch und außerdem klassistisch und diskriminierend«. Womit man schon mitten in einem sehr heißen Thema ist, über das in Chile in Zeitungen, an Küchentischen und im Kongress diskutiert wird. Traditionell verstehen sich die Chilenen als »weißeres« und »entwickelteres« Land als andere lateinamerikanische Staaten. Das hängt auch damit zusammen, dass die Mehrheit der Bevölkerung Wurzeln in Europa hat und ihre Identität über diese Herkunft konstruiert. In einer Studie des *Latinobarómetros* von 2011 antworteten 59 % der Chilenen auf die Frage nach ihrer ethnischen Zugehörigkeit, dass sie weiß seien, 30 % bezeichneten sich als Mestizen und 6 % als Indigene. Ein paar Jahre später wurde die Frage beim Zensus von 2017 anders gestellt, und inzwischen hatte sich die Wahrnehmung indigener Völker verändert: Fast 13 % der Bevölkerung gaben an, zu einem indigenen Volk zu gehören. Trotzdem bezeichnen sich mehr Personen als weiß als in allen anderen lateinamerikanischen Ländern außer Argentinien. Weiß oder europäisch wird dabei bis heute oft mit fortschrittlich, zivilisiert und kultiviert gleichgesetzt. Wer einen europäischen Nachnamen trägt, blonde Haare oder helle Haut hat, wird in Sekundenschnelle positiver einsortiert als jemand mit einem indigenen Namen. Wer kann, ordnet sich also nach Möglichkeit in diese Kategorie ein, auch wenn gefühlt die Mehrheit der Chilenen eher ein mestizisches Aussehen hat. Ohne etwas dafür zu tun, hat man bessere Chancen bei einer Bewerbung, wird von der Mehrheit als schöner wahrgenommen und verfügt insgesamt über bessere Startbedingungen für Erfolg im Leben, wenn man weiß ist.

Aber es sind nicht nur die Hautfarbe und der Nachname, sondern auch Fragen nach dem Wohnort, der Ausbildung oder der Art zu sprechen, die in Chile relevant sind, um eine Person einzuschätzen. Die meisten Chilenen haben sehr feinfühlige Antennen für diese Fragen nach sozialer Herkunft, und sie sind oft entscheidend, ob jemand als »einer von uns« oder als Fremder wahrgenommen wird. »Ah, er war auf der gleichen Privatschule wie ich« oder »Sie spricht mit dem gleichen Slang von der Straße wie wir« sind Erkennungsmerkmale, um sich selbst und den anderen einzuordnen. Das ist insofern relevant, da Chile einwohnermäßig ein kleines Land ist und man sich schnell über zwei Ecken kennt. Als »Freund von« oder »Tochter von« hat man bessere Chancen, einen Job zu bekommen, sein Kind in der gewünschten Schule unterzubringen oder Netzwerke zu bilden. Nicht nur die Mächtigen und Reichen diskriminieren oder übersehen andere aufgrund ihrer Hautfarbe oder Klasse. Auch die weniger Mächtigen schauen auf die unter ihnen Stehenden herab und machen Witze über ihre Versuche, den Lebensstil der Mittelklasse zu imitieren.

So oder so ähnlich kennt man das überall auf der Welt, aber im Vergleich zu Europa ist in Chile die Distanz zwischen Arm und Reich besonders groß, und gleichzeitig sind Armut und Reichtum ganz nah aneinander. Es gibt Familien in Santiago, die noch nie in ihrem Leben mit der Metro oder dem Bus gefahren sind, ihre Ferien im Ausland verbringen und ihre Freizeit in exklusiven Clubs. Ihre

Kinder gehen auf die besten Universitäten, studieren im Ausland und interessieren sich für Architektur. Ihre eigenen Angestellten dagegen leben in einer winzigen Wohnung auf der anderen Seite der Stadt, fahren täglich stundenlang mit Bus und Bahn zur Arbeit und zurück, gehen in ihrer Freizeit in den Park zum Grillen und träumen von einer Eigentumswohnung. Manchmal scheint es, als gäbe es mehrere Chiles und ihre Einwohner sprächen unterschiedliche Sprachen.

Alle Hoffnungen auf ein gerechteres Land und mehr Umverteilung sind seit einigen Jahren auf eine neue Verfassung gerichtet. Bestimmt wird diese wichtige Weichen stellen. Bildung, Gesundheit, Renten, Umwelt, Wirtschaft – all das kann neu organisiert werden und hoffentlich für mehr Gerechtigkeit in einem extrem ungleichen Land sorgen. Und doch kann ein Stück Text nicht über Nacht das Klassendenken einer Gesellschaft ausradieren. Es ist in die Kultur eingeschrieben, Menschen reproduzieren in ihrem Denken und Handeln jeden Tag Vorstellungen dazu, wie eine andere Gruppe Menschen ist. Seit der Kolonialzeit denken viele Chilenen noch immer im Großen und Ganzen in den Kategorien einer Ständegesellschaft. Um sich als Gleiche begegnen zu können, ist noch ein weiter Weg zu gehen. Historische Wunden sind nicht verheilt, weil es nie Gerechtigkeit gab, beispielsweise bei der Enteignung und Vertreibung der Mapuche oder der Verteilung von Ressourcen unter der Militärdiktatur. Es wird viel Zeit brauchen, um diese Konflikte zu lösen, Schuldige zu benennen und zu verurteilen, umzuverteilen und sich insgesamt als Gesellschaft über die Klassengrenzen hinaus zu verständigen. Eine neue Verfassung kann ein wichtiger Baustein von vielen in diese Richtung sein.

31. Grund

Weil Chile einen eigenen Geruch hat und ihn nur Nicht-Chilenen wahrnehmen

Wer zum ersten Mal nach Chile einreist, dessen Sinne werden am Anfang völlig überfordert sein von so vielen neuen Eindrücken. Es ist laut, Menschen laufen überall durcheinander, der Verkehr tobt, vielleicht ist die Sprache neu und das Essen sowieso. Wer es trotzdem schafft, kurz innezuhalten und tief durch die Nase einzuatmen, wird ihn bemerken: diesen ganz eigenen Geruch, den es nur in Chile gibt und den Chilenen anscheinend nicht wahrnehmen können. Vielleicht ist es wie bei uns Menschen, die wir unseren eigenen Körpergeruch nicht bemerken. Chile riecht nach einer Mischung aus Dieselabgasen, frischem Brot, klammer Kleidung und dem Talk-Pulver *Talco*, den sich die Alten unter die Füße schmieren. Manchmal kommt auch eine Note Raumbedufter und Rauchgeruch dazu. Diese Beschreibung mag zunächst nicht sehr vorteilhaft klingen, ich aber kenne keinen besseren Duft. Nach längerer Abwesenheit kehre ich nach Chile zurück, trete auf die Straße, und jedes Mal ergreift der vertraute Geruch plötzlich und machtvoll von mir Besitz. Er zieht durch die Nase und den Hals in die Lunge, breitet sich im ganzen Körper aus, bis er überall angekommen ist: Ich bin wieder da! Mit der Zeit vergesse ich diese starke Sinneswahrnehmung wieder und denke nicht mehr daran. Vielleicht ist es die Tatsache, dass man im Alltag viel häufiger mit starken Gerüchen konfrontiert wird und sich daran gewöhnt: Die vorsintflutlichen Busse ohne Katalysator, das offen verkaufte Fleisch an der Theke im Supermarkt, der dichte Rauch der Holzöfen, der im Winter wie Nebel in den Straßen hängt, das blumige Parfum der Frau im Bus neben einem, das alte Fett in den Fritteusen der Verkaufsstände – all das sind Gerüche, die einem täglich begegnen. Und vielleicht nimmt man sie mit der Zeit selbst an, wird Teil davon und kann den Geruch dann irgendwann nicht mehr wahrnehmen.

32. Grund

Weil Rapa Nui auch dazugehört, aber nie gefragt wurde

Wer *Rapa Nui*, wie die Osterinsel auf der Sprache der *Rapa Nui* heißt, auf Google Maps sucht, muss erst mal sehr lange herauszoomen, um irgendeinen Bezugspunkt zu finden. Die Insel liegt sehr isoliert mitten im Südpazifik, und ein endloses Blau scheint sie zu umgeben. Von Chile aus kann man die 3770 Kilometer mit Lan Chile nach Hanga Roa fliegen, in die andere Richtung ist Tahiti 4250 Kilometer entfernt. Man kann sich durchaus fragen, wieso diese Insel zu Chile gehört.

Berühmt ist *Rapa Nui* natürlich für die kolossalen Statuen, die Moai genannt werden und bis heute zu den größten Mysterien der Menschheit gehören. Besiedelt wurde die Insel wohl erstmals durch Polynesier, die zuvor wochenlang in offenen Kanus über das Meer gefahren waren, und blieb dann jahrhundertelang isoliert. Was während der nächsten vielleicht 500 Jahre geschah, darüber gehen die Meinungen von Forschern auseinander. Fakt ist, dass es eine stark stratifizierte Gesellschaft gegeben haben muss, die zu ihrer Hochzeit alle Energie und Ressourcen auf den Bau der bis zu zehn Meter hohen und mehr als 80 Tonnen schweren Moai konzentrierte. Als der erste Europäer, der Niederländer Jakob Roggeveen, am Ostersonntag 1722 die Insel betrat, traf er auf eine quasi-jungsteinzeitliche Kultur. Die Insulaner verwendeten einfachste Werkzeuge und kannten weder Räder noch Zugtiere. Die Moai waren umgestürzt und zerbrochen, die Insel fast baumlos, die dezimierte Bevölkerung schlecht versorgt.

Was war passiert? Die »Ökozid«-These geht davon aus, dass die Gesellschaft der Rapa Nui sich selbst und ihr Ökosystem zugrunde gerichtet habe. Zu viele Menschen rodeten die Wälder zum Bau von Häusern, Kanus und Moai sowie als Brennmaterial. Durch Brandrodung für den Ackerbau gingen noch mehr Waldflächen verloren. Erosion, Bevölkerungswachstum und Konflikte zwischen rivalisierenden Häuptlingen führten zum Zusammenbruch der Zivilisation. Diese These wird gern mit Blick auf und als Warnung vor unserer heutigen Kultur verwendet. Andere Thesen führen die Einführung der pazifischen Ratte als ausschlaggebend für den Rückgang des Waldes an, da sie die Nüsse der Palmen fraß, die dann nicht mehr keimen konnten, oder weisen auf die Einschleppung europäischer Krankheiten hin, die die Bevölkerung dezimierten.

Denn mit der Ankunft der Europäer wurde es für die Insulaner leider nicht besser. Krankheiten wie Pocken rafften die Menschen dahin, und im 19. Jahrhundert gingen peruanische Sklavenhändler auf Menschenraub. Sie verschleppten etwa 1400 Personen, darunter auch die religiöse Elite, um sie auf den Sklavenmärkten Callaos zu verkaufen. Die soziale und religiöse Struktur war zerstört, außerdem kamen Missionare ins Land. 1877 lebten noch 111 Menschen auf der Insel. Als wenige Jahre später 1885 der Pazifik unter europäischen Kolonialmächten aufgeteilt wurde, meldeten sich auch die Chilenen zu Wort. Mit Blick auf die Eröffnung des Panamakanals schien der Hafen im Pazifik von Interesse zu sein. Zwei Jahre später ergriffen sie von der Osterinsel Besitz und verpachteten sie kurz darauf an einen englischen Schafbaron. Die nächsten 60 Jahre verwaltete dieser die Insel wie seinen Privatbesitz. Die Insulaner lebten in einem Getto eingesperrt hinter Stacheldraht in der Stadt Hanga Roa und verfügten über keine chilenischen Bürgerrechte. Erst 1966 stellte General Pinochet die Rapa Nui mit allen anderen chilenischen Staatsbürgern gleich und ließ die Zäune entfernen.

Man könnte meinen, die Geschichte der Osterinsel sei eine Aneinanderreihung menschlichen Versagens. Seit knapp 60 Jahren erst sind die indigenen Rapa Nui offiziell chilenische Bürger, viele aber wünschen sich eine Lossagung oder zumindest größere Autonomie von Santiago. Sie wollen die Entwicklung ihres Landes und ihres Volkes selbst in die Hand nehmen und sich nicht mehr vom Tausende

Kilometer entfernten Festland bestimmen lassen, das ihre Bedürfnisse und Kultur nicht kennt. Außerdem fordern die Rapa Nui die Anerkennung des kollektiven Eigentums und Entschädigungszahlungen für erlittene Menschenrechtsverletzungen. Durch die Corona-Pandemie war die Insel zwei Jahre für Touristen verschlossen, und das Ausbleiben der Einnahmen aus dem Tourismus-Sektor hat vielen Familien und kleinen Firmen den Boden unter den Füßen weggezogen. Jetzt sind die Touristen wieder da, und vielen geht es ökonomisch langsam wieder besser. Dafür sind aber auch die alten Probleme von zu vielen Besuchern und dem Ausverkauf der Kultur der Rapa Nui wieder präsent. Wohin die kleine Insel im Südpazifik in den nächsten Jahren geht – die Zukunft wird es zeigen. Zauberhaft ist sie auf jeden Fall in einem Maße, das man sich kaum vorstellen kann.

33. Grund

Weil Nachnamen so wichtig sind

Ein Nachname ist in Chile eine Art Visitenkarte. Man sagt ihn und wird automatisch in Sekundenschnelle von seinem Gegenüber in eine Schublade gesteckt. González? Edwards? Neculpan? Rums, Schublade zu.

Der vollständige Familienname chilenischer Staatsbürger setzt sich aus zwei Namen zusammen: Der erste Name ist der erste Teil des Familiennamens des Vaters, der zweite Name der erste Teil des Familiennamens der Mutter. Beide Namensteile werden ohne Bindestrich geschrieben, sind also keine Doppelnamen. Bei der Heirat behalten beide Partner ihre vor der Eheschließung geführten Familiennamen. Francisca González Tapia ist also die Tochter von z. B. Pablo González Muñoz und seiner Ehefrau María Tapia Díaz. Da die zweiten Teile der Familiennamen der Eltern, also die der Mütter, nicht weitergegeben werden, sind die Vater-Namen dominant. Man erfährt also schon durch diese zwei Namensteile, wer die Eltern einer Person sein könnten. Ausländer mit nur einem Nachnamen haben es dabei bei Behörden oft schwer, denn Formulare fragen immer nach zwei Nachnamen und lassen sich digital nur ausfüllen, wenn man beide einträgt. Wer also brav beide Elternnamen eingibt, wird ganz schnell unter einem neuen Nachnamen geführt, der unter Umständen nicht mit dem im Ausweis übereinstimmt …

In Chile sind die drei häufigsten Nachnamen González, Muñoz und Rojas. – Allerweltsnamen, die keine besonderen Assoziationen hervorrufen und eher nach mittlerer bis unterer Einkommensgruppe klingen. Präsidenten und Abgeordnete heißen anders. In einer Studie untersuchte der Soziologe Naim Bro Khomasi die häufigsten Nachnamen von chilenischen Parlamentariern und stellte fest, dass zwischen 1810 und 2018 etwa gleich viele González wie Larraíns im Parlament gesessen hatten. Wenn beide Namen etwa gleich oft in der Bevölkerung vorkämen, wäre das nichts Besonderes. Aber laut dem Einwohnermeldeamt *Registro Civil* gibt es 411.000 Personen mit dem Nachnamen González und nur 4300 Larraíns, was bedeutet, dass ein Larraín auf 100 González kommt und unproportional stark im Parlament vertreten ist. Man fragt sich: Warum wiegt ein Larraín im Kongress so viel wie 100 González?

Auch in angesehenen Berufen wie bei Ärzten, Anwälten, Architekten, Ingenieuren und insgesamt bei Führungskräften findet man immer wieder dieselben europäischen Nachnamen: Baskische, englische, französische und deutsche Namen wie Matte, Zegers, Tagle und Errázuriz sind ein soziales Aushängeschild und klingen in chilenischen Ohren nach wirtschaftlichem Erfolg und nach Oberschicht. Besonders selten bzw. nie finden sich hier häufige indigene, vor allem Mapuche-Nachnamen wie Aillapan, Mariman oder Tranamil.

Jedes Land kennt Eliten und benachteiligte Gruppen. In Chile, wie in den meisten lateinamerikanischen Ländern, sind Reichtum und Privilegien aber besonders ungleich verteilt, und man kann oft schon am Nachnamen erkennen, wo auf der sozialen Leiter jemand etwa einzuordnen ist. Nach der spanischen Eroberung entstanden in Zentralchile große Haciendas, deren spanische Großgrundbesitzer politisch gut positioniert waren. Im 19. und 20. Jahrhundert kamen europäische Einwanderer und Siedler hinzu, denen oft Ländereien zugeteilt wurden. Im Großen und Ganzen sind die führenden Nachnamen und die Sozialstruktur aus diesen Zeiten die gleichen geblieben. Einflussreiche Familien geben nicht nur ihr finanzielles, sondern auch kulturelles Kapital und Netzwerk an ihre Kinder weiter und bleiben dabei oft unter sich. »Sohn von« oder »Tochter von« zu sein bedeutet in Chile unter den oberen Tausend immer noch viel. Es bedeutet, Privilegien zu erben, die ein González nur schwer erreichen kann.

Aus diesen Gründen ist das häufige Fragen nach den Nachnamen in Chile zwar nicht sehr sympathisch, aber verständlich. Es ist Teil des »Einsortierens« des Gegenübers und des Positionierens dem anderen gegenüber. Es gibt nicht wenige Chilenen, die sich einen anderen Nachnamen wünschen oder sich des eigenen wegen schämen. Manche lassen ihren Nachnamen sogar ändern oder verwenden einen Künstlernamen, der europäischer klingt. Der chilenische Komiker Fabrizio Copano brachte diese Absurdität auf den Punkt: »Soto, ich gebe dir einen Rat: Füge einfach einen Akzent am Ende deines Nachnamens ein. Nenne dich statt Soto Sotoá. So funktioniert Chile: Soto ist der Hausmeister, Sotoá der Geschäftsführer von Soquimich.«

Kapitel 4

Kultur

34. Grund

Wegen der Partys: Chilenen feiern

Chilenische Partys sind wunderbar laut, ausgelassen und lang. Keine Party beginnt wirklich vor 23.00 Uhr, und alle, die hingehen, wollen auch wirklich eine gute Zeit haben. Viele treffen sich vor der eigentlichen Party zum »Vorglühen« bei jemandem zu Hause und ziehen dann gemeinsam in angetrunkenem Zustand los. Diese Treffen sind auch beliebte Partner-Börsen, weil Freunde ihre Freunde mitbringen und sich so zwanglos neue Leute kennenlernen lassen. Es wird geraucht, getrunken und gequatscht, wobei das Witzemachen und Andere-zum-Lachen-Bringen besonders hoch im Kurs stehen. Bars oder Clubs verlangen häufig bei besonderen Events Eintritte *Con Cover*, was bedeutet, dass bereits ein Drink inklusive ist. Die Einrichtung ist meistens spartanisch, ein paar Plastikstühle und -tische stehen herum, eine große Tanzfläche gibt es, eine Bar und keine Heizung.

Auf eine Party geht man in Chile normalerweise, um zu tanzen. In Discos gibt es manchmal sogar einen extra engagierten Anheizer, der mit einem Mikro in der Hand die Meute zum Tanzen motiviert und die Stimmung aufheizt. Er brüllt über die ohrenbetäubende Musik seine Parolen durch den Saal und organisiert Tanz- und Singeinlagen à la »und die Frauen jetzt uh-la-la-laaaa!« oder »und die

Männer jetzt!« – Hüftschwung – Hüpfen. Manchmal mischen sich die Animateure auch unter die Leute und machen mit. Getanzt wird immer paarweise, nicht allein und selten im Kreis mit Freunden. Frauen, die ohne Mann tanzen wollen, werden sofort angetanzt und sollten sich sicherheitshalber eine andere Person suchen. Männer und Frauen gleichermaßen tanzen meistens gern und völlig selbstbewusst, denn es gehört seit Kindesbeinen zu jeder Party und jedem sozialen Event dazu. Beim Familienfest werden nach dem Mittagessen oder dem Kuchen die Tische einfach an die Seite geschoben, die Musik wird aufgedreht, und Enkel tanzen mit Tanten, Eltern mit Kindern, und niemand findet daran irgendetwas komisch. Tanzen stärkt das Gemeinschaftsgefühl und erlaubt, Gefühle auszudrücken. Menschen, die tanzen, werden als sympathisch und attraktiver empfunden. Beim Tanzen vergessen die Chilenen auch, wenn sie sonst unzufrieden mit ihren Körpern sind. Sie legen einfach los und shaken, was sie haben. Das macht unglaublich Spaß, ist ansteckend, und Personen, die sonst eher zurückhaltend sind, blühen plötzlich auf und bewegen sich völlig frei.

Praktischerweise werden bei den meisten Partys zu 90 % Cumbia, Reggeatón und Ranchera gespielt, sodass man weiß, was auf einen zukommt. Cumbia wird in ganz Lateinamerika gehört, und es gibt viele chilenische Cumbia-Bands, die sehr populär sind. Wenn so ein Hit gespielt wird, reißt es alle auf die Tanzfläche, aus Hunderten Kehlen ertönt der Song, und man tanzt gegebenenfalls die dazugehörigen Schritte. Cumbia ist extrem vielfältig, aber gemein ist allen der unverkennbare Rhythmus *ta-ta-tzzz*. Aus Kolumbien kommen Cumbias mit eher traditionellen Klängen wie Akkordeon und Call and Response-Gesängen, aus Argentinien haben *Cumbias Villeras* Eingang auch in die chilenische Populärmusik gefunden. Sie sind um ein Vielfaches verlangsamt, Keyboards und Synthesizer sorgen für einen irgendwie modernen Klang, und das Ganze wird in Chile mit armen, kleinkriminellen und etwas aggressiven Jugendlichen aus der Stadt assoziiert. Chilenische und amerikanische Pop- und

Rockmusik wird natürlich auch gehört und gespielt, führt allerdings eher selten zu großer Begeisterung auf der Tanzfläche. Vor allem in ländlichen Gegenden sind mexikanische Rancheras und Corridos sehr beliebt. Eine beachtliche Anzahl chilenischer Bands hat es mit diesem Genre zu Ruhm gebracht und spielt auf größeren Volksfesten oder Partys live. Dazu tragen die ausschließlich männlichen Mitglieder Cowboyhüte und schlecht sitzende Anzüge in knalligen Farben. *Los Charros de Lumaco* oder *Los Tigres del Sur* sind die Helden der Menschen und bringen Farbe und Freude in ihren Alltag. Zum Nationalfeiertag *18 de Septiembre* dröhnt der charakteristische Klang des Ranchera-Basses drei Tage und Nächte ohne Unterlass durch die Straßen. Auf dem Land hört man fast den ganzen Tag Ranchera aus einem rauschenden Radio, und auf keiner Familienfeier darf ein *Mexicano* fehlen. Meistens gibt's dazu einen sehr leicht zu erlernenden Dorfschritt, den man ohne Probleme stundenlang aufrechterhalten kann, wenn man nicht weiter darüber nachdenkt und zwischendurch Ron-Cola nachkippt.

Eine Party endet meistens erst früh am Morgen, die Chilenen sind ausdauernd. Der Boden ist klebrig, ein Paar hält sich tanzend gerade so aufrecht, Alkoholleichen liegen in den Ecken, und es stinkt. Die Musik dröhnt immer noch in einer Lautstärke, die normale Gespräche unmöglich macht, die Füße schmerzen, und Frisuren sind zerstört. »War wieder eine exzellente Party«, sagt man und geht leicht schwankend nach Hause.

35. Grund

Weil die Chilenen musikalisch sind

Auf fast jedem *Asado* und jeder Familienfeier ist es irgendwann so weit: Der erste Hunger ist gestillt, der Wein kursiert großzügig, und dann packt irgendeiner die Gitarre aus. Um ihn oder sie sammeln sich in kurzer Zeit die Gäste, singen mit und rufen der Person am Instrument ihre Musikwünsche zu. Ein zweites oder auch drittes Instrument gesellt sich dazu, man improvisiert gemeinsam, und die Stimmung ist ausgelassen. Gitarren, Trommeln und andere Instrumente werden weitergegeben, und es scheint fast, als wäre das Repertoire unendlich und jeder könnte mit Leichtigkeit mehrere Instrumente spielen. Wer kein Instrument spielt, der singt eben und ist dabei extrem textsicher oder tanzt ausgelassen.

Auch in der U-Bahn, auf der Straße, im Unterricht, auf dem Campus der Uni und im Alltag spielt Musik eine wichtige Rolle im Leben der Menschen und gehört von klein auf dazu. Viele Kinder lernen in der Schule oder zu Hause ein Instrument und spielen schon sehr schnell nach Gehör. Stundenlang klimpern sie irgendwo auf ihren Instrumenten herum, und keiner fühlt sich davon gestört. Niemand lacht über schiefe Töne oder unperfektes Spiel, und vielleicht sind die Menschen deswegen so unbeschwert, wenn sie musizieren. Musik wird als Ausdrucksform der eigenen Gefühle verstanden, und nur selten wird man jemanden nach Noten spielen sehen.

Gespielt wird alles, was Spaß macht. Besonders beliebt sind chilenische und lateinamerikanische Klassiker wie Violeta Parra, Victor Jara oder Los Jaivas, aber auch neuere Cumbias, Rock- und Popsongs. Stundenlang können selbst Erwachsene auf einem Fest oder einer Party mitsingen und haben auch keine Scheu, sich auf die Bühne einladen zu lassen. Musik ist gelebte Lebensfreude, und keiner käme auf die Idee, über ungelenken Ausdruck zu lachen oder sich zu schämen. Das ist wunderbar!

36. Grund

Weil die 80er-Jahre in Chile noch nicht vorbei sind – jedenfalls musikalisch

Ein typischer Wintermorgen irgendwo in einer chilenischen Kleinstadt: Nach einer Viertelstunde im Nieselregen hat man endlich ein Sammeltaxi *Colectivo* ergattert, zwängt sich zu den anderen zwei Personen auf die Rückbank, hält kurz die Luft an, damit die Tür schließt, und will einfach seine Ruhe haben und sich aufwärmen. Fehlanzeige. Im Radio läuft natürlich ein schwerer 80er-Jahre Sound mit krachendem Schlagzeug und E-Gitarre, wie sollte es anders sein! Was ist da los?, fragt man sich. Wieso hören alle Sammeltaxi-Fahrer die ewig gleiche Musik, und warum stehen die Chilenen nach wie vor auf die 80er-Jahre?

Die Antwort ist einfach wie komplex: Wahrscheinlich klingen die 80er für viele Chilenen musikalisch nach Rebellion und Aufbruch. Nach dem Staatsstreich unter General Pinochet 1973 war der gesamte Kulturbetrieb des Landes in einer Krise: Alles, was irgendwie revolutionär und unangepasst war, wurde zensiert oder verboten. Linke Musiker mussten ins Exil gehen, »verschwanden« oder wurden ermordet. Die seit den 60er-Jahren erfolgreiche *Nueva Canción Chilena* mit ihrem dezidierten Protestcharakter verschwand praktisch über Nacht von den großen Bühnen und konnte nur noch klandestin gehört werden. Sogar das öffentliche Spielen von andinen Folklore-Instrumenten wurde verboten, weil es nach der revolutionären Allende-Zeit klang, woraufhin die Band *Barroco Andino* nur noch barocke Musik auf ebendiesen Instrumenten spielte.

Ab den 80er-Jahren erstarkte der Kultursektor langsam wieder. Dies hing mit den sozialen Protesten zusammen, die ab 1983 im ganzen Land erwachten. Zunächst hatte nur die Gewerkschaft *CTC* zu Protesten gegen die akute wirtschaftliche Krise aufgerufen, aber sehr schnell wandelte sich der Protest in eine offene politische Opposition gegen Pinochet. Die massive Beteiligung überraschte das Regime und die Protestierenden selbst, und aus ihr entstanden die ersten politischen Allianzen gegen die Diktatur, deren Ende das Plebiszit 1988 einleitete. Noch aber war es gefährlich zu demonstrieren und sich gegen das Regime auszusprechen. Menschen wurden weiterhin grundlos verhaftet und gefoltert, und ein unangepasster Lebensstil war riskant.

Rockmusik war der Sound zu dieser Rebellion. Zensiert und seit dem Staatsstreich der Militärs quasi verboten, fanden Rockkonzerte nur im Untergrund statt, wo sich im Santiago der 80er eine lebendige Szene bildete. Die jungen Musiker zeigten ihren Dissens mit dem Establishment anders als die Hippies der 70er. Ihre Musik klang laut, wütend und rockig. Sie schrien ihre Wut aufsässig und frei in ihren Songs heraus und wurden immer beliebter. Die erfolgreichste Band aus dieser Zeit ist wohl mit Abstand *Los Prisioneros*, die mitten in der Diktatur Rockmusik britischen Stils mit politischen Texten machte und sich ins kollektive Gedächtnis und Herz der Nation sang. In ihrem Song *El Baile de los que sobran (Der Tanz der Übriggebliebenen)* von 1986 geht es um die Ungleichheit und Ungerechtigkeit, die die Mehrheit der Chilenen kannte – und kennt. *Los Prisioneros* und besonders *El Baile de los que sobran* wurden zum Symbol für den Kampf gegen die Repression des Militärs, und jedes Kind erkennt heute in Sekundenschnelle das Hundegebell am Anfang des Songs. 2019 wurde er plötzlich wieder ganz aktuell, als er erneut zur Hymne der sozialen Proteste für eine neue Verfassung wurde. Man findet heute Textbausteine als Graffiti an Häuserwänden und Videos von Tausenden demonstrierenden Menschen, die gemeinsam das Lied singen. – Über 30 Jahre sind vergangen, aber die gleichen großen Probleme sind noch ungelöst.

Wenn heute die großen internationalen und chilenischen Hits der 80er-Jahre im Radio auf Dauerschleife zu laufen scheinen, dann hängt das mit der aufregenden, nach Rebellion riechenden Zeit zusammen, die sie repräsentiert. Und natürlich mit den jetzt kaufkräftigsten und in Leitungspositionen angekommenen Jugendlichen von damals, die heute das Radioprogramm gestalten und an die sich die Werbung richtet.

37. Grund

Wegen des Hausaltars, das chilenische Fernsehen

Im Zentrum eines jeden chilenischen Wohnzimmers steht er: Eingerahmt von einer Schrankwand oder anderen Möbeln, mit einem Häkeldeckchen verziert oder von Familienfotos gekrönt, thront der Fernseher. Er ist der moderne Hausaltar und bestimmt das familiäre Leben wie kein anderes Haushaltsobjekt. Egal, wie arm oder reich der Haushalt ist, ein Fernseher ist absolut lebensnotwendig. Er läuft ständig, meistens in einer Lautstärke, die eine normale Konversation unmöglich macht, und gehört zum chilenischen Lebensgefühl dazu. Morgens geht es mit dem Frühstücksfernsehen los. Zum Marmeladentoast und Nescafé gibt es in den Morgenmagazinen die aktuellen Skandale und Gerüchte der Stars, was in Chile als *Farándula* bekannt ist. Mittags lungern die Kinder auf dem Sofa vor quäkenden Zeichentrickserien herum, oder es geht mit den Mittagsmagazinen weiter.

Nachmittags und am frühen Abend werden Telenovelas gezeigt, die in Chile *Teleseries* heißen, also Serien, die aus ganz Lateinamerika eingekauft werden und oft melodramatische Liebesgeschichten zum Thema haben. Manche sind so erfolgreich, dass sie ein Millionenpublikum über Wochen und Monate oder sogar Jahre vor den Bildschirm bannen. Viele Telenovelas verarbeiten klassische Märchenmotive wie etwa die Aschenputtelvariante bei *Betty la Fea*, die ihr Pendant im deutschen *Verliebt in Berlin* fand. Allen gemein sind eine große Portion Romantik, Komplotte, Rachen, Intrigen und natürlich ein Happy End. Andere Telenovelas verarbeiten auch ganz aktuelle Themen und gesellschaftliche Tabus wie Abtreibung, Homosexualität, Alter, Behinderung, Korruption oder Prostitution oder inszenieren historische Ereignisse oder Romane. Die Bandbreite ist enorm, und oft stoßen Telenovelas, so überzogen und melodramatisch sie auch sind, Diskussionen über gesellschaftliche Themen an und tragen dazu bei, sie aus der Tabuzone zu holen. Es lohnt sich, mal einen Nachmittag mit Chileninnen oder Chilenen Telenovelas zu sehen, mitzufiebern und sich von der Begeisterung anstecken zu lassen.

Wer anschließend noch nicht genug hat, darf gleich weiter zu den chilenischen Nachrichten zappen, die eine geschlagene Stunde Schreckgeschichten von Überfällen und Morden aneinanderreihen. Zwischen 21.00 und 22.00 Uhr zeigen *Canal 13* und *TVN* die Hauptnachrichten, und man hat danach das Gefühl, Chile sei ein sehr gefährlicher Ort. Internationale Nachrichten, Hintergründe oder Informationen von nationaler Bedeutung sind sehr kurz gehalten und werden von Berichten mit Wackelkamera direkt hinter dem Absperrband überschattet.

Währenddessen sitzen viele Familien beim Abendessen, unterhalten sich und schauen nebenbei auf den Fernseher. Man kommentiert das Gesehene ab und zu, schüttelt den Kopf und wendet sich wieder dem Essen zu. Manchmal ersetzt der Fernseher auch komplett die Unterhaltung. Wie in grauer Vorzeit das Feuer ist heute er der Mittelpunkt des Familiengeschehens und lenkt tagtäglich das Denken und Fühlen der Chilenen.

38. Grund

Weil Hip-Hop, »Payas« und »Cuecas« grelle Lichter auf Gesellschaft und Politik werfen

Wer die geballte Ladung sozialer und politischer Kritik, entlarvender Beobachtungen und witziger Anmerkungen über die chilenische Realität verträgt, der sollte die Öhrchen bei aktueller und traditioneller Musik spitzen. Natürlich ist der Großteil an massentauglichem Reggeatón und Cumbia nicht besonders sozialkritisch, aber es gibt auch sehr spannende musikalische Formen, die den Finger genau in die Wunden der Zeit legen und es lohnen, sich anzuhören. Es scheint, dass Chile nicht nur im Elfenbeinturm ein Land von Dichtern ist, sondern Poesie und Kunst im Alltag eine wichtige Rolle spielen.

Spätestens wenn sich der chilenische Nationalfeiertag am 18. September nähert, werden im ganzen Land Wettbewerbe in der traditionellen *Paya* ausgerufen: Zehnzeilige Reime, die jeweils aus acht Silben bestehen und oft spontan improvisiert und von Gitarre und/oder Harfe begleitet werden. Dabei liefern sich erfahrene *Payadores*, eine Art Volkspoeten, auf einer Bühne spontane Reim-Duelle, spinnen den Faden des Gedichtes weiter und versuchen, sich in Witz und Eloquenz zu übertreffen. Dabei nehmen sie Politik und Eliten auf die Schippe, machen zotige Anspielungen oder beschreiben einfache Alltagssituationen. Wer einmal so einen *Contrapunto* erlebt hat, wird beeindruckt sein von der Spontaneität und Eleganz der Vortragenden und den besonderen Klang noch lange im Ohr haben. *Payas* gibt es auch in anderen lateinamerikanischen Ländern, und es werden sogar internationale Begegnungen und Wettbewerbe ausgerichtet. Nicasio Luna, ein recht bekannter junger *Payador* aus dem chilenischen Patagonien, bezeichnete sich selbst als »Land-Rapper«, und der überraschende Vergleich ist beim genaueren Hinsehen gar nicht so weit hergeholt.

Wie die traditionellen *Payadores* verarbeiten auch moderne Hip-Hopper und Rapper aktuelle Missstände und Alltagssituationen, allerdings meistens eher in einem urbanen Umfeld. Dabei liefern sie sich Wortgefechte in Reimform und reagieren spontan aufeinander. Sie nutzen dabei das ganze Hip-Hop-Repertoire wie etwa Samples oder Scratching und machen wie überall in Lateinamerika ausgiebig Gebrauch von Auto-Tune. Seit den 90er-Jahren sind Hip-Hop und Rap in Chile Mainstream, und bekannte Künstler werden von großen Labels vermarktet. International bekannt ist zum Beispiel Ana Tijoux, die die offensichtlichen sozialen Ungerechtigkeiten in Chile anprangert und bekennende Feministin und Aktivistin ist. Besonders ausgeprägt ist die Hip-Hop-Szene in Santiago, wo man bis heute spontan über Freestyle-Battles auf den *Plazas* stolpern kann. Oft nur über einen Verstärker oder einen Beatboxer begleitet und von einer begeisterten Meute umringt, messen sich die Gegner in der direkten Reim-Improvisation.

Dagegen ist die *Cueca Sola* eine ganz andere musikalische Form. Eigentlich der chilenische Nationaltanz, der als Paar getanzt wird und von der Balz der Hähne inspiriert ist, wird die *Cueca Sola* allein von Frauen getanzt, die einen Angehörigen während der Diktatur verloren haben. Mit einem Foto des verschwundenen Sohns, Ehemanns oder Bruders vor der Brust tanzen die Frauen eine unglaublich gespenstische *Cueca*, begleitet von einer Gitarre und dem Gesang weiterer Frauen mit Fotos vor der Brust. Diese Interpretation des Nationaltanzes war so einprägsam und bewegend, dass der Sänger Sting ihr mit seinem Song *They Dance Alone* 1988 ein weiteres Denkmal setzte. Als Protestsong gegen die Menschenrechtsverletzungen der Pinochet-Diktatur sorgte er international für Aufmerksamkeit. Heute ist diese Form der *Cueca* nur noch sehr selten live zu sehen, aber im kollektiven Gedächtnis fest verankert und manchmal auch von modernen Tänzern und Gruppen weiterverarbeitet und -entwickelt. Denn wie so oft sind Kunst, Musik und Tanz in Chile sehr politisch und kommentieren schonungslos aktuelle Missstände, Wunden und Situationen.

39. Grund

Weil die Chilenen die härtesten Metal-Fans der Welt sind

Ohrenbetäubende Gitarren-Riffs erfüllen das Stadion, Schlagzeug-Salven wummern, ein brachialer Bass ertönt, und ein aggressiver gutturaler Gesang erhebt sich über alles. Eine absolut sinnesbetäubende Lichtshow taucht alles in eine apokalyptische Atmosphäre, und Tausende junge Chilenen brechen in Begeisterung aus! Vor der Bühne bildet sich ein *Mosh Pit*, also ein Kreis, in dem eine Meute wild um sich schlagend herumtanzt und -hüpft. Manchmal weichen die Fans zurück, und es bildet sich ein leerer Bereich, der auf ein Signal hin von allen Seiten gestürmt wird. Die begeisterten Fans springen einander an, teilen auch mal einen Ellenbogen oder Schlag in die Luft aus und gebärden sich wie von allen Sinnen. Keiner steht still, eine unkontrollierbare, wilde Begeisterung erfasst das gesamte Publikum. Scheinbar unkoordiniert grölt, hüpft, rempelt und feiert man, als gäbe es kein Morgen, während der Bass und das Schlagzeug in unvorstellbarer Lautstärke durch den ganzen Körper ziehen. Was von außen für manche lebensgefährlich aussieht, gehorcht in Wahrheit doch ein paar Regeln, und die meisten Metal-Fans wollen niemanden verletzen. Die Stimmung auf Metal-Konzerten ist ausgelassen, und es gibt nicht mehr Verletzte als auf anderen großen Konzerten.

Bands wie Slayer, Iron Maiden oder Metallica sind in Chile Megastars, und es gibt eine hartgesottene Metal-Gemeinde, die zu Konzerten in großen Stadien pilgert. Der Song *We're not gonna take it* von Twisted Sister aus dem Jahr 1984 gelangte zu großer Berühmtheit, als die Fans mangels ausreichender Englischkenntnisse kurzerhand den Text des Chorus in *Huevos con Aceite – Y limón*, also *Eier mit Öl – und Zitrone* umwandelten. Jeder in Chile kennt diese Zeilen und kann sie begeistert im Radio mitsingen. Es lohnt sich, das Konzert von Twisted Sister in Santiago auf YouTube anzusehen, in der sie gemeinsam mit den Fans den neuen spanischen Text singen.

Aber nicht nur amerikanische Metal-Bands sind in Chile berühmt. Seit den 80er-Jahren haben sich chilenische Gruppen gebildet, die sich verschiedenen Subgenres zuordnen und teilweise weltweit bekannt und erfolgreich sind. Chile ist ein Metal-Exportland, und Bands wie Massacre, Pentagram und Necrosis sind auch in Europa oder den USA bekannt und erfolgreich. Der chilenische Metal-Sound gilt heute als heavy, rau und virtuos, und es findet ein reger Austausch zwischen den Kontinenten statt.

Wer verstehen will, warum Metal eine so große Sache in Chile ist, der muss sich ein bisschen in der Geschichte umsehen. Während der Pinochet-Diktatur zwischen 1973 und 1989/90 wurden alle irgendwie unangepassten kulturellen Ausdrucksformen verboten oder zumindest behindert. Rockmusik gehörte natürlich dazu. Platten konnten nicht mehr produziert werden, Rockkonzerte waren verboten oder fanden nur noch klandestin vor allem in Santiago statt. Trotz Repressionen und Verhaftungen hielt sich diese Underground-Szene. Als es in den frühen 80er-Jahren zu einer wirtschaftlichen Krise kam, verschlechterte sich die Situation für große Teile der Bevölkerung derart, dass zunächst die Gewerkschaft, dann auch Parteien große Streiks organisierten. Was sich anfangs nur gegen die wirtschaftliche und akute soziale Misere richtete, wurde schnell zu einer Bewegung, die Pinochets Rücktritt und demokratische Wahlen forderte. Die Mobilisierung der Bevölkerung war immens und überraschend, der Geruch von Revolution und Wandel war plötzlich in der Luft. Immer mutiger zeigten Jugendliche und junge Erwachsene ihren Dissens mit der Politik und dem Establishment insgesamt. Das konnte verschiedene Ausdrucksformen haben. Ein wichtiges Element von Jugendkultur in den 80er-Jahren waren Rockmusik und Heavy Metal. Mit dem wuchtigen, teilweise rabiaten Sound konnten sie ihre Wut über die soziale Schieflage und die Gewalt der Diktatur in die Welt schreien und provozieren. Junge Männer mit langen

Haaren, umgedrehten Kreuzen, schwarzer Lederkleidung oder engen Jeans und Ketten wirkten auf die ultra-konservative, katholische Elite skandalös. Man beschuldigte sie, satanische Messen abzuhalten oder Tiere zu opfern. Sie wurden festgenommen oder durchsucht. Jedenfalls haftete ihnen ein revolutionäres, gefährliches Image an, das nach Rebellion und Unangepasstheit roch.

Dieses Image hat sich bis heute gehalten, auch wenn jetzt jeder tragen und hören darf, was er will. Metal ist eine Form der Rebellion gegen das Establishment, irgendwie anti- und wird von der Mehrheit beäugt und eher abgelehnt. Das hat natürlich eine gewisse Coolness, und da es weiterhin genügend Gründe gibt, gegen das Establishment zu rebellieren, wächst und gedeiht die Metal-Szene in Chile. Jedes Jahr gibt es große Konzerte mit Tausenden Besuchern, und es erscheinen neue Platten und Songs von chilenischen Bands. Selbst wenn einem Metal eher fremd ist, lohnt es sich, mal einen Blick auf diese chilenische Subkultur zu werfen.

40. Grund

Weil Kunst hier sehr demokratisch in der U-Bahn stattfindet

Wer in Santiago Kunst sehen will, muss sich nicht unbedingt in Museen und Galerien die Füße platt treten. Es reicht auch, mit offenen Augen durch die Straßen und U-Bahn-Stationen zu gehen und ein bisschen nachzufragen. In den 90er-Jahren sind in der Metro im Stadtzentrum riesige *Murales* entstanden, an denen täglich Tausende vorbeigehen. *Murales* sind großformatige Wandmalereien im öffentlichen Raum, die zuerst in den 1920er-Jahren im postrevolutionären Mexiko entstanden. Der bekannteste Vertreter dieser Kunst ist der Mexikaner Diego Rivera. Klassischerweise zeigen *Murales* nationale, sozialkritische oder historische Inhalte und wandten sich anfangs besonders an eine analphabetische und indigene Bevölkerung. Bis heute vermitteln sie oft nationale Geschichte und Kultur und sollen identitätsstiftend sein.

In mehreren Haltestellen der Metro kann man heute *Murales* bestaunen – vorausgesetzt, dass man nicht von den Massen mitgeschwemmt wird, die sich wie ein Meer durch die Gänge und Bahnsteige zwängen. Man sollte sich also am besten eine Zeit aussuchen, in der es etwas weniger voll ist. Am renommiertesten ist das 1200 Quadratmeter große *Mural Memoria visual de una Nación* des chilenischen Malers Mario Toral in der Station Universidad de Chile. *Lonely Planet* kürte den Bahnhof 2011 zu einem der zehn künstlerischsten Bahnhöfe der Welt. Der heroische Stil erinnere ein wenig an den sozialistischen Realismus oder an Art déco, so die Autoren, und das Werk zeige sowohl die Höhepunkte als auch die Momente des größten Schmerzes der Chilenen.

Das riesige *Mural* ist teilweise gar nicht so leicht zu betrachten, da es über den Köpfen der Reisenden über den gesamten Bahnsteig gemalt ist. Es erzählt in einer monumentalen Art und Weise wichtige Stationen in der chilenischen Geschichte von der Conquista bis in die Gegenwart, die thematisch in zwei Teile geteilt sind: Vergangenheit und Gegenwart. Auf kleinen Tafeln auf Augenhöhe kann man sich die einzelnen Paneele erklären lassen. Bezeichnenderweise hat der Maler die gesamte indigene Kultur und Geschichte des Landes der Vergangenheit zugeordnet. Vor allem die Mapuche fungieren wie so oft als wehrhafte, edle Symbolfiguren für die Nation, die aber nach der Staatsgründung in den Hintergrund zu treten haben. Auch sonst ist die Darstellung der Nationalgeschichte etwas romantisierend bei der Schaffung kollektiver Erinnerung.

Trotzdem ist das Werk etwas Besonderes: Zur Zeit der Schaffung des *Murals* in den 90er-Jahren war Chile unter der *Concertación* gerade dabei, zur Demokratie zurückzukehren. Nach der Diktatur entstanden wie hier zum ersten Mal Interpretationen der Geschichte, die Brüche und Gewalt als fundamentalen Teil der Nation zeigten und nicht mehr ausschließlich eine Erfolgsgeschichte aus Präsidenten und Generälen erzählten. Indigene Völker kommen in dieser Variante zumindest vor, auch wenn sie sich in die Nationalgeschichte einzureihen und kein Recht auf Selbstbestimmung haben. Spannend ist auch, wo das *Mural* überhaupt zu finden ist: Die Universidad de Chile, die Hochschule von Andrés Bello, dem Humanisten, ist das Symbol für das moderne, aufgeklärte Chile. 20 Präsidenten und zahllose Intellektuelle und Führungspersönlichkeiten genossen hier ihre Ausbildung. Die Bahnstation ist modern, sauber, aufgeräumt, alles funktioniert, die Züge kommen im Minutentakt. Das *Mural* und der Bahnhof zeigen die Hoffnungen der jungen Demokratie und ihre Wünsche, wohin die Entwicklung gehen soll, wobei die Erschaffer ein wenig die Augen vor der Realität zu verschließen scheinen, die einige Meter über dem Bahnhof laut, dreckig und chaotisch über sie hinwegtobt. Trotzdem ist das monumentale *Mural* beeindruckend und gibt einen Einblick in chilenische Geschichte, Trauma und kollektive Erinnerung.

Auch in vielen anderen Metrostationen lohnt es sich, einen Blick auf die Kunstwerke zu werfen, die auf Bahnsteigen und in Übergängen zu finden sind, wie etwa die *Azulejos* in der Station Santa Lucía oder die farbenfrohen Werke verschiedener Künstler in der Station Baquedano. Seit den 1990er-Jahren entstehen im Rahmen des Projektes *MetroArte*, das vom Staat mitfinanziert wird, immer wieder neue Kunstwerke. Wahrscheinlich wird man überall im Weg stehen und verwundert von anderen Fahrgästen angesehen werden. Die meisten Chilenen haben nämlich in der Metro keine Augen für Kunst. Viele scheinen sie gar nicht wahrzunehmen oder haben sich so an sie gewöhnt, dass sie nicht nach ihrer Bedeutung oder Herkunft fragen. Wie überall auf der Welt hasten sie durch die Gänge oder starren in ihre Smartphones, ohne aufzublicken und zu sehen.

41. Grund

Weil hier jeder Künstler ist

Immer wieder bin ich von der Kreativität der Chileninnen und Chilenen beeindruckt. Ich halte überrascht inne, wenn sich in einer *Micro* wieder eine Cumbia-Band aufbaut und loslegt, als stünde ein Stadion vor ihr, wenn ein Kind ein selbst gebautes Instrument vorführt und darauf komplizierte Stücke aus dem Kopf spielt oder auf dem Markt Obst und Gemüse zu kunstvollen Installationen aufgetürmt sind, dass man sich kaum traut, etwas zu kaufen. Manchmal scheint es mir, als wären alle Chilenen Künstler und das Leben ihre Bühne. Kunst und Kreativität nehmen einen wichtigen Stellenwert im alltäglichen Leben ein, und niemand käme auf die Idee, die Kunst von anderen zu belächeln. Musikalität, Literatur, Malen und Tanz gehören zur Kindererziehung und zur Schule, finden bei Familienfesten statt und werden als freie Ausdrucksform verstanden. Schon Kinder überraschen mich mit sehr ausgeprägten feinmotorischen Fähigkeiten, sie lernen Handarbeiten oder den Umgang mit Werkzeugen oder Pinsel. Sogar in kleinen Städten und Dörfern gibt es vor allem im Sommer Angebote wie Theater, Tanz oder Handwerkstechniken für Kinder und Erwachsene, und niemand fühlt sich zu alt, um noch mit Ballett oder einem Schreibkurs anzufangen.

Oft wird Kunst aus der Not geboren, aber nicht immer. Viele Menschen in Chile erkämpfen sich mit dem, was sie am besten können, Tag für Tag ihren Lebensunterhalt, etwa weil sie keine formale Ausbildung genossen haben oder frei arbeiten wollen – das kann das Knüpfen von Armbändern auf der Straße, das Kochen in einem selbst gebauten Essensstand, das Singen mit einem kleinen Verstärker auf der Straße oder das Umherziehen mit einem Puppentheater sein. Es sind Lebenskünstler, die oft nicht wissen, wie sie am Ende des Monats ihre Rechnungen begleichen sollen und es trotzdem immer irgendwie schaffen. Besonders auffällig ist die

La Joya del Pacífico – Die Perle des Pazifiks. Blick auf den Hafen von Valparaíso.

Oben: Chilenische Seenlandschaft mit Araukarien und Andenpanorama.
Unten: An vielen Orten an der Küste wie hier in Chiloé können Touristen den besonders geschützten Humboldt-Pinguin bestaunen. Oder bestaunt er in Wirklichkeit die Touristen?

Oben: Wasser und grüne Landschaften sind auch für viele Chilenen ein Urlaubsgrund. Im Norden des Landes ist das Wasser knapp, dafür regnet es im Süden manchmal wochenlang.
Unten: Araukarien mögen es gern in der Höhe und mit Vulkanpanorama.

Klassische Holzhäuser im Süden des Landes machen den Charme der Städte und Dörfer aus. Ihre Fassaden verwittern und werden Teil der Landschaft.

Oben und unten: Nationalpark Torres del Paine.

Valle de la Luna in der Atacama-Wüste nähe der Stadt San Pedro de Atacama. Wer schon immer wissen wollte, wie es wohl auf dem Mond aussieht, der ist hier richtig: Während der Saison kommen täglich tausende Touristen und schauen sich die bizarren Formationen aus Steinen, Sand und Felsen bei Sonnenuntergang an – ein Farbenspektakel in der trockensten Wüste der Welt.

Oben: Eine Gruppe Seelöwen entspannt sich mit Blick auf den Fischmarkt in Valdivia (zum Glück gerade aus der Ferne). **Unten:** Die Mine Chuquicamata in der nordchilenischen Atacama-Wüste ist das tiefste Loch, das die Menschheit je gegraben hat.

Oben: Moai Skulpturen am Ahu Tongariki auf Rapa Nui (Osterinsel).
Unten: Rapa Nui (Osterinsel).

Oben: In den verwinkelten und engen Gassen Valparaísos kann man sich stundenlang treiben lassen, Streetart, Wandbilder und Graffiti bestaunen und den maroden Charme der Stadt aufsaugen.
Unten: Blick über die Hügel Valparaísos und den Pazifik.

Die Hafenstadt Valparaíso liegt über viele Hügel verstreut. Steile Treppen und Aufzüge verbinden die verschiedenen Teile miteinander und werden von lokalen Künstlern immer wieder bunt bemalt und verändert. – Die Stadt ist ein einziges farbensprühendes, etwas ramponiertes Kunstwerk!

Die bunten Pfahlbauten in Castro auf der Insel Chiloé.

Santiago de Chile an einem Tag ohne Smog – dann sieht man das atemberaubende Andenpanorama.

Oben: Auf der Plaza de Armas in Santiago ist tagsüber immer Trubel: Vorbeihastende Geschäftsleute, Touristen, Schüler, Obdachlose und schachspielende Rentner, Prediger und verliebte Pärchen beleben den Platz und machen ihn zu einem Kaleidoskop der Hauptstadt. **Unten:** Die Metro-Station Universidad de Chile in Santiago mit den riesigen Murales von Mario Toral.

Die *Sala Medina* in der Biblioteca Nacional in Santiago – Harry-Potter-Feeling garantiert.

Artesanía, die überall zum Verkauf angeboten und etwas unzureichend mit *Kunsthandwerk* übersetzt wird. Während klassischerweise *Arte*, also *Kunst,* von weißen, gebildeten Künstlern gemacht wird, heißen alle anderen künstlerischen Ausdrucksformen in Lateinamerika *Artesanía.* Jede Region hat durch Klima und Geographie ihre eigenen Materialien, aus denen sich unterschiedliche Techniken und Traditionen entwickelt haben. So sind viele Kunsthandwerke untrennbar an einen bestimmten Ort und eine Kultur gebunden. Zunächst gehörten vor allem Gebrauchsgegenstände zur *Artesanía*, später wurden dann auch Dekoration, Schmuck und Nippes hergestellt. Viele dieser Handwerke stammen aus vorkolonialer Zeit und haben später neue Kulturtechniken und Materialien integriert.

Da ist zum Beispiel die Töpferei: In der Region Valparaíso lebt praktisch das ganze Dorf Pomaire von der rustikalen Töpferkunst, die mit ihren dunklen Erdtönen und bauchigen Formen sofort wiederzuerkennen ist. Für Korbflechtarbeiten ist besonders die Kleinstadt Chimbarongo bekannt, wo Kunsthandwerker unglaublich feine Hüte, Möbelstücke, Körbe und Lampen flechten. Aber auch in anderen Regionen fertigen vor allem Frauen in ihren Häusern *Chupallas*, wunderbar geschwungene *Huaso*-Hüte und andere Gebrauchsgegenstände zum Verkauf. Indigene Völker wie die Mapuche oder Aymara sind für ihre Webarbeiten bekannt, die die Frauen an riesigen Webstühlen herstellen und die auch die »chilenische« Kultur beeinflusst haben. Chilenische Cowboys – *Huasos* – aus Mittelchile und auch Bauern aus Patagonien tragen selbstverständlich fein gewebte *Mantas*, also Wollponchos. Man könnte die Liste beliebig weiterführen und würde im ganzen Land Traditionen und Techniken verschiedener Handwerkskünste finden.

Das Besondere daran: *Artesanía* ist Teil von Identitäten und ein wichtiges Kulturerbe. Es wird von Generation zu Generation weitergegeben und bewahrt Mythen, Geschichten, Wissen. Kulturen, die keine Schrift hatten, wurden von Europäern schnell als prähistorisch abgetan, so als hätten sie keine Geschichte. Dabei fehlen oft einfach nur die Fertigkeiten, ihre Geschichte zu rekonstruieren: Schriftlose Kulturen geben Wissen mündlich, tänzerisch oder über Objekte weiter, etwa über Muster und Symbole, die ein Zugehöriger sofort lesen und verstehen kann wie im Mittelalter auch in Europa. *Artesanía* ist also nicht bloß der billige Nippes aus dem Touri-Shop, sondern Kunsthandwerk, das mit einer Gemäldegalerie oder einer Märchensammlung verglichen werden kann. Langsam hat das auch der chilenische Staat begriffen und fördert Kleinunternehmer, Haueninitiativen und Projekte, die dieses Kulturgut bewahren und weiterentwickeln. Zunehmend sieht man Ausstellungen in Museen und Galerien über ganz einfache Leute, die dieses Wissen für ihren Lebensunterhalt nutzen und an neue Generationen weitergeben.

42. Grund

Weil chilenisches Kino so modern ist

Zu Unrecht steht Chile etwas im Schatten großer lateinamerikanischer Kinonationen wie Mexiko oder Argentinien. Seit der Rückkehr zur Demokratie und vor allem in den letzten 20 Jahren sind tolle chilenische Filme entstanden, die unter die Haut gehen und es lohnen, gesehen zu werden. Immer häufiger werden sie auch international wahrgenommen. 2017 traf der Film *Una mujer fantástica* den Nerv der Zeit, als er die Geschichte der Transgender-Frau Marina erzählte, die sich mit den Vorurteilen der Gesellschaft sowie der Behörden konfrontiert sieht, nachdem ihr Partner plötzlich verstarb. Dafür gab es 2018 einen Oscar für den besten fremdsprachigen Film. Auch 2013 und 2022 wurden chilenische Filme für diese Auszeichnung nominiert: Einmal für den Spielfilm *No!*, der die Werbekampagne gegen Augusto Pinochet im Vorfeld des Plebiszit 1988 zum Thema hat, und einmal für *Bestia*, einen animierten Kurzfilm über eine Täterin der chilenischen Geheimpolizei *DINA* während der Diktatur.

Aus der Perspektive eines Kindes erzählt *Machuca* von 2004 von der Freundschaft zweier Kinder aus unterschiedlichen sozialen Schichten unmittelbar vor und während des Militärputsches von 1973 und ist ein guter Einstieg in die Zeitgeschichte Chiles. Einen Einblick in aktuelle Themen zeigt *La Nana* (2009), in dem es um die schwierige Situation der Hausmädchen in Chile zwischen Familienmitglied und Angestellter geht. Wer der bis heute prägenden Rolle der Musikerin und Künstlerin Violeta Parra auf den Grund kommen möchte, dem sei der Film *Violeta se fue a los Cielos* von 2011 empfohlen, der ihr Leben und Werk auf Spielfilmlänge entfaltet. 2015 sorgte *El Club* mit seiner Kritik an kirchlichen Machtverhältnissen und mangelnder Transparenz in der katholischen Kirche für Aufsehen, 2016 flimmerte mit *Neruda* eine spannende Filmbiografie des chilenischen Dichters und Schriftstellers über die Leinwände. Die Liste ließe sich noch beliebig weiterführen, denn jedes Jahr erscheinen weitere gute Filme. In Chile selbst sind auch Kurzfilme und Dokumentationen beliebt und sehr nah am Zahn der Zeit, werden allerdings meist nur in kleinen Off-Kinos und Kultureinrichtungen gezeigt. Die großen städtischen Multiplex-Kinos spielen hauptsächlich US-amerikanische Komödien und Blockbuster. Wer aber aufmerksam ist, der erwischt auch hier zwischendurch die eine oder andere chilenische Produktion.

Die meisten Chilenen sehen Filme im Fernsehen oder nutzen Streamingdienste. Ins Kino geht nur eine Minderheit vor allem in den Städten. Im Kinosaal wird dafür unbefangen geknistert und geknabbert, geflirtet, kommentiert und auch mal telefoniert, man sollte also keine Totenstille wie in Deutschland erwarten. Kino ist ein soziales Event, und das wird zelebriert. Umgedreht darf man selbst auch seinen Begleitern während des Films Fragen stellen und hemmungslos in der Popcorntüte wühlen.

43. Grund

Weil die Medienlandschaft so unmodern ist

»Alles beim Alten: Ausländer und Multimillionäre sind die Eigentümer des chilenischen Fernsehens«, titelte vor Kurzem die linksgerichtete chilenische Zeitung *El Siglo* und brachte es damit überspitzt auf den Punkt. Alle wichtigen Fernsehsender wie etwa *ChileVision, Mega* und *Canal 13* sind in privater Hand und formen maßgeblich die Berichterstattung und Meinungsbildung im Land. Ein Beispiel dafür ist die chilenische Firmengruppe der Familie Luksic, die klassisch wirtschaftliche Macht, Medienbesitz und politischen Einfluss vereint. Ihr gehören führende Firmen in Bereichen des Bergbaus, der Industrie, Nahrungsmittel und Presse wie etwa 100 % des Senders *Canal 13*. Andere Sender gehören US-amerikanischen Firmen, und gemein ist ihnen, dass sie sich komplett durch Werbung finanzieren müssen. Sogar der einzige staatliche Sender *TVN* ist werbefinanziert. Insgesamt dominiert eine konservative Berichterstattung, die während der sozialen Proteste der letzten Jahre immer wieder in die Kritik geriet, weil die Journalisten die Proteste sehr negativ darstellten und die Protestierenden als Randalierer kriminalisierten.

Im Bereich Printmedien besitzen zwei Konzerne praktisch alle relevanten Zeitungen und Zeitschriften des Landes. *El Mercurio* der Familie Edwards ist Eigentümer der größten chilenischen Tageszeitung *El Mercurio*, dem Boulevardblatt *Las Ultimas Noticias* sowie *La Segunda* und zahlreicher Lokalzeitungen im ganzen Land. Die Holding *Copesa* besitzt unter anderem die Tageszeitung *La Tercera* sowie zahlreiche Zeitschriften und Online-Angebote.

Auch die großen Radiosender wie *Radio BíoBío, Radio Cooperativa* oder *ADN* sind kommerziell und vertreten konservative redaktionelle Standpunkte. Der spanische Konzern *Prisa* kontrolliert hier etwa 60 % der Sender. Von einem Pluralismus an Analysen und Interpretationen kann auch hier keine Rede sein. Es gibt zwar zahlreiche kleine und sehr engagierte Bürgersender, die allerdings meist nur eine Reichweite von wenigen Kilometern haben und nur von sehr wenigen Menschen gehört werden. Diese kleinen Sender berichten oftmals sehr kritisch und frei über lokale Angelegenheiten, soziale Missstände, Übergriffe durch die Polizei oder Menschenrechtsverletzungen. Sie verfügen allermeistens über keine Finanzierung, und Ehrenamtliche engagieren sich mit einer sehr prekären Ausstattung in ihrer Freizeit für den Sender.

Unterm Strich muss man feststellen, dass die großen Massenmedien in Chile von einer Handvoll großer Firmen dominiert werden und keine ausgewogene und kritische Berichterstattung leisten. Dem Auftrag, als Sprachrohr der Bevölkerung unterschiedliche Meinungen und Realitäten aufzuzeigen, kommen sie jedenfalls nicht nach. Auch wenn Journalistinnen und Journalisten im Wesentlichen frei arbeiten können, findet eine ausgewogene politische Meinungsbildung kaum statt. Stattdessen dominiert die Sicht einer konservativen wirtschaftlichen Elite den öffentlichen Diskurs und schürt dabei oft Ängste vor Demonstranten, Einwanderern und Indigenen. Diese werden wiederholt als Zerstörer dargestellt, die die öffentliche Ordnung gefährden und aus niederen Motiven handeln.

Dieses offensichtliche Meinungsmonopol hat dazu geführt, dass das Vertrauen vieler Chilenen in die klassischen Medien seit Jahren schwindet. Vor allem Jugendliche und junge Erwachsene nutzen immer mehr soziale Netzwerke, um sich zu informieren oder alternative Medien zu teilen. Das hat Vorteile, beispielsweise bei der schnellen Weitergabe von Informationen bei Demonstrationen und der Mobilisierung von Menschen. Allerdings kursieren auch immer wieder fragwürdige Nachrichten und Fake News, bei denen nicht klar ist, woher die Informationen stammen und wer diese kritisch überprüft hat. Eine kritische Distanz im Umgang mit unterschiedlichen Medien findet dann kaum statt.

44. Grund

Weil es ein und dasselbe Wort für »bester Kumpel« und »Idiot« gibt, je nach Betonung

Dass das chilenische Spanisch eine eigene Welt ist, wissen die meisten. Dass es aber bei manchen Wörtern auf die Situation und Betonung ankommt, um die Bedeutung zu erkennen, macht es nicht gerade leichter, sie richtig zu verwenden. *Huevón* oder auch *Weón* kann *Freund* oder *netter Typ* bedeuten, wenn man damit etwa seinen besten Freund anspricht und ihn dabei zur Begrüßung freudig umarmt, oder auch *Idiot* oder *Arschloch*, wenn man es eher unfreundlich verwendet. Das Gleiche gilt natürlich auch für die weibliche Version *Huevona* oder *Weona*. Aus diesem Lieblingswort der Chilenen haben sich zahlreiche andere Wörter und Phrasen entwickelt. Mit *Aweonao* bezeichnet man meistens einen Depp oder Idiot, aber auch hier kann es jemand Sympathischen bezeichnen. *La wueá* oder *La wueaita* kann *Dingsda* heißen oder auch zum Fluchen wie in *Puta la wueá* verwendet werden, was so viel wie *Scheiße* oder *Mist* heißt. Das Verb *huevear* oder *webear* kann *rumhängen, jemanden ärgern* oder *etwas Unterhaltsames machen, ausgehen* heißen, je nach Kontext. Unzählige weitere Formen und Neu-Kreationen sind mit dem Wort *Weón* möglich, und die Kreativität bei Wortneuschöpfungen vor allem unter Jugendlichen ist beeindruckend. Alle Wörter dieser Familie sollte man nicht in formalen Kontexten oder im Gespräch mit Älteren verwenden, weil sie sehr informell und damit unhöflich wirken können. Im Zweifelsfall reicht es erst mal, sie zu verstehen, bevor man in den richtigen Situationen zum aktiven Gebrauch übergeht.

45. Grund

Weil der »18 de Septiembre« Nationalismus schürt und trotzdem Spaß macht

Der September ist in Chile ein besonderer Monat. Am 18. September feiert man in ganz Chile die Unabhängigkeit des Landes von Spanien, auch wenn es gar nicht so leicht ist, ein exaktes Datum dafür zu bestimmen. Kurz gesagt begann am 18. September 1810 mit dem Zusammentreten der ersten unabhängigen Regierung Chiles, der *Junta de Gobierno*, der Weg in die Unabhängigkeit, der bis 1826 abgeschlossen war. Es wäre aber natürlich ziemlich langweilig und unchilenisch, nur einen einzigen Tag zu feiern, und so gibt es den *Mes de la Patria (Monat des Vaterlandes)* und auch die *Semana del Dieciocho (Woche des Achtzehnten)*, womit bereits angedeutet ist, wie wichtig der Nationalfeiertag in Chile ist.

Schon Wochen vorher werben große Supermärkte und Kaufhäuser mit allen nur erdenklichen Produkten, die man zum *Dieciocho* brauchen könnte: Grills und Grillkohle, Fleisch, Alkohol und Snacks, Musikboxen und Verstärker, Spiele, aber auch ganz herkömmliche Konsumgegenstände, Autos und Reisen zum Sonderpreis. Viele Angestellte erhalten einen *Dieciocho*-Bonus, und es wird hemmungslos konsumiert. Für viele Chilenen ist der Nationalfeiertag ein besonderer Tag, meistens so gelegen, dass ein langes Wochenende daraus entsteht und viele Familien zusammenkommen können, die sich schon Wochen oder Monate nicht mehr gesehen haben. Studenten fahren nach Hause, Minenarbeiter reisen durchs ganze Land, um ihre Familien zu sehen, und jeder überlegt sich, ähnlich wie in Deutschland zu Weihnachten, wie er dieses Fest verbringen will.

In der Woche des 18. Septembers beginnt es in Chile überall feierlich zu werden. Viele Menschen schmücken ihre Häuser, die Nationalflagge flattert überall im Wind, und wie auf Kommando scheint ganz Chile nur noch die Musik zum Nationaltanz Cueca zu hören, egal ob im Supermarkt, im Bus oder auf der Straße. Viele Familien nutzen diese Zeit, um sich zum *Asado* zu treffen und ausgiebig zusammen zu essen, zu trinken und Spaß zu haben. Es gibt in dieser Woche so viel Fleisch, dass regelmäßig die Fleischtheken der Supermärkte kollabieren und alles ausverkauft ist. Man isst, was man kann und sich vielleicht sonst eher gespart hätte: Neben dem Grillfleisch und *Anticuchos (Fleischspießen)* gibt es massenweise *Empanadas (Teigtaschen)* und *Sopaipillas* mit *Pebre*, außerdem werden Bier und Wein sowie *Pisco (ein hochprozentiger Traubenschnaps)* und *Pipeño* getrunken. *Pipeño* ist ein traditioneller chilenischer Landwein, der aus jungen, einfachen Trauben hergestellt wird und eine fast bräunliche Farbe hat. Regional gibt es unterschiedliche Namen für diesen Wein, wie zum Beispiel *Arrope* und *Pajarete*. Er wird teilweise noch von Kleinbauern hergestellt und deswegen in Chile zu Unrecht als »Arme-Leute-Wein« wahrgenommen. Man kann ihn oft in großen Kanistern oder Karaffen kaufen und mit vielen Freunden und der Familie teilen. Auch für den Cocktail *Terremoto* wird er gebraucht.

Auf den Plazas und in den Parks von Städten und auch im ländlichen Raum werden große Festzelte mit Verkaufsständen und Tanzflächen aufgebaut, und die Menschen treffen sich hier zum gemeinsamen Feiern. In diesen *Ramadas* oder *Fondas* ist mindestens drei Tage und Nächte bis eine Woche Party, und es gibt Shows mit Cueca-Tanzeinlagen, chilenischem Rodeo und traditionellen Spielen und Musik. Kinder basteln Drachen in den chilenischen Nationalfarben und lassen sie steigen. Wer mag, kann auf der Tanzfläche Cueca tanzen, und von dieser Option machen viele Chilenen auf ziemlich elegante Art Gebrauch. Ohne Scheu oder Scham tanzen sie und haben sichtbar ihren Spaß dabei. Bei dem Tanz bewegt sich ein Paar kreisförmig umeinander und schwenkt dabei ein weißes Taschentuch. Die Cueca soll an den Balztanz der Hähne und Hühner erinnern und wird traditionellerweise von Gitarre, Harfe und Tamburin begleitet.

Vielleicht ist es beim *Dieciocho* ein bisschen wie beim Oktoberfest: Manche lieben es, manche würden nie hingehen. Teilweise ist es die Erfindung einer Tradition. Auch manchen Chilenen ist das Fest zu nationalistisch: Die Hymnen, Militärparaden, Flaggen, das Feiern der Traditionen der *Hacienda* und damit der klassischen Eliten sind ihnen zuwider. Nationalfeiertage sollen das Zusammengehörigkeitsgefühl stärken (oder erfinden) und man kann sich wohl in der Rolle des »Volkes« etwas fremd fühlen oder auch wenig stolz darauf, was politisch gerade schiefläuft. Trotzdem macht es Spaß, mit Freunden und Familie zu feiern und es krachen zu lassen: Im September geben die Chilenen traditionell am meisten Geld aus und lassen es sich gut gehen, sehen Freunde und Familie wieder, überziehen die Haushaltskasse, haben Bauchweh vom vielen Essen und einen Kater am nächsten Morgen, und das ist doch auch irgendwie wunderbar.

46. Grund

Weil die Chilenen auf Uniformen stehen

Wer sich die Zeit nimmt und sich mal an einem ganz normalen Tag in einer chilenischen Innenstadt innehält und die Leute beobachtet, der wird es bemerken: überall Menschen in Uniformen. Nicht unbedingt nur militärische oder Polizeiuniformen, sondern vor allem normierte Kleidung, die die Zugehörigkeit zu einem Beruf oder Stand zeigt. Da sind die *Nanas* mit ihren langen Hausangestelltenkleidern und weißen Schürzen. Schülerinnen und Schüler tragen die jeweiligen Uniformen ihrer Schule: Die Mädchen allermeistens bis heute Rock, Strümpfe und ein Jackett, die Jungen eine Art Anzug mit Krawatte. Berühmt wurden sie in dieser Uniform, die ein wenig an Pinguine erinnert, während der *Revolution der Pinguine*, den Protesten für eine kostenlose und hochwertige Bildung 2006.

Erzieher und Grundschullehrerinnen tragen unglaubliche dunkelgrüne oder karierte Kittelschürzen mit weißen Kragen. Sie sehen damit ein bisschen aus, als wären sie gerade in einem verstaubten Konvent eingekleidet worden und müssten jetzt in einer geschlossenen Anstalt arbeiten. Kleine Kinder, die noch in den Kindergarten gehen, bekommen über ihre Uniform zur Sicherheit einen langen Kittel verpasst, damit sie sich nicht dreckig machen, und erinnern damit ein wenig an Miniatur-Hausmeister. Krankenschwestern und andere Angestellte im Gesundheitssystem tragen weiße oder blaue Kittel mit dem Logo des Krankenhauses und erledigen in dieser Dienstkleidung ganz selbstverständlich ihre Besorgungen. Private Wachservices und Hausmeister sind an ihren Uniformen zu erkennen, und sogar die Verkäuferinnen in den schicken Elektro- und Handy-Geschäften tragen einen einheitlichen hautengen, aber schlecht sitzenden Anzug.

Die Liste ließe sich beliebig fortsetzen, leicht befällt einen die Frage: Was haben die Chilenen mit ihren Uniformen? Ist es ein kollektiver Fetisch? Warum muss jeder in der Öffentlichkeit zeigen, zu welcher Gruppe er gehört? Es gibt ganze Schneidereien, die nur von Uniformen leben, und wenn nach den Sommerferien wieder die Schule beginnt, füllen sich Bekleidungsläden mit Schuluniformen aller Art. Eltern auf der Suche nach einer passenden und bezahlbaren Uniform bescheren den großen Ketten das Geschäft des Herbstes. Hat es mit dem chilenischen Klassendenken zu tun, das immer noch tief in den Köpfen verwurzelt ist? In einem Land mit extremen sozialen Unterschieden ist es vielen nach wie vor wichtig, einzuschätzen, aus welcher sozialen Ecke jemand kommt. Das erkennt man sehr leicht an einer Uniform, die besonders häufig in schlecht bezahlten Berufen eingesetzt wird. Ingenieure, Anwältinnen und Architekten sind in der Öffentlichkeit nicht an einer einheitlichen Dienstkleidung zu erkennen. Auch die Schuluniformen, ursprünglich eingeführt, um Gleichheit zwischen den Schülern herzustellen, zeigen, in welche Schule jemand geht: Die teuren Privatschulen haben ihre eigene Kleidung, die sich von den Standard-Uniformen der öffentlichen Schulen unterscheidet.

Bis heute werden Uniformen in Chile häufig von Arbeitgebern und Schulleitungen vorgeschrieben und sollen Professionalität, Zugehörigkeit und Einheit suggerieren. Gleichzeitig vereinfachen sie das Einordnen einer Person in der Öffentlichkeit, was in Chile besonders relevant ist. In vielen Köpfen ist die chilenische Ständegesellschaft des 19. Jahrhunderts noch immer vorhanden, heute erweitert um Berufsgruppen, Schulen und Milieus. Die Uni-form, die »einheitliche Form«, welche eigentlich Gleichheit schaffen soll, manifestiert heute in den meisten Fällen nur die Unterschiede und Hierarchien.

47. Grund

Weil Victor Jara und Violeta Parra Jungen und Alten Hoffnung geben

In Chile kennt sie jedes Schulkind, jede chilenische Band, die etwas auf sich hält, hat ihre Lieder neu interpretiert, und sie werden zu fast mythischer Größe verklärt: Victor Jara und Violeta Parra sind bis heute prägende und einflussreiche Künstler, obwohl beide schon seit Jahrzehnten tot sind. Man singt ihre Lieder auf Demonstrationen, hört sie von Straßenmusikern, am Lagerfeuer und auch mal im Radio. Sie sind auf *Murales* überlebensgroß, auf Postern und T-Shirts zu sehen und die Helden linker Aktivisten. Bis heute werden sie als Stimme der einfachen Leute und als Anklage und Kampf gegen die soziale Ungleichheit und Ungerechtigkeit verstanden.

Violeta Parra war eine chilenische Folkloresängerin und bildende Künstlerin, die die volkstümliche Musik ihres Landes sammelte und einem größeren Publikum zugänglich machte. In den 50er-Jahren reiste sie durch ganz Chile, um Melodien, Texte und Rhythmen zu sammeln, und komponierte auch eigene Lieder. Eine von ihr präferierte Form war dabei die *Décima*, eine zehnzeilige Strophenform, die seit dem Mittelalter in der spanischen Dichtung verwendet wird und sehr poetisch klingt. Einige ihrer berühmtesten Lieder sind *Gracias a la Vida*, welches auch von der Grande Dame der lateinamerikanischen Musik, Mercedes Sosa, interpretiert wurde, *La Jardinera* oder *Volver a los Diecisiete.* Von Anfang an waren ihre Lieder sozialkritisch und wurden in zunehmender Weise auch politischer. Ihr Werk war eine wichtige Quelle und Grundlage für die *Nueva Cancion Chilena*, eine Musikrichtung, die in den 60er- und 70er-Jahren in Chile sehr populär wurde. Nach dem Militärputsch 1973 und auch bis heute ist Violeta Parra für viele Chilenen eine Symbolfigur für die kämpfenden und leidenden einfachen Leute.

Victor Jara gilt als einer der großen Vertreter der *Nueva Canción* und ist in ganz Lateinamerika und darüber hinaus bekannt. In den 60er- und 70er-Jahren entstanden seine bekanntesten Protestsongs, die im Stil eines Liedermachers oder als andine Folklore das Leben der einfachen Leute beschreiben und soziale und politische Missstände thematisieren. Bekannt sind zum Beispiel die Lieder *El derecho de vivir en paz, Te recuerdo Amanda* oder *Plegaría a un labrador.* Als überzeugter Kommunist und Leiter der Künstlerabteilung der Kommunistischen Partei Chiles stellte er seine Kunst auch in den Dienst der Regierung Salvador Allendes. Kurz nach dem Putsch der Militärs unter General Pinochet wurde Victor Jara festgenommen und im Estadio Nacional gefoltert und erschossen. Heute trägt das Stadion seinen Namen.

Bis heute sind Victor Jara und Violeta Parra in der kollektiven Erinnerung und der Populärkultur Chiles präsent und weiterhin modern. Es vergeht kein Jahr, ohne dass eine bekannte Band einen ihrer Songs neu vertont, ein neuer Film oder eine Doku erscheint oder neue Aspekte aus ihrem künstlerischen Schaffen in Ausstellungen oder im Theater gezeigt werden. Ihre Musik klingt bis heute nach und inspiriert junge Künstlerinnen und Künstler. Heute heißen große Avenidas und Kulturzentren nach ihnen, und ihr Erbe ist eine nationale Angelegenheit. Während der großen sozialen Proteste 2019 und 2020 wurde Victor Jaras Song *El derecho de vivir en paz* zum Protestsong der Stunde, und Tausende intonierten ihn, um für soziale Gerechtigkeit und gegen den massiven Polizeieinsatz zu demonstrieren. Gut dokumentiert ist auf YouTube die Aktion des Kollektivs *Mil Guitarras para Victor Jara* vor der Nationalbibliothek, bei der man erahnen kann, welche Kraft, Hoffnung und Einigkeit diese Musik bei den Menschen bis heute auslöst. Über 40 Jahre nach dem Tod Victor Jaras war der Song plötzlich wieder überall zu hören und so aktuell wie nie. Kurz darauf nahmen über 20 bekannte chilenische Künstlerinnen und Künstler eine neue Version des Songs mit einem aktualisierten Text auf, um die Proteste zu unterstützen. Wer verstehen will, wie die Chilenen fühlen und denken, was ihre kollektiven Erinnerungen, Ängste und Hoffnungen ausmacht, der kann sich mit der Musik von Violeta und Victor auf jeden Fall ein Stück ihrer Seele nähern.

48. Grund

Weil Valparaiso eine Freilichtausstellung ist – und Santiago in der gleichen Liga spielt

Wenn Pablo Picasso zufällig unter Einfluss halluzinogener Pilze mit dem Pinsel eine ganze Stadt geschaffen hätte, dann wäre es Valparaiso. Knallbunt, schief und verwittert stehen die Wellblechhäuser auf über 40 Hügeln verteilt, durch die sich steile Straßen und Treppen ziehen. Urige Aufzüge rattern seit 100 Jahren die Hänge hoch und runter und ersparen den Bewohnern den schweren Aufstieg. Katzen und Hunde streunen durch die Straßen, irgendwo ist Musik zu hören, alles ist Leben, Verwandlung, Farbe! Von oben blickt man auf den blauen Pazifik und den Hafen hinunter, den riesige Containerschiffe ansteuern. Als *La Joya del Pacífico,* also als *Perle des Pazifiks,* besingt ein berühmter chilenischer Walzer die Hafenstadt, und wer einmal dort gewesen ist, versteht auch wieso.

Valparaíso ist ein Paradies für Street-Art-Fans, chaotisch, sinnesbetörend und eine einzigartige riesige Freiluftausstellung. Wenn ich in die Hafenstadt fahre, plane ich einen Tag ein, nur um mich in den Straßen zu verlieren, herumzuwandern, neue Graffiti und *Murales* zu entdecken und den einzigartigen Zauber zu spüren. Die Entwicklung der Stadt kam vor gut 100 Jahren zum Stehen, als der Salpeter-Boom zu Ende ging, der Panamakanal eingeweiht wurde und Valparaíso plötzlich kein so gefragter Hafen mehr war. Die nächsten 100 Jahre wurde vieles einfach immer wieder repariert und erhalten, weil das Geld für neue Projekte fehlte. Dieser morbide Charme, die wackelnden Türen, knarzenden Straßenbahnen und heruntergekommenen Häuser, gepaart mit der funkensprühenden Kreativität junger Künstler, macht die Magie der Stadt aus. Hinter jeder Ecke, um die man geht, Treppe, die man hinaufschnauft, oder Durchgang, durch den man sich quetscht, wartet eine neue Überraschung. Eine Installation aus alten Fernsehern, die mit bunten Blumen bepflanzt sind. Hunde, die sich paaren. *Murales*, riesige Wandmalereien, entstehen und werden wenig später wieder übermalt. Viele haben einen sozialpolitischen, kämpferischen Hintergrund. Man sieht etwa die Heldinnen der sozialen Proteste, Szenen aus den Demonstrationen und den Zusammenstößen mit der Polizei, Mapuche-Frauen und Symbole aus dem Kampf indigener Völker, einheimische Vögel oder andere Tiere und Pflanzen. Auch die Häuser selbst sind *Murales*, wobei Fenster, Türen oder Blumentöpfe Teil des Kunstwerkes werden können. Manche *Murales* bleiben auch auf Dauer, wie etwa die Klavier-Treppe auf dem Cerro Concepción. Die meisten Kunstwerke sind aber nicht für die Ewigkeit gedacht, werden über Nacht übermalt, sind in ständiger Veränderung wie das Leben selbst.

Valparaíso, die Perle des Pazifiks, stiehlt Santiago immer wieder die Show. Sie glitzert, strahlt und gammelt vor sich hin. Touristenströme flanieren über die bekanntesten Hügel und posieren vor bunt bemalten Häuschen und Aufzügen. Dabei kann Santiago sehr wohl mithalten bei der kreativen Gestaltung öffentlichen Raumes durch Streetart. Man kann sich auf eigene Faust verschiedene Viertel und Straßenzüge in den Barrios Yungay, Brasil und Franklin, aber auch Bellavista ansehen, oder man bucht eine Tour bei Santiago Street Art Tours, dem ersten Tour Operator, der sich nur auf Street Art spezialisiert hat und seinen Gästen die Kunst und das dazugehörige Lebensgefühl vermittelt. Wer möchte, kann sich dort sogar selbst an der Spraydose versuchen und zum Street-Art-Künstler für einen Tag werden. Einige der Tour-Guides sind oder waren selbst aktive Künstler und wissen, wo es sich lohnt, vorbeizuschauen und was die aktuellen Trends sind. Alternativ lässt sich auch das wunderbare *Museo a Cielo Abierto (Freiluftmuseum)* im Alleingang im Barrio San Miguel im Süden Santiagos erkunden. Seit 2010 sind hier über 60 riesige *Murales* auf den Seitenwänden grauer Wohnblocks entstanden. Die Initiative ging vom lokalen Kulturzentrum aus und bezog die Bewohner des Viertels von Anfang an ein. So konnten diese mitentscheiden, was auf ihrem Haus zu sehen sein sollte, und steuerten Ideen, Verpflegung und Getränke bei. Durch eine Förderung mit staatlichen Mitteln entstanden farbenfrohe, stilistisch sehr unterschiedliche Wandmalereien mit Themen wie indigene Völker, die Zweihundertjahrfeier Chiles, Lateinamerika, Menschenrechte sowie chilenische Musik und Literatur. Das Freiluftmuseum hat seine Umgebung verändert und bereichert. Viele Bewohner haben sehr geringe Einkommen, wohnen ihr gesamtes Leben im Barrio und kennen sich untereinander. Das Viertel war heruntergekommen und veraltet, als durch die *Murales* wieder neue Farbe und Leben kam. San Miguel erlebte einen kleinen Aufschwung. Viele Neugierige und Touristen besuchen die Straßenzüge nun, kaufen am Kiosk etwas zu trinken und kommen mit den Anwohnern ins Gespräch. Diese berichten stolz von der Geschichte »ihres« *Murales* und erklären, dass diese nicht beschmiert oder beschädigt werden, weil die Nachbarschaft auf sie aufpasst. Das *Museo a Cielo Abierto* hat für San Miguel einen großen Unterschied gemacht, und als Besucher kann man gemütlich an den Häuserwänden entlanggehen, die Szenerie beobachten und sich an dem gelungenen Projekt freuen.

49. Grund

Weil Chile das Land der Dichter genannt wird, die Chilenen aber kaum Bücher besitzen

Wer sich ein bisschen für Literatur interessiert oder gern liest, wird schnell beeindruckt von der lebendigen und traditionsreichen chilenischen Literatur sein. Und die Chilenen sind mächtig stolz auf ihre großen Literaten. Im 20. Jahrhundert hat das 20 Millionen Einwohner kleine Land mit Pablo Neruda und Gabriela Mistral gleich zwei Literaturnobelpreisträger hervorgebracht, die bis heute in Lateinamerika Pflichtlektüre sind. Neruda ist für die Gedichtsammlungen *Zwanzig Liebesgedichte und ein Lied der Verzweiflung* und *Der Große Gesang* bekannt, Letzterer eine Hymne auf die Menschen, die Landschaften und die Geschichte Lateinamerikas. Gabriela Mistral, als Ikone und »geistige Mutter Lateinamerikas« bezeichnet und oftmals verklärt, schrieb sich mit ihren traurigen Gedichten wie denen aus der Sammlung *Trostlosigkeit* in das kollektive Gedächtnis der Chilenen.

Mehrfach wurde im 20. Jahrhundert auch der »Antipoet« Nicanor Parra als Kandidat für den Literaturnobelpreis gehandelt. Mit seinen unkonventionellen Gedichten wandte er sich bewusst gegen die sentimentale, formalistische und vor Metaphern überbordende Tradition der lateinamerikanischen Dichtung. Seine »Antipoesie« voller Ironie und Umgangssprache demokratisierte die Dichtung gewissermaßen und machte sie für Leser aller sozialen Klassen verständlich, witzig und lebensnah.

In jüngerer Zeit ist Isabel Allende zu den berühmtesten und erfolgreichsten lateinamerikanischen Autorinnen avanciert und wird zum magischen Realismus gezählt. Ihr bekanntestes Werk *Das Geisterhaus* erzählt die Familiengeschichte der Familie Trueba vor dem Hintergrund der sozialen und politischen Geschichte Chiles. Obwohl die Militärjunta den Kultursektor ab 1970 planmäßig unterdrückte und Künstler, Autoren und Musiker verfolgte, rückten der Putsch und die folgende Militärdiktatur viele chilenische Autoren ins Visier der internationalen Öffentlichkeit. In den erzählenden Texten vieler Autoren werden Themen wie Putsch, Verfolgung, Exil und Identität verarbeitet. Antonio Skármeta (*Ich träumte, der Schnee brennt* und *Mit brennender Geduld*), José Donoso (*Das Landhaus*) und Roberto Bolaño (*Chilenisches Nachtstück*) erlangten mit ihren Auseinandersetzungen mit der Diktatur Weltruhm. Auch nach der formalen Rückkehr zur Demokratie lasten der Putsch und seine Folgen nach wie vor auf der chilenischen Gesellschaft. Ariel Dorfmann thematisierte in seinem Theaterstück *Der Tod und das Mädchen* das Problem der verantwortlichen Generäle, die nicht zur Rechenschaft gezogen wurden und weiter ein normales Leben innerhalb der Gesellschaft führen konnten.

Zahlreiche zeitgenössische chilenische Autoren sind seit den 2000er-Jahren sehr erfolgreich verlegt und übersetzt worden. Besonders interessant sind vielleicht die Arbeiten des Erzählers, Übersetzers und Dichters Elicura Chihuailaf. 2020 erhielt er als erster Mapuche den chilenischen nationalen Preis für Literatur – ein aufsehenerregendes Novum in Chile, wo indigene Autoren und Künstler noch immer im Schatten des weißen Kunstkanons stehen. Chihuailafs zweisprachige Texte in Mapuzungún und Spanisch übersetzen die mündliche Tradition der Mapuche in eine kraftvolle und ganz eigene reiche Schriftsprache und überraschen mit einer sensiblen Beobachtung alles Lebenden.

Bei so vielen berühmten und erfolgreichen Autoren müsste man meinen, dass die Chilenen ein Volk von Lesern sein müssten. Tatsächlich aber gab 2011 knapp die Hälfte der Chilenen in einer Studie des *Consejo Nacional de Artes y Cultura* an, nie oder selten zu lesen. Pro Million Einwohner erscheinen nur halb so viele Bücher im Jahr wie in Argentinien und nur etwa ein Viertel so viele wie in Deutschland. Im öffentlichen Raum sieht man kaum lesende Menschen, auch in den meisten Haushalten gibt es sehr wenige oder keine Bücher. Bücherschränke findet man nur in Häusern von wohlhabenden Familien, dafür sehen die Chilenen ausdauernd fern und nutzen zahlreiche digitale Unterhaltungsmedien.

Chilenische und ausländische Kritiker benennen schnell einen Schuldigen: Anders als die meisten Länder erhebt Chile die volle Mehrwertsteuer von 19 % auf Bücher, nicht einen ermäßigten Satz. Eine Buchpreisbindung wie in Deutschland fehlt. Damit sind Bücher so teuer, dass sie für die Mehrheit mit geringem oder unregelmäßigem Einkommen ein Luxusgut sind. Bücher werden eher als Mittel zur Weiterbildung als zur Entspannung wahrgenommen. An den Universitäten können sich Studierende den Kauf von Fachbüchern nicht leisten und kopieren hemmungslos ganze Bibliotheken.

Trotz der Mehrwertsteuer und des Preises für Bücher ist Lesen jedoch auch eine Frage von Prioritäten. Wie überall auf der Welt kaufen die Chilenen aller Einkommensklassen Flachbildschirme und mobile Geräte für Entspannung und Freizeit und geben dabei viel Geld aus. Eine richtige Lesekultur ist mit der neoliberalen Politik seit den 70er-Jahren verloren gegangen, und die Leseförderung war lange schlecht. Eltern, die bereits ohne Bücher groß geworden sind, lesen auch ihren Kindern selten vor und bieten eher Filme und digitale Medien an. So kommen viele Kinder erst in der Schule wirklich mit dem Medium Buch in Kontakt, dann aber mit der Pflicht zu lesen und nicht aus Neugier. Eine Begeisterung fürs Lesen lässt sich dann kaum noch wecken.

Seit einigen Jahren lässt sich jedoch eine Trendwende erahnen: 2015 hat der chilenische Staat verschiedene Projekte zur Leseförderung initiiert. Die lange Zeit vernachlässigten öffentlichen Bibliotheken wurden stückweise renoviert, mit neuen Büchern und Medien ausgestattet, und einige sind zu schönen und lebendigen Orten von Geschichten und Austausch geworden. In den Regionen außerhalb von Santiago sind zwar auch einige neue öffentliche Bibliotheken gebaut worden, allerdings weitaus weniger als in der Hauptstadt. Dafür sind Bücherbusse, die in entlegene Regionen fahren und sogar ein Bücherboot für die Insel Chiloé entstanden. In Santiago und Valparaiso sind seit der Jahrtausendwende die *Bibliometros* aus dem Boden geschossen, kleine Außenstellen der öffentlichen Bibliotheken in Metrostationen, in denen jeder umsonst Mitglied werden und Bücher ausleihen kann. Die *Bibliometros* sehen schick aus und bieten an einigen Punkten sogar einen schnellen Selfservice an: Mit der Mitgliedskarte lassen sich Bücher an einer Verkaufsmaschine ziehen, oder man scannt einen QR-Code ein und nimmt das Buch in digitaler Form mit.

Trotz aller aktuellen Bemühungen gehören die Chilenen nicht zu den Leseweltmeistern. Dazu sind zu viele Jahre neoliberaler Politik praktisch ohne Leseförderung und mit zu hohen Bücherkosten vergangen. Und doch ist ein langsamer Wandel im Gange: Lesen ist wieder mehr in die öffentliche Aufmerksamkeit gerückt. Seit der Jahrtausendwende etwa bringen immer mehr kleine Verlage günstige Bücher in kleinen Auflagen heraus. In den Kindergärten und Schulen wird wieder vermehrt auf die Leseförderung geachtet. Und spätestens seit der Corona-Pandemie nutzen vor allem Jüngere regelmäßig digitale Bücher und Podcasts. Diese sind günstiger und kommen den digitalen Gewohnheiten entgegen, die noch viel weiter als in Deutschland verbreitet sind. Als Gast lohnt es sich in jedem Fall, einen Blick auf die Auslagen in den Buchläden und auf die fliegenden Bücherflohmärkte zu werfen und ein Ohr auf aktuelle Podcasts. Hier behandeln chilenische Autoren und Journalisten aktuelle Themen aus der chilenischen Gesellschaft und sind dabei oft sehr innovativ und nah an neuen Entwicklungen.

50. Grund

Weil die chilenische Höflichkeit soziale Kompetenz und positives Denken übt

Ob auf einer Familienfeier, im Bus, auf einer Party oder im Umgang mit Kollegen – sehr schnell wird einem auffallen, wie höflich die allermeisten Chilenen sind. Freunde oder neue Bekannte werden nach Hause eingeladen, oder in einer Bar wird schnell für sie bezahlt. Im Bus stehen nach wie vor Jüngere für Ältere und Männer für Frauen auf. Wer zu einer Gruppe dazustößt, begrüßt ausnahmslos alle Gruppenmitglieder mit Küsschen oder Handschlag und verabschiedet sich auch auf die gleiche Weise wieder. Das verzögert zwar manche Abläufe etwas, gehört aber eben dazu. Einfach so zu gehen, wäre unhöflich. Jeder zeigt sich von seiner besten Seite und tut seinen Teil, für gute Stimmung zu sorgen. Niemand käme auf die Idee, kritische Fragen zum neuen Job zu stellen oder die Farbe des neuen Sofas zu kritisieren, denn es geht eher um ein kollektives Feel-Good.

Das kann bei Neu-Chilenen manchmal zu Missverständnissen oder sogar Frustration führen. Im Zweifelsfall geht nämlich Freundlichkeit vor Ehrlichkeit, und das bedeutet, dass manchmal jemand Ja sagt, aber Nein meint. In Deutschland ist es gängig, mit Freunden, Kollegen oder der Familie offen zu diskutieren, uneinig zu sein und vielleicht auch zu streiten. Diese Konfrontationen führen normalerweise nicht zum Bruch und werden von den Beteiligten ausgehalten. In Chile ist die Diskussionskultur viel weniger ausgeprägt. Uneinig zu sein produziert bei vielen Unbehagen und Überforderung. Wer seinem Gegenüber ohne Umschweife die Meinung geigt, wird als unhöflich und ungehobelt empfunden. Verbreiteter ist, nicht weiter auf das Gesagte einzugehen, es zu überhören oder zu sagen, man denke mal darüber nach. Oft schließt man sich auch einfach der Meinung des oder der in der Hierarchie Höherstehenden an. Was aus deutscher Sicht eine Vermeidungsstrategie ist, versteht man in

Chile eher als Aufrechterhalten der gebotenen Höflichkeit und der kollektiven guten Stimmung. Offene Konfrontation führt dagegen eher zur Überforderung und zerstört den Kommunikations-Flow. Dafür ist häufig die Toleranz größer, zwei unterschiedliche Lösungen nebeneinander zu akzeptieren, ohne sich gegenseitig zu kritisieren.

Wer es sich nicht gleich mit seinem neuen Gegenüber verscherzen will, der sollte sich in chilenischer Höflichkeit üben, sie ist nämlich wirklich eine tolle Übung in positivem Denken. Ich habe in Chile gelernt, immer erst das Positive an einem Menschen und seiner Leistung zu suchen und auch auszusprechen. Über Dinge, die ich nicht ändern kann, brauche ich nicht ständig zu meckern, vor allem, wenn sie mit dem Nicht-Funktionieren der chilenischen Infrastruktur zu tun haben. Erst im zweiten Schritt denke ich darüber nach, wie ich meine Kritik so verpacken kann, dass sie jeder gern annehmen würde. Also lieber einen realistischen Vorschlag machen als einfach nur kritisieren. Im Anschluss wieder etwas Nettes sagen – das ist die Sandwich-Technik, die bei den meisten Menschen gut funktioniert. Natürlich wird auch in Chile sehr direkt und geradeheraus diskutiert, aber eher in nicht-privaten und dafür vorgesehenen Kontexten. In einer studentischen oder Nachbarschaftsversammlung, im Parlament oder bei der Verfassungsgebenden Versammlung prallen unterschiedliche Meinungen aufeinander und sind im Widerstreit. Vor allem bei sozialen Organisationen, die die Proteste der letzten Jahre und den Prozess für eine neue Verfassung getragen haben, ist es erstaunlich, dass sich so viele unterschiedliche Menschen in scheinbar endlosen Debatten auf gemeinsame Positionen und Erklärungen einigen konnten. Aber diese Debatten finden in einem geschützten Raum statt, und jeder weiß, was ihn dort erwartet. Das heißt aber nicht, dass sich die Widerstreitenden hinterher wieder zusammen an einen Tisch setzen.

Die höchste Kunst der chilenischen Höflichkeit ist meines Erachtens die Mate-Zeremonie, und bei ihr wurden schon die ärgsten Konflikte gelöst, Hochzeiten arrangiert und Geheimnisse geteilt.

Dabei ist es die Aufgabe desjenigen, der den Mate serviert, sich so gut wie möglich um seine Gäste oder Matetrinker zu kümmern. Er serviert den Mate in einer kleinen Tasse oder einem anderen Gefäß reihum, und reihum gibt man ihn auch wieder an diese Person zurück. Sie fragt, wie der Gast gern seinen Mate mag, also mit Zucker oder ohne, serviert ihn mit der optimalen Temperatur, tupft vorsichtig den Trinkhalm nach jedem Gast ab, reicht dazu Brot mit Marmelade oder Kekse und sucht gleichzeitig nach dem Gesprächsthema, über das die Gäste reden möchten. Diese extrem servile Haltung ist für Mate-Neulinge oft ungewohnt, aber auch faszinierend. Wer etwas gibt, baut eine Beziehung zum Beschenkten auf, denn bei der nächsten Gelegenheit dreht sich das Verhältnis um: Der Beschenkte selbst lädt aus eigener Initiative den Schenker zum Mate ein oder hilft ihm auf eine andere Art und Weise. Direkter Konfrontation oder lautem Streit wird der Wind aus den Segeln genommen, und alle werden an die Regeln der Höflichkeit und des Respekts erinnert. Und bei einem Mate ist jeder bereit, dem anderen zuzuhören und einen Kompromiss zu finden.

51. Grund

Weil die »Fiesta de la Tirana« die Wüste zum Leuchten bringt

Einmal im Jahr verwandelt sich das Wüstendörfchen La Tirana in einen mystischen, pulsierenden Hexenkessel. In der Woche vom 16. Juli feiert das 800-Seelen-Dorf die *Virgen del Carmen*, die Schutzpatronin Chiles, und zieht damit über 250.000 Menschen an. Mitten in der Wüste, auf der staubigen Straße zwischen Wellblechhütten und Straßenhunden, bringen die Menschen den Ort zum Leuchten: Sie tanzen, singen, beten und überstrahlen jede Armut. Farbenfrohe Aymara-Kostüme, riesige Teufelsmasken mit leuchtenden Hörnern,

Blaskapellen, offenes Feuer, Tag und Nacht, die sich vermischen, und eine Kälte, wie sie nur die Wüste kennt. Die *Fiesta de la Tirana* ist ein Spektakel, eine Feier, Pilgerfahrt, kollektives Gebet und Kommerz. Sie ist in hohem Maße synkretistisch, vermischt indigene mit katholischen und nationalen Symbolen und lässt gleichzeitig die Geschichte der Salpeterförderung vorbeiziehen.

Im Zentrum der Aufmerksamkeit stehen die Tanzgruppen oder Vereinigungen, die zu Ehren der Jungfrau tanzen und von großen Blaskapellen begleitet werden. Sie bereiten sich das ganze Jahr über vor, geben ihre Ersparnisse für teure Kostüme aus, üben ihre Bewegungen, reparieren und polieren, um im Juli bereit für ihren Einsatz zu sein. Ihr Tanz ist ihre zentrale Form der Huldigung, eine Art Ritualtanz, wie man ihn auch aus andinen Kulturen kennt, die die Pachamama ehren. Die Tänzerinnen und Tänzer bringen tatsächlich ein Opfer, wenn sie bei Tag und Nacht, in Kälte und Sonne tanzen, und ihre Erschöpfung und Emotionen werden vor allem bei der Verabschiedung der Jungfrau offenbar, wenn ganze Vereinigungen weinend vor ihr zum Stehen kommen und sich verneigen.

Im 20. Jahrhundert veränderte sich die *Fiesta de la Tirana*. Nach dem Salpeterkrieg 1883 wurden die Regionen Tacna, Arica und Tarapacá chilenisch, und die Salpeterförderung boomte. Viele Tanzvereinigungen haben ihre Wurzeln in den Salpeterfirmen und tragen bis heute deren Namen. Und auch die Menschen, die jetzt plötzlich auf chilenischem Staatsgebiet lebten, sollten Chilenen werden. Während die Feier zuvor an verschiedenen Tagen im Juli und August gefeiert wurde, definierte man nun den 16. Juli als fixen Tag, den Tag der *Virgen del Carmen*, Schutzpatronin Chiles und des chilenischen Heeres. Außerdem bekam die Figur der Jungfrau ein chilenisches Banner um den Körper gelegt, und bis heute sind die Straßen an diesem Tag voller chilenischer Flaggen, und die Farben Blau, Rot und Weiß sind überall zu sehen.

Die *Fiesta de la Tirana* ist eine tiefgläubige Pilgerfeier und gleichzeitig ein touristischer Event. Menschen aus den großen chilenischen Städten des Nordens, aber auch aus Bolivien und Peru, reisen in das Dorf, um der *Virgen del Carmen* zu huldigen und ihr Opfer zu bringen. Sie kommen, um ihr Versprechen einzulösen, für sie zu beten, an der Messe teilzunehmen, zu leiden. Andere kommen, um die Tänze zu sehen, etwas zu erleben und Urlaub zu machen. Die wachsende Kommerzialisierung sieht man beispielsweise an den immer auffälligeren Kostümen, die manchmal eher einen Showcharakter haben, und an der wachsenden Zahl fliegender und stehender Händler, die alles anbieten, was ein Tourist oder Pilger möglicherweise kaufen könnte. Aber das ist eben auch, was die Fiesta ausmacht: Sie ist immer in Bewegung, hat ganz unterschiedliche andine, katholische, chilenische, ja sogar Elemente aus US-Western aufgenommen und trifft mit der Moderne zusammen, einem weiteren Element. Es sind die Menschen, die aus diesem Reichtum der Kulturen schöpfen, sie mischen und daraus ein buntes Fest weben, das Vergangenheit und Moderne miteinander verbindet und dabei leuchtet.

52. Grund

Weil man Zeit hat, sich von seinen Toten zu verabschieden

Es ist heiß und stickig in der kleinen Holzhütte. Schwer liegt der Duft von Kerzen und Weihrauch in der Luft. Das Wohnzimmer ist in der Nacht für die Totenwache umgebaut worden, mindestens 20 Stühle stehen wie in einem Wartezimmer an den Wänden. In der Mitte des Raumes liegt der Verstorbene im Totenbett, um ihn sind Blumen arrangiert. Die ersten Verwandten treffen ein, in der Küche haben die Frauen sich bereits mit riesigen Töpfen installiert. Über den Tag kommen immer mehr Gäste. Einer nach dem anderen tritt an den Toten heran, berührt ihn, spricht mit ihm, weint. Sonst wortkarge

Bären von Männern mit Hüten und Bäuchen brechen laut in Tränen aus, werfen sich völlig aufgelöst über den Verstorbenen und werden von Tanten und Onkeln in den Arm genommen. Die ganze größere Verwandtschaft, Freunde und Wegbegleiter reisen über die nächsten Tage an, um gemeinsam laut zu weinen, sich schluchzend in den Armen zu liegen, an den Verstorbenen zu erinnern und ihn zu verabschieden.

Wenn in Chile jemand stirbt, bedeutet das für die direkten Angehörigen nicht nur, ihre eigene Trauer zu bewältigen. Sie organisieren außerdem spontan und aus dem Stegreif eine Totenwache, bei der sie zwei Tage und Nächte nicht schlafen, ihr Haus komplett auf den Kopf stellen und leicht über 100 Personen bekochen. In der Küche lösen sich meistens vor allem die Frauen der Familie ab, und jeder Gast wird mehrfach am Tag und in der Nacht mit Essen, Trinken und Wein versorgt. Manche Gäste kommen von weither oder haben einen schwierigen Weg und brauchen trotz Handy und Internet die Zeit, um anreisen zu können. Einige haben sich lange nicht mehr gesehen und erneuern ihre Erinnerungen an die gemeinsame Vergangenheit. In manchen Familien werden Gebete gesprochen. Stunden und Tage beginnen zu verschwimmen. Müdigkeit, Erschöpfung, Trauer und Dankbarkeit mischen sich zu einem Gefühl von Schwebe und Transzendenz. Wie ein ewiger trauriger Fluss vergehen zwei Tage und Nächte mit kollektivem Abschiednehmen in einer sehr intimen Atmosphäre. Am Ende fühlt es sich so an, als wären alle Tränen geheult und alle so miteinander verbunden, dass der Schmerz erträglicher wird. Wie bei der Katharsis geht der *Velorio* langsam zu Ende. Lidstriche werden gerade gezogen, Haare geordnet, Hände gedrückt. Dann öffnet sich die Tür, und es ist, als komme das Leben wieder herein. Ein Luftzug, das Licht. Vier starke Onkel in schwarzen Anzügen verschließen den Sarg, schultern ihn gekonnt und tragen ihn aus dem Haus. Langsam setzt sich ein Zug aus Angehörigen des Verstorbenen in Bewegung, um ihn auf seiner letzten Reise zum Friedhof zu begleiten. Die Luft tut gut. Es wird noch ein bisschen geweint und umarmt, aber alle hatten Zeit, sich in einem geschützten Raum zu verabschieden und gegenseitig zu trösten. So nah ist man sich lange nicht mehr gewesen, und man kann den Toten jetzt gehen lassen.

Kapitel 5

Essen und Trinken

53. Grund

Weil Matetrinken hier eine private Angelegenheit ist

Irgendwo südlich von Santiago beginnt in Chile das Mate-Land. Vor allem in ländlichen Gebieten trinken die Menschen hier den bitteren Tee aus den Blättern der Mate-Pflanze, die in Brasilien, Paraguay und Argentinien angebaut wird. Mate macht wach und fit und ist mit einem starken Kaffee vergleichbar. Man trinkt den Mate aus einer kleinen Tasse, einem getrockneten Kürbis, einem geschnitzten Holzbecher oder einem anderen Gefäß; der Fantasie sind bei den Modellen keine Grenzen gesetzt, und man kann sie in jedem Kunsthandwerkermarkt finden. Dabei ist trinken eigentlich nicht das richtige Wort, Mate schlürft man mit einer *Bombilla*, einem metallenen Trinkröhrchen mit einem Sieb am unteren Ende.

Im Gegensatz zum argentinischen Brauch, den eigenen Mate überallhin mitzunehmen und auch in der Öffentlichkeit zu zeigen, sieht man Mate in Chile fast ausschließlich in privaten Räumen, am besten zu Hause. Hier teilt man den Tee im Vertrauen mit Personen, die man besonders gern hat. Jemanden zum Mate einzuladen, ist eine Form, seine Gastfreundschaft und Zuneigung zu zeigen. Es gibt auch keine Cafés oder Restaurants, die Mate oder heißes Wasser zum Mitnehmen anbieten würden. In Chile wird Mate mit einem ländlichen, ärmlichen Ambiente assoziiert, und fast scheint es, als wäre es den Chilenen peinlich, ihn in der Öffentlichkeit zu trinken.

Einen wirklich guten Mate zu servieren ist eine komplexe Zeremonie, bei der der Servierende versucht, seinen Gast so gut wie möglich zu bedienen. Das habe ich aufmerksam bei meiner Nachbarin Sudelia beobachtet. Zuerst erhitzt sie das Wasser in einem Teekessel auf eine gute Mate-Temperatur, die sie mit der Hand abschätzt, ohne sich zu verbrennen. 70 – 80 Grad sollen es sein, auf keinen Fall darf das Wasser kochen. Dann gibt sie die *Yerba Mate*, also die klein gehäckselten Mate-Blättern in ein Gefäß, bedeckt es mit der flachen Hand, dreht es auf den Kopf und schüttelt ein wenig. Danach kann sie nämlich die ganz kleinen Partikel aus dem Tee, die jetzt oben liegen, vorsichtig wegpusten, und sie verstopfen nachher nicht die *Bombilla*. Das erste Wasser, das sie jetzt in das kleine Matetässchen eingießt, serviert sie nicht gleich ihrem Gast, denn dieser erste Mate ist so bitter, dass sich einem die Nackenhaare aufstellen, sondern sie schlürft ihn selber durch die *Bombilla* und spuckt ihn vor der Tür oder im Waschbecken aus. Erst dann serviert sie den zweiten oder dritten Mate ihrem Gast. Der Plausch kann losgehen.

Während Sudelia den Mate reihum serviert, fragt sie nach der Gesundheit und Stimmung der Gäste, sucht nach dem Thema, über das diese sprechen möchten. Gleichzeitig überprüft sie regelmäßig, ob das Wasser nicht zu kalt oder zu heiß ist, fragt, ob Zucker im Mate gewünscht wird, wechselt den Mate-Tee, wenn dieser ausgewaschen ist, und säubert nach jedem Gast die *Bombilla* mit einem kleinen Baumwolltuch. Denn alle trinken aus demselben Gefäß und aus demselben Strohhalm; sie teilen ein Geheimnis, sagt man dann dazu. Hat man seinen Mate ausgetrunken, gibt man ihn an denjenigen zurück, der ihn serviert hat, also an Sudelia, und sie macht weiter mit der Runde. Wenn die Gäste müde sind oder sich einfach genug unterhalten haben, geben sie den Mate mit einem einfachen und eleganten »danke« zurück und erhalten dann keinen weiteren. Die Zeremonie ist damit beendet.

Natürlich kann der Mate nicht »nackt« serviert werden, sehr häufig muss mindestens ein bisschen Weißbrot mit Marmelade auf dem Tisch stehen, manchmal auch eine Suppe oder etwas Essen. Denn Gäste sind willkommen, sie dürfen bleiben, solange sie wollen, und man behandelt sie mit besonderer Aufmerksamkeit. Diese Gastfreundschaft ist keine blinde Etikette, die nach einem Essen oder einer bestimmten Zeit zu Ende ist, sondern echt und anhaltend: Gästen zeigt man, dass sie immer willkommen sind, und am sichtbarsten wird diese Kultur beim Servieren von Mate.

54. Grund

Weil die Karamellcreme »Manjar« alle Wunden heilt

Ob zum Frühstück aufs Brot, in süßen Teilchen, zu frittierten *Churros* oder als Eis – *Manjar*, manchmal auch *Dulce de Leche* genannt, ist die wohl kollektiv liebste Süßigkeit der Chilenen. Man kann sie in jedem Supermarkt in kleinen Gefäßen oder eingeschweißt im Kilopack kaufen – was die gängigere Variante ist und erahnen lässt, in welchen Mengen *Manjar* vertilgt wird. Die Karamellcreme ist so extrem süß und klebrig, dass jedem normalen Menschen nach einer mittleren Ration davon nur übel werden kann, aber die Chilenen sind keine normalen Menschen, was *Manjar* angeht, und können sich scheinbar kiloweise den Magen damit einkleben.

Manjar gibt es in allen Formen, und viele Teigspeisen werden damit gefüllt. Besonders beliebt sind *Alfajores*, eine Art Doppelkeks, der vor Jahrhunderten mit den Andalusiern nach Lateinamerika kam und seitdem in verschiedenen Varianten angepasst worden ist. In Chile bestehen *Alfajores* heute meistens aus zwei oder drei hauchdünnen Keksen mit einer *Manjar*-Füllung. Sie werden gern selbst gemacht und verkauft, man kann sie aber auch in jedem Supermarkt industriell hergestellt finden. Über die Frage, welche die besten *Alfajores* sind, können Chilenen lange diskutieren, und man sollte niemals auf die Idee kommen, zu erwähnen, dass eventuell die Argentinier die besseren *Alfajores* herstellen, denn das wäre ein schlimmer Verrat! Natürlich sind die chilenischen *Alfajores* die besten!

Man kann *Manjar* auch sehr einfach selbst machen, indem man etwa vier Teile Milch mit einem Teil Zucker über Stunden einkochen lässt. Besonders faule Köche machen es sich noch leichter und stellen einfach eine Dose Kondensmilch in ein Wasserbad, welche sich dann nach Stunden in *Manjar* mit Dosenchemikalien verwandelt. Diese Kalorienbombe lässt sich dann stilecht direkt aus der Dose auszuzeln.

In jedem Fall ist *Manjar* quasi das lateinamerikanische Nutella und ruft kollektiv positive Erinnerungen hervor. Kinder bekommen es als Trostpflaster oder zur Belohnung, Erwachsene kaufen es auf Vorrat im Kilopack, und am Nachmittag essen sie es löffelweise auf dem Sofa zur Teleserie. Man sollte auf jeden Fall mal mitmachen. Falls es irgendwann zu widerlich wird: einfach dazu einen Mate vorbereiten. Der ist so wunderbar bitter, dass er das Gefühl der herannahenden Übelkeit überdeckt und und die extreme Süße abrundet.

55. Grund

Weil man auf der Suche nach gutem Kaffee in einem »Café con Piernas« landen kann

Ach, Kaffee in Chile! Man muss dazu seufzen. Kaffeesüchtige Europäer haben es hier nicht leicht und brechen nur selten in Begeisterungsschübe aus. Alle Kaffeeliebhaber müssen jetzt ganz stark sein: Der chilenische Kaffee wird meistens in umgedrehtem Aggregatzustand serviert. Das heißt, dass man in Cafés, Bussen und Restaurants außerhalb der großen Städte normalerweise einen Styroporbecher mit einem Päckchen Nescafépulver und einem Päckchen Milchpulver serviert bekommt, das dann in lauwarmem Wasser gelöst und mit viel flüssigem Süßungsmittel gemischt wird. Das schmeckt ein bisschen wie Muckefuck, auf jeden Fall nicht wie der Kaffee, auf den man sich gerade gefreut hatte.

Man will sich fragen: Wieso ist es in Chile so schwierig, guten Kaffee zu bekommen, wo er doch quasi in der Nachbarschaft produziert wird? Wieso trinken die Chilenen immer noch Nescafé? Vielleicht war es mal eine unglaublich gute Werbekampagne von Nestlé, oder er ist einfach unschlagbar billig. Wer guten Kaffee in Chile braucht, hat nicht so viele Optionen und muss findig sein: In den schickeren Vierteln von Santiago oder Valparaíso haben inzwischen Cafés mit Espressomaschinen und allem Zubehör Einzug gehalten. Baristas servieren dort wahre Kunstwerke mit Kaffee, wie man es auch in Berlin oder New York kennt. Dort gibt es auch seit etwa der Jahrtausendwende die Kette Starbucks, die trotz der für chilenische Verhältnisse extrem hohen Preise immer gut besucht ist. In den meisten anderen Städten kann man nach einem *Café Cortado* fragen, was ein kleiner italienischer Espresso mit Milchschaum ist. Der ist nicht besonders schick, aber man weiß, was man hat, und er schmeckt.

Die einzigen Orte, an denen man in Chile schon seit Jahrzehnten richtig guten Bohnenkaffee und Espresso bekommt, sind die berüchtigten *Cafés con Piernas* im Zentrum von Santiago. Dort stehen verchromte Espressomaschinen, die wahrscheinlich so viel kosten wie ein Kleinwagen. In diesen *Cafés mit Beinen* servieren ausschließlich junge schöne Frauen in extrem kurzen Miniröcken oder im Bikini Kaffee und schäkern mit den männlichen Kunden. Leicht erhöht durch eine Art Catwalk und eine erhöhte Bar und außerdem auf beeindruckenden High Heels balancierend gehen sie an den niedrigen Tischen vorbei, damit man sie besonders gut begaffen kann. Zahlreiche Spiegel sorgen dafür, dass man fast immer einen Blick auf sie hat. Vor allem in der Mittagspause füllen sich diese Cafés mitten in der Fußgängerzone mit Männern in Anzügen und der einen oder anderen Frau. Die *Cafés con Piernas* sind gesellschaftlich relativ anerkannt und gelten als Tradition. Man findet sie in Santiago überall. Und tatsächlich wird in den bekanntesten ausschließlich Kaffee serviert, kein Alkohol, und um 20 Uhr ist Schluss. Man guckt und unterhält sich mit halb nackten Frauen, genießt ihre Aufmerksamkeit und geht danach wieder.

Allerdings sind hier auch die Grenzen zur Prostitution fließend. Hinter verdunkelten Fenstern oder etwas versteckt finden sich *Cafés con Piernas*, in denen Frauen servieren, die auch weitere »Services« anbieten. Der Großteil der Kellnerinnen sind Migrantinnen, die es besonders schwer haben, ein Visum oder eine Arbeit zu finden und überdurchschnittlich häufig Opfer von Ausbeutung und Menschenhandel sind. Die meisten Arbeitsverhältnisse sind hier informell, und die Kellnerinnen verfügen über keine Sozialversicherung und schriftliche Verträge. Ob man nun die *Cafés con Piernas* als frauenverachtend und machistisch empfindet oder eher als eine etwas kuriose Art, sexuelle Lust gesellschaftlich akzeptabel zu kanalisieren – einen guten und gar nicht so teuren Kaffee bekommt man hier in jedem Fall auch zum Mitnehmen.

56. Grund

Weil es den besten Wein Lateinamerikas gibt und er als Feierabendbier getrunken wird

Die Chilenen machen nicht nur den besten Wein Lateinamerikas – sie trinken ihn auch mit großer Leidenschaft! Durch die besondere geografische Lage des Landes mit den natürlichen Begrenzungen der Anden und dem Meer können auf gut 800 Kilometern im Zentraltal Rebstöcke in unterschiedlichen Lagen und Klimata angebaut werden. – Von Nord nach Süd wird es langsam immer kühler und regenreicher. Die sonnenreichen Tage und kühlen Nachtwinde vom

Meer sowie die vulkanische Erde sind ideal für den Weinanbau, und dieser ist tief in der chilenischen Kultur verwurzelt.

Weinbau hat in Chile eine lange Tradition. Die ersten Rebstöcke kamen bereits mit den spanischen Eroberern im 16. Jahrhundert und wurden seitdem kultiviert. Mitte des 19. Jahrhunderts brachten die französischen Einwanderer Rebsorten wie Merlot, Carménère und Cabernet Sauvignon mit und modernisierten den Anbau. Wohlgemerkt kamen diese Rebsorten noch vor der großen europäischen Reblaus-Katastrophe nach Chile, und während in Frankreich die Sorte Carménère dabei fast komplett verschwand und in Vergessenheit geriet, wurde sie in Chile weiter kultiviert. Man hielt sie nur bis in die 1990er-Jahre für eine Variante des Merlot, und erst eine DNA-Analyse konnte sicher feststellen, dass der ursprüngliche Carménère in Chile überlebt hatte. Während in Frankreich Carménère-Rebstöcke aus den USA reimportiert werden mussten, stehen in Chile noch heute quasi die »echten französischen« Rebstöcke neben anderen modernen. Und natürlich erkannten chilenische Winzer sehr schnell ihre Chance, diese Weinsorte praktisch konkurrenzlos zu vermarkten, und vergrößerten die Anbaufläche. Bis heute gilt die Sorte Carménère als typisch chilenisch und wird auch manchmal von Winzern mit Merlot oder Cabernet Sauvignon abgestimmt.

Nach der Liberalisierung der Wirtschaft in den 80er-Jahren veränderte sich auch der Weinanbau in Chile. Innerhalb weniger Jahrzehnte stieg Chile zu einem der fünf größten Weinexporteure der Welt auf und modernisierte sich rasch. Heute dominieren einige wenige große Weinhersteller, die riesige Mengen produzieren und modernste Technik zur Verfügung haben. Durch die niedrigen Löhne und großen Anbauflächen können sie sehr günstig Weine herstellen und machen damit kleineren europäischen Produzenten ernsthaft Konkurrenz.

Im Alltag spielt vor allem Rotwein eine wichtige Rolle. Rotwein ist das Feierabendbier und ein Partygetränk der Chilenen. Es gibt ihn fast überall und zu jeder Gelegenheit. Beim Mittagessen oder beim *Asado*, Geburtstag oder Totenwache, am Nationalfeiertag oder in der Bar – nie darf ein Rotwein fehlen. In eine *Cantina* geht man sogar hauptsächlich, um Wein in einem kleinen einfachen Gläschen zu genießen oder sich zu betrinken. Etwas zu essen gibt es dort nur so nebenbei. Die meisten Chilenen kennen die Unterschiede der verschiedenen Weinsorten und können lange über Weine diskutieren. Im Winter gibt es Rotwein als *Navegado*, eine Art Glühwein mit Orange und Zimt, und in jedem Supermarkt lässt sich zu jeder Tages- und Nachtzeit aus einer ziemlich großen Anzahl an Weinen auswählen. Am meisten gekauft, weil am günstigsten sind Weine im Tetrapak. Es sind die gleichen Weine wie die in der Glasflasche, aber deutlich günstiger und außerdem mit mehr Inhalt im 1,5- bis 2-Liter-Pack. Wer mit vielen Freunden oder Verwandten trinkt, greift also schnell zum *Vino en Cartón,* und man kann sagen, was man will, aber in Chile schmecken sogar Tetrapakweine. Sie lassen sich auch gut in Rucksäcken und Taschen verstauen, denn das Trinken ist in der Öffentlichkeit offiziell verboten. Allerdings ist es nicht ungewöhnlich, Menschen in unauffälligen Ecken Tetrapakweine trinken zu sehen. Anfangs war ich doch etwas entgeistert, als ich feststellte, dass Arbeiter auf kleineren Baustellen Wein statt Bier trinken und damit durch den Tag kommen. Wie überall ist die Grenze zum Alkoholismus hier fließend, und man sieht auf den Straßen und in Bars doch recht viele stark Betrunkene, die sich tatsächlich vor allem mit Rotwein und weniger mit Hochprozentigem betrinken.

Wer das enge Verhältnis der Chilenen zum Rotwein nachfühlen will, der organisiere sich einen schönen chilenischen Carménère und lausche beim Trinken aufmerksam dem Liedermacher Tito Fernández mit seinem Lied *Me gusta el vino, porque el vino es bueno*, der alles erklärt, was man dazu wissen muss.

57. Grund

Weil das chilenische Bier gar nicht so schlecht ist

Chile ist Bier-Land! Obwohl man meint, ganz Amerika sei in Sachen Bier höchstens Mittelmaß, bietet Chile mit verschiedenen mittelgroßen Brauereien eine große Vielfalt an Sorten und Geschmäckern an, und Bierkenner sagen: Das Land kann es locker mit Deutschland und Belgien aufnehmen. Einen großen Einfluss auf die Entwicklung einer Brauereikultur hatten die deutschen Einwanderer im 19. Jahrhundert, die ihr Wissen und ihr Kapital mitbrachten und vor allem in der Region um Valdivia Brauereien gründeten. Bis heute hat sich diese Tradition erhalten und ist weiterentwickelt worden. Die bekannte Brauerei Kunstmann, die ihre Wurzeln in der Brauerei des deutschen Kolonisten Carl Anwandter hat, braut etwa bis heute nach dem deutschen Reinheitsgebot, bietet aber auch eine Vielzahl an neuen Kreationen an.

Seit einigen Jahren sind auch Bierfeste im Stile des Oktoberfestes Mode geworden, und die Chilenen pilgern begeistert nach Valdivia oder auch nach Malloco bei Santiago, um bei der Party dabei zu sein. Valdivia hat sich auf diese Art und Weise als Biermetropole Chiles in Position gebracht, die deutsche Siedlungsgeschichte in Szene gerückt und ein neues touristisches Event geschaffen, das jedes Jahr Tausende Besucher anlockt. Es gibt kleine Bierkrüge, Fassanstich, Trachten und Blaskapellen, und für Deutsche ist es auf jeden Fall eine sehr sonderbare Erfahrung, in Chile ein Oktoberfest zu feiern.

Überraschenderweise ist laut einer Studie von Euromonitor von 2017 Bier das am meisten konsumierte alkoholische Getränk in Chile, sogar noch vor Wein. Im Sommer wird Bier gern so kalt getrunken und mit Eiswürfeln serviert, dass einem die Zunge gefriert. Im Winter sind Schwarzbiere beliebt, die verwirrenderweise *Cerveza Malta* (also *Malzbier*) genannt und gern mit Ei oder *Harina Tostada* (*geröstetem Mehl*) getrunken werden. Bier wird oft als Partygetränk konsumiert, aber auch zum *Asado*, Fußball oder im Restaurant. In einer Gruppe bestellt man häufig einen *Pitcher*, eine Art große Karaffe, und teilt sich das Bier mit allen. Wer später noch dazukommt, bekommt einfach ein weiteres Glas. Die größte Bierproduzentin ist die *Compañía Chilena de Cervecerias Unidas*, welche von der Gruppe Lucsis und Heinecken dominiert wird und Produkte wie *Cristal, Escudo, Heinecken und Kunstmann* industriell produziert. Diese kann man fast überall günstig kaufen, und auch kritische deutsche Besucher haben mir versichert: Schmeckt!

Besonders spannend sind aber die zahlreichen kleinen privaten Brauereien, die seit den 2000er-Jahren entstanden sind und sehr unterschiedliche Craftbiere herstellen. Viele Brauer haben ganz klein in ihrer Garage angefangen und sind schnell besser geworden und gewachsen. Sie experimentieren mit unkonventionellen Mischungen und interpretieren alte und neue Sorten neu. Inzwischen kann man ihre Biere in vielen kleinen Bars und Restaurants in den Städten probieren. Manche Regionen haben ihre eigenen Bierspezialitäten, und man wird von der Qualität überrascht sein. Ob *Kross, Cuello Negro, Grassau, Volcanes del Sur* oder eine andere kleine Brauerei – es lohnt sich, nachzufragen und auszuprobieren.

58. Grund

Weil »Mote con Huesillo« Durst und Hunger auf einmal stillt

Mote con Huesillo ist die beste Erfindung der chilenischen Küche überhaupt! Als Auswärtiger kann man daran zweifeln, ob es sich wirklich um ein Getränk oder doch eher um eine kleine Mahlzeit handelt, auch wenn die Chilenen versichern, es handle sich um ihr Nationalgetränk. *Mote con Huesillo* besteht hauptsächlich aus Weizengraupen, Pfirsichsaft, getrockneten Pfirsichen und viel Zucker.

Klingt auf Deutsch erst mal nicht sehr aufregend, ist aber sehr lecker! Es wird vor allem im Sommer in den Städten an jeder Straßenecke kalt angeboten und in großen hohen Gläsern mit einem Löffel serviert. – Eine großartige Erfrischung an einem heißen Tag in der Stadt! Man kann beobachten, wie der Verkäufer mit einer großen Kelle den bernsteinfarbenen Saft in das Glas gießt und kunstvoll zwei Pfirsiche hineingibt. Auch die Verkaufsstände selbst sind kleine Kunstwerke, manche selbst zusammengezimmert und mobil, andere mit bunten Schriftzügen und Sonnenschirm. Man kann sich getrost durch alle Verkaufsstände in der Umgebung testen und seinen eigenen *Rey del Mote con Huesillos (Mote con Huesillos – König)* krönen, wie viele Verkaufsstände heißen. Oft haben die Eigentümer der Stände kleine Sitzgelegenheiten organisiert, und man kann einen Moment innehalten, das Leben auf der Straße beobachten und einen wunderbar süßen und eiskalten *Mote* genießen. Danach ist man meistens wieder so fit, dass man ohne Mittagessen seinen Erledigungen weiter nachgehen oder stundenlang eine neue Umgebung erkunden kann.

59. Grund

Weil Drinks hier wie Naturkatastrophen heißen

Fast alle Chilenen haben in ihrem Leben bereits Erfahrungen mit Erdbeben gemacht und kennen das Gefühl, wenn sich plötzlich die Erde unter einem zu bewegen beginnt. Erdbeben – *Terremoto* – genauso heißt auch ein beliebter Drink, der einem tatsächlich den Boden unter den Füßen bewegen kann. Er besteht aus viel *Pipeño*-Wein, einem starken Alkohol wie *Fernet Branca, Pisco* oder *Rum*, Ananaseis und Grenadine. Meistens wird er in einem großen Plastikbecher serviert und ist so süß, dass man den Alkohol kaum schmeckt. Wer nach einem Glas noch nicht genug hatte, bestellt eine *Réplica*, also ein Nachbeben, und ist spätestens dann betrunken.

Am liebsten genießen die Chilenen ihren *Terremoto* in der Woche des Nationalfeiertags, aber auch während des restlichen Jahres gibt es hin und wieder ein Erdbeben zum Trinken in einer Bar. Wie genau es zur Namensgebung kam, ist nicht ganz geklärt. Zwei bekannte Lokale in Santiago beanspruchen die Erfindung für sich: *El Hoyo* und *La Piojera* – beide gute Adressen, um den Drink und die dazugehörige Atmosphäre kennenzulernen. Angeblich soll der *Terremoto* für deutsche Reporter erfunden worden sein, die nach dem großen Erdbeben in Santiago 1985 über die Katastrophe berichteten. Aber es wäre nicht Chile, wenn die Drinks mit einem einfachen Erdbeben aufhören würden. Wer möchte, kann mit einem *Tsunami* oder einem *Maremoto (Seebeben)* weitermachen und sehen, was der Abend noch bringt.

60. Grund

Weil über die Frage, wer den echten Pisco herstellt, eine Nachbarschaftsfehde mit Peru geführt wird

Keine Spirituose der Welt ist so umstritten wie der *Pisco*. Peru und Chile führen einen manchmal absurden Nachbarschaftsstreit darüber, wer den »echten« *Pisco* herstellt und ihn richtig trinkt. Wer einen Chilenen in kurzer Zeit zum Schäumen bringen möchte, der behaupte einfach, *Pisco* sei eine peruanische Erfindung, und mache sich auf eine längere Belehrung gefasst. Einfacher ist es, nur einen wunderbaren *Pisco Sour* in einem schicken Glas zu genießen oder die verschiedenen Herkünfte zu probieren.

Trotz der Nachbarschaftsfehde sind sich beide Länder über die Herkunft des Wortes einig: Die Küstenregion um die peruanische Hafenstadt Pisco südlich von Lima wurde bereits von den Inka wegen ihres Vogelreichtums *Pisku* genannt, was *Vogel* bedeutet. Dort wurden Tongefäße zum Aufbewahren verschiedener alkoholischer

Getränke hergestellt, die ebenso *Pisku* genannt wurden. Mit der Zeit soll die Aufschrift mit der Herkunft *Pisku* gleichbedeutend mit dem Inhalt, dem Pisco, geworden sein. Weil die Chilenen aber ihrerseits auch das Recht haben wollten, weiterhin ihren eigenen Pisco zu vermarkten, und vielleicht auch, weil sie es nie ganz überwunden haben, dass der Name dafür aus Peru stammt, benannten sie einfach 1936 den Ort La Union in der Region Coquimbo in Pisco Elqui um. Ziemlich schlau: Wenn man einen Ort mit dem Wort »Pisco« im Namen hat, kann man auch Pisco ins Ausland exportieren. Und das taten sie auch. Die Chilenen erwiesen sich schnell als die geschäftstüchtigeren Pisco-Produzenten und sind heute die unangefochtene Nummer eins bei der Herstellung und im Export.

Aber was ist eigentlich Pisco? Die Spirituose ist ein Weinbrand aus vergorenem, frisch fermentiertem Most, kein Tresterbrand wie etwa ein italienischer Grappa. Der chilenische Pisco ist ziemlich hochprozentig, weswegen er meistens als Drink *Pisco Sour* gemischt wird und schnell für sehr gute Laune sorgt. Dafür mischt man Pisco, sehr viel Limettensaft und Zucker und setzt häufig noch ein elegantes Hütchen aus Eischnee oben drauf – eine sehr erfrischende, säuerliche Geschmacksexplosion für einen lauen Sommerabend. In der Herstellung und im Geschmack unterscheiden sich chilenische und peruanische Piscos. Während in Peru die Herstellung streng reguliert ist und einer Art »Reinheitsgebot« folgt, dominieren in Chile die industrielle Herstellung und eine lockerere Reglementierung. In Chile gilt oft: Erst Pisco, dann Disco, denn nach einem oder spätestens zwei Gläsern hat man meistens sehr gute Laune, und da er in Chile recht günstig ist, wird er gern zum »Vorglühen« verwendet. Sehr beliebt ist auch *Piscola*, also Pisco mit Coca-Cola, Zitronensaft und Eis. Ob dabei nun chilenischer oder peruanischer Pisco eingeschenkt wird, ist dann meistens egal. Kurioserweise ist Chile nämlich auch die Nummer eins beim Import peruanischen Piscos.

61. Grund

Weil man statt Fisch lieber eine unheimliche Braunalge isst

Man müsste meinen, dass Chile mit seiner über 6000 Kilometer langen, sehr fischreichen Küste ein Land leidenschaftlicher Fischesser sein müsste. Das Gegenteil jedoch ist der Fall. Im Alltag essen die Chilenen wenig Fisch, und er gehört nicht zu den kollektiven Lieblings- und Nationalspeisen. Stattdessen findet man auf vielen Märkten und sogar in der Gemüseabteilung der Supermärkte eine getrocknete braune Alge, die in Paketen zusammengebunden ist und auf den ersten Blick nicht sehr appetitlich aussieht. Ein bisschen wie Alien-Tentakeln aus einem Science-Fiction-Film oder eine sehr gesunde exotische Zutat aus dem Reformhaus. Aber sie ist der heimliche Star der einfachen Fischküche, und viele Chilenen bekommen nostalgische, glänzende Augen, wenn man sie auf den *Cochayuyo* anspricht, denn so heißt die Braunalge.

Cochayuyo wird bis heute auf sehr einfache, traditionelle Art und Weise an den Küsten im Süden des Landes gesammelt. Häufig sind es Mapuche-Familien oder kleine familiäre Teams, die die Arbeit der *Cochayuyo*-Ernte gemeinsam verrichten und aufeinander aufpassen, denn sie ist nicht ganz ungefährlich. Ein »Taucher« schneidet dafür in vielen Regionen zuerst mit einem Messer die Alge von den wellenumtosten Felsen, damit sie an den Strand geschwemmt und eingesammelt werden kann. Der Pazifische Ozean ist in Chile meistens sehr rau und kalt, und leicht können die Wellen einen Menschen umwerfen und mit ins Meer ziehen. Heute haben viele Taucher einen Neoprenanzug und werden immerhin mit einem einfachen Seil von einem Helfer gehalten. Trotzdem muss man sehr vorsichtig sein, und nur erfahrene vorsichtige Taucher und Sammler wagen sich auf die Felsen. Nachdem die Algen vom Meer an den Strand geschwemmt wurden, werden sie etwas weiter oben zum Trocknen ausgelegt und nach ein paar Stunden gewendet. Insgesamt braucht die Alge mehrere Wochen, um zu trocknen und ihre positiven Eigenschaften für die Ernährung auszubilden. Die Weiterverarbeitung geschieht häufig bei den Menschen zu Hause auf ganz manuelle Art. Der trockene *Cochayuyo* wird dazu noch mal leicht angefeuchtet und zu Paketen gebunden, die die Länge einer Elle haben. In manchen Dörfern ist diese Aktivität die Hauptbeschäftigung ganzer Familien über den Winter.

Wenn der getrocknete *Cochayuyo*-Vorrat fertig gebunden ist und einen Karren ergibt, kann es losgehen: Bis heute transportieren viele Familien ihren *Cochayuyo* über viele Tage und bis zu 150 Kilometer weit auf einem Ochsenkarren. Es scheint wie ein Relikt aus einer anderen Zeit, wenn ganze Familien hoch oben auf dem *Cochayuyo* thronend wie in Zeitlupe auf der Seitenspur von Autobahnen und Landstraßen entlangschaukeln. Sie sind oft mehrere Tage unterwegs, schlafen im Freien und haben einen kleinen Hausstand dabei. Es geht in Richtung Temuco oder einer anderen Stadt, wo man im Sommer bis heute den langgezogenen Ruf der Verkäufer *Cochayuyoooo* hört, die langsam durch die Viertel ziehen und auf der Straße direkt verkaufen. Kein Mensch käme auf die Idee, mit dem Auto einen *Cochayuyero* unterwegs anzuhupen, denn alle wissen, wie groß das Opfer ist, das er bringen muss, um es bis hierher geschafft zu haben. Sie werden vorsichtig umfahren. Auch auf Märkten und Plazas halten sie neben riesigen SUVs und Glaspalästen, um ihr Produkt anzubieten, und meistens finden sie auch guten Absatz.

In den letzten Jahren gerieten die *Cochayuyo*-Familien in die öffentliche Aufmerksamkeit, als Journalisten deren harte Realität aufzeigten und offenkundig wurde, welch großes Wissen hinter dieser Tradition steht. Daraufhin wurde die Aktivität zum immateriellen Kulturerbe erklärt, und man begann, dem *Cochayuyo* mehr Aufmerksamkeit zu schenken. Heute gibt es *Ferias del Cochayuyo*, und die Gemeinden bemühen sich, den Familien gute Standplätze zu sichern und ihnen die Zeit in der Stadt etwas zu erleichtern. Die Öffentlichkeitsarbeit scheint zu wirken: Die *Cochayuyeros* werden sehr positiv wahrgenommen, und man kauft ihnen gern etwas ab. Außerdem ist die Alge auch beliebt in der Küche und sehr gesund.

Ähnlich wie Fisch und Meeresfrüchte enthält sie zahlreiche Ballast- und Mineralstoffe und gilt als entschlackend und verdauungsfördernd. Man kann sie in Suppen und Eintöpfen wie etwa *Charcicán* oder insgesamt als Fleischersatz verwenden oder ein vegetarisches *Ceviche* daraus kochen. Außerdem wird *Cochayuyo* in Chile traditionell zahnenden Kindern gegeben, die wunderbar darauf herumkauen können und nebenbei mit Magnesium, Kalzium und Eisen versorgt werden. Auch wenn man sich wundern mag, wieso ein Land mit einer so langen Küstenlinie keine ausgeprägte Fischkultur entwickelt hat: Die Begeisterung für eine einfache Braunalge macht es allemal wieder wett, und ihr Anbau und Konsum sind in jedem Fall nachhaltiger als der industrielle chilenische Fischfang für den Export.

62. Grund

Weil man nach dem Abendbrot »Once« noch gut einschlafen kann, nach einer »Cena« eher nicht

Wer in Chile abends privat zum Essen eingeladen wird, der sollte genau zuhören, was ihn erwartet: Es gibt grob gesagt zwei Arten, abends noch etwas zu essen: Am späten Nachmittag, so zwischen 17 und 20 Uhr, isst man traditionell eine *Once*, was einer Art Abendbrot mit Tee, Kaffee und süßen Sachen gleichkommt. Angeblich soll das Wort *Once*, also *elf* von den elf Buchstaben für *Aguardiente*, also *starken Spirituosen*, abgeleitet worden sein. Um die Zusammenkunft ein bisschen zu erheitern und um den Alkohol am Nachmittag dabei zu verschleiern, soll man früher diesen Code verwendet haben. Heute ist eine *Once* eine kleine familiäre Mahlzeit, bei der man Weißbrot toastet und dazu Tomate und Avocado oder Marmelade isst. Jeder schnappt sich noch etwas aus dem Kühlschrank, und es gibt Butter,

Käse, Wurst, manchmal einen Kuchen, und im Süden wird auch Mate serviert. Vielleicht streicht noch die Hauskatze vorbei, oder der Hund holt sich einen Wurstzipfel. Das Radio oder der Fernseher läuft im Hintergrund, und nach spätestens einer Stunde stehen alle wieder auf und gehen ihrer Wege.

Wer zu einer *Cena*, einem warmen Abendessen, eingeladen wird, der sollte sich auf eine längere Prozedur gefasst machen. Jetzt wird aufgetischt! Eine *Cena* hat einen viel offizielleren Charakter, und man wird nicht improvisiert in der Küche sitzen, sondern im Wohnzimmer. Die Gastgeber und auch Gäste haben keine Hausschuhe an, sondern ihre Straßenschuhe, und man pflegt eine Unterhaltung. Haustiere werden rausgeschmissen. Klassischerweise gibt es meistens eine Vorspeise wie eine Suppe mit Brot, mindestens eine Hauptspeise mit Fleisch und einen Salat und einen Nachtisch. Sehr gern isst man in Chile herzhafte Suppen und Eintöpfe, wie etwa *Cazuela* mit Kartoffeln, Mais, Kürbis und Fleisch oder *Porotos granados* mit Bohnen, Mais und Kürbis. Fast jeder Haushalt hat auch sein Spezialrezept für das natürlich beste *Pebre* der Welt, eine scharfe Soße oder Dip aus gehackten Tomaten, Zwiebeln, Koriander, Chili und Knoblauch. Man isst das *Pebre* zu fast allen Speisen, am besten aber mit Weißbrot, und verbrennt sich lustvoll die Zunge dabei. Dazu trinkt man Wein oder auch Bier und die Kinder Softdrinks in abenteuerlichen Farben. Es soll an nichts mangeln! Die Gastgeber können sich für so eine Einladung in Unkosten stürzen, aber egal, denn es ist ein besonderer Abend, und der Gast soll vollkommen rund und zufrieden sein.

Obwohl eine *Cena* oft erst gegen 21 Uhr beginnt, sind die Kinder von Anfang bis Ende dabei und sitzen meistens klaglos mit am Tisch. Und das kann lange sein! Bis Mitternacht und länger isst man, unterhält sich und geht dann langsam in die *sobremesa* über. *Sobremesa* ist einfach das noch-sitzen-bleiben und verdauen und sich unterhalten, eine sehr angenehme Einrichtung. Nach so einer *Cena* ist man nämlich meistens so satt und vollgegessen, dass man unmöglich aufstehen oder ins Bett gehen kann, und da bleibt man einfach zufrieden sitzen und öffnet unauffällig den obersten Hosenknopf. Oft gibt es dann noch einen Kaffee, Mate oder etwas Süßes, und wenn alle ausreichend gegessen, geredet und verdaut haben und langsam die Müdigkeit alle überfällt, ist es Zeit, zu gehen. Als eingeladener Gast wird von einem nicht erwartet, dass man beim Abräumen oder Abwaschen hilft, wer sich jedoch besser kennt und ein familiäres Verhältnis zueinander hat, dem wird es nicht übel genommen, ein bisschen zu helfen. Am Ende des Abends sind sich alle einig: Der Abend war ein Fest, man hat es sich gut gehen lassen und mit der ganzen Seele gegessen, gelacht und miteinander geteilt.

63. Grund

Weil man sich bei so viel Völlerei einen »Empacho« holen kann

Zu seinem sechsten Geburtstag ereilte meinen chilenischen Cousin Luchito eine sehr lateinamerikanische Kinderkrankheit: Nach einem langen Nachmittag, an dem er stundenlang mit seinen Cousins und Cousinen zu lauter Kindermusik im Patio herumgetobt ist und sich von seinen Tanten mit Kuchen und *Sopaipillas* hatte vollstopfen lassen und dazwischen gefühlt drei Liter Softdrinks und kiloweise Chips und Schokolade vertilgt hatte, sank er am Abend plötzlich mit einem Ausdruck von Elend auf dem Sofa in sich zusammen mit den Worten *Me empaché*, was so etwas Ähnliches wie *Ich habe mir den Magen verdorben* heißt. Nur ist der lateinamerikanische *Empacho* nicht bloß eine langweilige Magenverstimmung, sondern eine eigene Krankheit, die auch gebührend als solche wahrgenommen und behandelt werden muss. Ärzte lernen sie im Studium kennen und behandeln Kranke auch in ihren Praxen deswegen. Hauptsächlich Kinder leiden unter dieser Krankheit, die sich meistens in Magenschmerzen, Durchfall, Verstopfung, Appetitlosigkeit oder Erbrechen äußert.

Man bekommt einen *Empacho*, wenn man zu viel von etwas oder das Falsche gegessen hat, zum Beispiel zu viel Süßes oder unreife Früchte, schwer Verdauliches oder einfach Erde, Papier, Kaugummi etc. Oder auch, wenn man zu schnell oder gezwungenermaßen gegessen hat. Was alles einen *Empacho* auslösen kann – aufgewärmter Spinat? Die Haut der Bohnen? Zu spätes Essen? –, darüber können sich Eltern und Tanten stundenlang austauschen. Es ist allerdings in Chile schwer, Völlerei und unregelmäßiges Essen gänzlich zu vermeiden: Essen ist einfach viel wichtiger und Lebensmittel schmecken intensiver als in Europa. Zum Beispiel werden Süßigkeiten, Softdrinks, Eis und Backwaren mit viel mehr Zucker hergestellt, und es kommt irgendwann der Punkt, an dem die Geschmacksexplosion plötzlich widerlich ist und einem für Stunden der Appetit vergeht. Früchte sind vor Ort zur perfekten Süße ausgereift und mussten nicht im grünen Zustand wochenlang über den Ozean fahren, bis sie verzehrt werden. Freunde und Verwandte kochen großartige, fettige und opulente Gerichte, und ständig wird einem nachgeschenkt und aufgefüllt. Essen verbindet, und ehe man es sich versieht, hält man sich auch als Erwachsener den Bauch.

Luchito eilen nach seinem elenden Aussehen seine Tanten und Mutter zu Hilfe. Jede hat natürlich ein eigenes Geheimrezept für das beste Hausmittel. Erst wird ein bisschen diskutiert, abgewägt und gesucht, und am Ende setzt sich diejenige mit der meisten Erfahrung oder die Mutter durch. Meistens gibt es Tees aus Heilkräutern, die man zu Hause hat, oder Abführmittel aus Kräutern und Öl zum Einnehmen. Der Kranke wird außerdem getröstet und ein bisschen für die Völlerei geschimpft. Je nach Familie und Glaube werden auch Spezialmassagen angewandt. Zum Beispiel legt man kranke Kinder auf den Bauch und zieht ihnen am Rücken mit den Fingern die Haut leicht nach oben, um die Verdauung anzuregen. Wenn es ein krachendes Geräusch macht, hat der Kranke einen *Empacho*. Manchmal kommt dabei auch Asche, Öl oder Spucke auf dem Rücken zum Einsatz. Anschließend dreht man den Kranken um und zeichnet auf der Bauchseite ein Kreuz.

Egal, ob man nun an die Existenz des *Empachos* und seiner Behandlungsmethoden glaubt oder nicht: Die daran leidenden Kinder fühlen sich meistens nach dem Tee oder der Massage wirklich besser, werden getröstet und wahrgenommen. Man hat gemeinsam den Kranken geheilt und sich einen stressigen Besuch beim Arzt gespart. Nach spätestens ein paar Stunden oder Tagen geht es den meisten *Empachados* schon wieder besser, und im besten Fall haben sie dabei gelernt, das eine oder andere nicht im Übermaß zu essen.

Kapitel 6

Politik und Wirtschaft

64. Grund

Weil um die Interpretation der Diktatur nach wie vor gerungen wird

Bis heute wird in Chile um die Interpretation der Militärdiktatur unter Augusto Pinochet gerungen. Und das an ganz überraschenden, alltagsrelevanten Stellen. Heißt es zum Beispiel nun *Militärdiktatur* oder *Militärregierung* in den Schulbüchern? Über diese Frage wurde vor wenigen Jahren öffentlich gestritten, und bis 2014 tauchte das Wort *Diktatur* gar nicht in den Textbüchern auf. Was manchem als kleinliche Auseinandersetzung von Experten über ein einfaches Wort erscheinen mag, ist doch die Frage, wie die Zeit zwischen 1973 und 1990 von staatlicher Seite aus bewertet und interpretiert werden soll und vor allem, wie sie Kindern und Jugendlichen erklärt wird. Es geht also um die kollektive Erinnerung, und dabei ist es schon ein Unterschied, ob man von einer Diktatur oder einer Regierung spricht.

Am 11. September 1973 putschte in Santiago de Chile das Militär gegen den demokratisch gewählten sozialistischen Präsidenten Salvador Allende. Weltberühmt sind die Fotos der Bombardierung des Präsidentenpalastes *La Moneda* durch Kampfflugzeuge. Kurz darauf nahm sich Allende dort wahrscheinlich selbst das Leben. Es folgte eine 17-jährige Militärdiktatur unter General Pinochet, während der über 2000 Personen durch Repression und Folter starben, davon mindestens 975 als *Desaparecidos.* Diese *Verschwundenen* sind Menschen, die von staatlichen oder quasi-staatlichen Sicherheitskräften heimlich verhaftet oder entführt und anschließend gefoltert und ermordet wurden. Anschließend beseitigten Militärs ihre Leichen. Da die Angehörigen und die Öffentlichkeit dabei nichts über den Verbleib des Verschwundenen erfuhren, verharrten die Familien oft jahrelang in einem verzweifelten Zustand zwischen Hoffnung und Resignation.

Pinochet und seine Generäle verkündeten einen nationalen Neuanfang und setzten tiefgreifende Reformen in Wirtschaft und Politik um. Beraten von den *Chicago Boys*, einer Gruppe chilenischer Wirtschaftswissenschaftler, die in Chicago die Ideen von Milton Friedman studiert hatten, setzten sie ein umfangreiches Liberalisierungs- und Privatisierungsprogamm durch. In einer »Schocktherapie« senkten sie die Staatsausgaben, entließen massenweise Beamte und privatisierten Gesundheit, Bildung, Renten und sogar so etwas Grundlegendes wie Wasser. Erst 1988 stimmte die Mehrheit der Bevölkerung in einem Referendum gegen eine erneute Amtszeit Pinochets und leitete damit den schrittweisen Übergang zur Demokratie ein. Erst danach wurde es langsam möglich, sich mit der jüngsten Vergangenheit zu beschäftigen.

In Deutschland hat das Erinnern an Diktatur, Weltkrieg, Holocaust und den Übergang zur Demokratie einen hohen Stellenwert und gehört zum kollektivem Bewusstsein. Die Erinnerung an die Verbrechen der Nationalsozialisten und die daraus entstehende Verantwortung in einem friedlichen Europa spielen eine wichtige Rolle für das deutsche Selbstverständnis. Ständig werden wir mit unserer Vergangenheit konfrontiert, es werden öffentliche Gedenkfeiern abgehalten, und man kann von einer etablierten Erinnerungskultur sprechen. Diese Elemente sind wichtig für das deutsche politische System und das Wissen um die dunkle Vergangenheit; die damit einhergehende Verantwortung gehört zu einem gesellschaftlichen Konsens.

Auch wenn der Vergleich zwischen Nationalsozialismus und chilenischer Militärdiktatur hinkt, kann man doch durch diesen Panoramablick Eigenheiten und Kontinuitäten erkennen. Die Chilenen gehen anders als Deutschland mit ihrer schwierigen Geschichte um. Anders als Hitler nach 1945 spielte Pinochet nach dem Ende der Militärdiktatur weiter lange eine große Rolle und beeinflusste den Übergang stark. Es gab keinen klaren Bruch, und Politikwissenschaftler sprechen auch von einer *paktierten Demokratie*. Sie meinen damit, dass das Militärregime die Art der neuen Demokratie schon in der neuen Verfassung von 1980 festgelegt hatte. Die Macht des Militärs war darin weiter festgeschrieben, die Spielregeln waren klar umrissen und demokratische Akteure in ihrem Gestaltungsspielraum kontrolliert.

Nach der Rückkehr zur Demokratie standen zunächst Wahrheitskommissionen und die Suche nach Verschwundenen sowie das Bemühen um Versöhnung im Vordergrund der neuen Regierungen. Auch die juristische Aufarbeitung und Verurteilung bekannter Täter wie des Leiters der Geheimpolizei Manuel Contreras und Pinochets 1998 in London wurden sehr in der Öffentlichkeit wahrgenommen. Zur kollektiven Entzauberung und Delegitimierung Pinochets trugen aber zynischerweise nicht zuerst die Verhandlung der in seinem Namen begangenen Menschenrechtsverletzungen bei, sondern das Bekanntwerden seiner Steuerhinterziehung und Korruption.

Trotzdem existieren weiter unterschiedliche Interpretationen der chilenischen Geschichte, auch solche, die die Militärdiktatur positiv bewerten. Anhänger des Pinochetismus argumentieren, dass eine *Militärregierung* den internen Kriegszustand und das Chaos unter Präsident Allende beendet habe und durch die Liberalisierung die Wirtschaft gewachsen und der Lebensstandard der Chilenen gestiegen sei. Dagegen erinnern sich Anhänger Allendes an den gewaltsamen Putsch, der eine demokratische sozialistische Entwicklung beendete und in eine Militärdiktatur führte. Diese unterschiedliche Bewertung der Ausgangslage von 1973 bezeichnet der Historiker Stephan Ruderer als *hybride Erinnerung* und weist auch darauf hin, wie wichtig das Milieu für die Bewertung der Diktatur sei. Ein bisschen vereinfacht gesagt gehören heute zu den wirklich überzeugten Pinochet-Anhängern fast nur noch Rechtskonservative und Eliten, die von der Liberalisierung der Wirtschaft und der Macht der Militärs profitiert haben. Diese schaffen es trotzdem, immer wieder Teile der Mittelschicht »mitzureißen«.

Aber auch viele Massenmedien spielten und spielen eine wichtige Rolle, die Vergangenheit unter Pinochet zu bewerten. Dadurch, dass alle größeren Massenmedien einer Handvoll großer Firmen gehören, ist die Berichterstattung nicht ausgewogen und stützt bis heute eine konservative, eher Diktatur-freundliche Interpretation der Geschichte. Das macht es schwer, einen gesellschaftlichen Konsens über die Vergangenheit und auch über die Zukunft zu finden.

Erst 2019 veränderte sich das Panorama grundlegend. Im Oktober 2019 gingen Schülerinnen und Schüler auf die Barrikaden, als die Preise für den öffentlichen Nahverkehr in Santiago leicht angehoben wurden. Sie übersprangen einfach die Absperrungen in der Metro und riefen: »Es geht nicht um 30 Pesos, sondern um 30 Jahre« und hätten es treffender nicht sagen können: 30 Jahre waren seit der Rückkehr zur Demokratie vergangen, aber keine der demokratischen Regierungen hatte die Grundfesten des neoliberalen Wirtschaftssystems angetastet. Trotz des wirtschaftlichen Wachstums war die Ungleichheit gewachsen und die Armut weiter Bevölkerungsteile eklatant.

Sehr schnell wandelte sich der spontane Widerstand in eine große soziale Protestbewegung für eine neue Verfassung und tiefgreifende Reformen des Wirtschaftssystems. Riesige Demonstrationen mit teilweise über einer Million Teilnehmenden fluteten die Straßen

Santiagos und anderer Städte. Chile war im Ausnahmezustand, die demonstrierenden Chilenen sagten: Chile ist aufgewacht. Es ging um den Zugang zu Bildung, Gesundheit, Renten und Wasser, um die Rechte Indigener und Frauen, um Umwelt und den Schutz natürlicher Ressourcen. Kurz: um die Frage, welchen Staat und welche Form des Zusammenlebens sich die Chilenen für die Zukunft wünschten.

In einem historischen Referendum stimmten mehr als Dreiviertel der Chilenen für eine neue Verfassung. Eine verfassungsgebende Versammlung wurde vom Volk direkt gewählt und im gleichen Verhältnis von Männern und Frauen sowie mit einer vorher festgelegten Anzahl Sitze für indigene Völker besetzt. Eine bunte Mischung Delegierter verschiedener sozialer Bewegungen tagte ein Jahr lang und legte 2022 eine Verfassung vor, über die die Chilenen wieder zur Abstimmung gebeten wurden. Die Aufbruchsstimmung, die das Land zwei Jahre lang begleitet hatte, kam zu einem jähen Ende, als im September 2022 eine deutliche Mehrheit der Chilenen gegen den neuen Verfassungsentwurf stimmte. Auch wenn es einen zweiten Anlauf für eine neue Verfassung geben wird, ist noch völlig unklar, was darinstehen und ob sie es bis zur Ratifizierung schaffen wird. Aber was war passiert?

Besonders kritisiert wurde an dem Verfassungsentwurf, dass er zu sehr von sozialen Bewegungen mit Aktivismus-Charakter beeinflusst gewesen sei. Im Fokus standen viele sehr konkrete Themen wie der Schutz von Minderheiten und Umwelt, dagegen blieben Themen wie Staatsform und Wirtschaftsmodell eher vage formuliert. Die Mehrheit der Chilenen fühlte sich während des Prozesses nicht mitgenommen und war mit anderen Themen wie etwa Kriminalität, Inflation und Gesundheit beschäftigt. Konservative Medien und Politiker verbreiteten zudem Falschbehauptungen über künftig angeblich unsichere Renten, Enteignungen von Wohnungen und kollabierende Krankenhäuser. In den Medien mehrten sich Meldungen über eine gestiegene Kriminalität in den Großstädten und schürten

Ängste und vielleicht auch Erinnerungen an die *Unidad Popular*, Salvador Allende und das damit verbundene – von rechtskonservativen Stimmen gerne gezeichnete – Bild des Chaos.

Was in diesen Entwicklungen sichtbar wird, ist die Differenz der Chilenen über die Interpretation ihrer Vergangenheit. Es gibt keinen gesellschaftlichen Konsens über die Frage, ob es gerecht war, wie in der Diktatur Privilegien verteilt und in der Folge 30 Jahre lang nicht angetastet wurden. Diese Differenz ist so grundlegend, dass eine Kommunikation darüber fast unmöglich ist, Arm und Reich scheinen in verschiedenen Welten zu leben. Die verschleppte Beschäftigung mit der Vergangenheit und die aktive Ausblendung von extremer Ungleichheit stellen den gesellschaftlichen Konsens und den Frieden in Chile auf wackelige Füße und haben dazu beigetragen, die einmalige Chance auf eine neue Verfassung erst mal zu verhindern.

65. Grund

Weil das Bildungssystem in Chile so umkämpft ist wie in Deutschland die Autoindustrie

Sirenengeheul. Wasserwerfer. Jugendliche, die geduckt über die Straße rennen. Nasse Transparente liegen auf dem Boden. Ein Molotowcocktail fliegt durch die Luft. Die Luft scheint zu brennen, was auch an dem Tränengas liegen könnte, das die Polizei großzügig einsetzt. Fast jedes Jahr im März geht es in Chile wieder los: Wenn die Ferien vorüber und die Schüler und Studenten wieder eingetrudelt sind, beginnen sie sich zu organisieren, und spätestens im April stehen sie auf den Straßen. Mit großen Bannern, Fahnen, Trommeln und einer gehörigen Portion Mut fordern sie ein gerechteres und hochwertiges Bildungssystem für alle. Dafür besetzen sie Schulen und Universitäten, legen den Unterricht und den Straßenverkehr lahm und können auch für einen Ausnahmezustand im ganzen Land sorgen. Schüler verbarrikadieren ihre Schulen mit Stühlen, diskutieren stundenlang in Versammlungen über ihre Forderungen, sprechen vor Presse und Politikern und lassen sich auf der Straße von Wasserwerfern hinwegfegen und von Polizisten verprügeln. Die Energie, der Mut und die Zielstrebigkeit der chilenischen Jugendlichen sind dabei beeindruckend und inspirierend. Aber auch verständlich: Denn das chilenische Bildungssystem ist extrem ungerecht. Seit Jahrzehnten schrauben und reparieren chilenische Regierungen daran herum, ohne das darunterliegende Problem wirklich zu beheben: Bildung ist in Chile weitgehend privatisiert, und nur wer Geld hat, kann sich eine gute Ausbildung leisten. Diese Struktur ist noch ein Relikt aus der Diktatur: Obwohl es private Bildungseinrichtungen bereits seit der Unabhängigkeit Chiles gab, wurde Anfang der 1980er-Jahre im Rahmen der neoliberalen Reformen unter General Pinochet das Bildungssystem weitgehend privatisiert.

Das Aussieben beginnt schon in der Kindheit. Die guten Privatschulen bieten die bessere Bildung und bereiten ihre Schüler für den Sprung auf die Universität vor. Allerdings kostet der Besuch einer privaten Sekundarschule in Chile bis zu 800 Euro im Monat, und die meisten Chilenen verdienen weniger als den Mindestlohn von 500 Euro. Wer auf eine öffentliche Schule geht, hat es schwerer: Nur ein Drittel ihrer Schüler schafft es später an eine Universität. Dort sieht es nicht viel besser aus: 85 Prozent der Universitäten sind in privater Hand. Bei der Wahl eines Studienganges entscheidet nicht selten Papas Kreditkarte mit. Je nach Studiengang und Institution müssen Studierende zwischen 5000 und 10.000 Euro aufbringen. Und um diese Studiengebühren bezahlen zu können, verschulden sich junge Erwachsene mit einem Kredit hoch und haben danach einen belasteten Start ins Berufsleben.

Deswegen fordern Schülerinnen und Schüler wie Studierende seit Jahrzehnten ein öffentliches, kostenloses Bildungssystem für alle und den Erlass der Studienschulden. 2006 gingen erstmals Hunderttausende Schüler auf die Straße und wurden auch weltweit in den Medien wahrgenommen. Weil sie ihre charakteristische Schuluniform in Schwarz und Weiß trugen, wird dieser Auftakt der Proteste als *Revolution der Pinguine* bezeichnet. Fast jedes Jahr protestierten seitdem Schüler und Studenten. Oft schlossen sich weitere Gruppen wie Lehrer, Eltern und Hochschuldozenten, aber auch Gewerkschaften und soziale Bewegungen an. 2011 und 2012 erreichten die Proteste mit zahlreichen Demonstrationen, Besetzungen und Straßenschlachten einen neuen Höhepunkt. Die drei damaligen Studierendenführer Gabriel Boric, Camila Vallejo und Giorgio Jackson sind heute in führenden politischen Ämtern angekommen, und Boric ist seit 2022 sogar chilenischer Präsident. Doch was ist übrig geblieben von ihrem revolutionären Geist? In der Regierung sind sie kaum handlungsfähig und müssen mit den jeweiligen politischen Mehrheiten Kompromisse eingehen. Viele Wahlkampfversprechen wie die Befreiung der Gefangenen der sozialen Proteste von 2019 oder die Beendigung des Ausnahmezustands in der Region Araucanía sind dieser Situation zum Opfer gefallen. Den hohen Erwartungen können sie kaum standhalten. Die Regierung Boric ist moderater geworden und hat Mitte-Links-Parteien in ihre Regierung integriert. Vielen Linken erscheint diese nun als eine Art zweite *Concertación*, das Parteienbündnis, das nach der Rückkehr zur Demokratie bis 2010 regierte.

Trotzdem haben die chilenischen Schüler Grund zur Hoffnung: Wie so oft waren sie es, die mit ihrem Protest gegen die Erhöhung der Fahrpreise in den öffentlichen Verkehrsmitteln 2019 eine gesamtgesellschaftliche Bewegung für eine neue Verfassung ausgelöst hatten, über die Chile bis heute streitet. Und sie wissen: Das neue Schuljahr kommt. Spätestens im April stehen sie wieder auf der Straße.

66. Grund

Weil den Chilenen zwei Monate im Jahr flöten gehen

Wer in Chile im Februar oder im September ein Auto kaufen, einen Vertrag abschließen oder ins Fitnessstudio gehen will, der steht vor verschlossenen Türen. Mails bleiben unbeantwortet, Büros sind leer und Sporthallen schließen. Ganz Chile scheint im Februar am Strand zu liegen und im September unter den Tischen. Denn die meisten Chilenen haben einen dreiwöchigen Urlaubsanspruch im Jahr und nehmen ihn praktisch kollektiv im Februar, wenn auch die Schulen geschlossen sind. Vor allem die Städte werden dann zu Geisterstädten: Wer kann, fährt ans Meer oder in den Süden, wo es kühler ist und die Luft besser. Wo sich vorher Menschenmassen über die viel zu engen Bürgersteige schoben, ist jetzt gähnende Leere. Büros und staatliche Einrichtungen, Sportstätten und kleine Läden sind geschlossen, und man kann seine eigenen Schritte auf dem Asphalt hören. Obwohl vieles geschlossen ist und meistens die große Sommerhitze alles zu erdrücken scheint, ist es doch eine schöne Zeit in den Städten, denn es ist ruhiger und man kann in Ruhe gehen und schauen. Die Chilenen liegen jetzt am Strand. Fast über Nacht füllen sich die Strände, Restaurant, und Hotels im Süden des Landes, und es entsteht ein Trubel, den man vorher kaum für möglich gehalten hätte.

Am 18. September feiern die Chilenen den Nationalfeiertag und machen daraus einen *Mes de la Patria*, also einen *Vaterlandsmonat* mit Sonderangeboten, Aktivitäten, Militärparaden, Partys und einem verlängerten Wochenende für alle Arbeitnehmer. Wenn man aber ehrlich ist, befindet sich Chile fast den ganzen September im Ausnahmezustand. Viele nehmen sich noch mal ein paar Tage frei, fahren die Familie besuchen, viele Büros schließen, und insgesamt ist die ganze Nation im Partymodus. In den Supermärkten wird der Reggeatón aufgedreht, vielleicht verlost der Gemüsehändler ein (noch) lebendiges Lamm und die Müllabfuhr macht spontan frei. Man sollte also nicht erwarten, im September so etwas wie ein Bankkonto eröffnen oder einen Handyvertrag abschließen zu können. Und es dauert auch nach dem 18. noch ein paar Wochen, bis sich alle wieder eingewöhnt und organisiert haben. Dafür aber kann man im September mal etwas durchschnaufen und wunderbar mit den Chilenen mitfeiern. Denn es erwartet ja auch keiner von einem selbst, im September irgendetwas zu schaffen.

67. Grund

Weil man so schön mit dem Zug durchs Land fahren könnte

Man müsste meinen, dass es sich in einem Land wie Chile wunderbar Zug fahren lassen müsste – schließlich ist das Land durch seine besondere Geografie quasi prädestiniert dafür. Einmal von Nord nach Süd durchrauschen und zwischendurch an den größeren Städten anhalten. Fehlanzeige! Die Chilenen fahren massenweise mit privaten Buslinien durchs Land, vorzugsweise über Nacht im Sitzen. Dabei gab es ihn mal: Wenn man Chilenen auf den legendären Zug von Santiago nach Puerto Montt anspricht, kann man sich fast sicher sein, einen verklärten Blick und eine nostalgische Geschichte erzählt zu bekommen oder gleich einen Song zu hören: *Tren al Sur* von der Gruppe *Los Prisioneros* beschreibt das Abenteuer und die Vorfreude, Santiago den Rücken zu kehren und gegen die grüne, wilde Natur des Südens zu tauschen. Eine Erfahrung, die Millionen Chilenen in der Vergangenheit gemacht haben und an die sie sich bis heute nostalgisch erinnern. Die Fahrkarten waren günstig, es gab Speise- und Schlafwagen, und die Stimmung in den breiten Abteilen muss meist sehr gut gewesen sein.

Bis in die 1970er-Jahre war Chile im Norden bis Peru und Bolivien mit Bahnstrecken verbunden, und Richtung Süden konnte man mit einem Zug von Valparaíso oder Santiago bis Puerto Montt fahren. Einzelne Strecken verbanden regionale Zentren in abgelegenen Landesteilen wie auf der Insel Chiloé oder in Patagonien. Im Zuge der Erschließung des Landes im 19. Jahrhundert hatte der Staat in die öffentliche Eisenbahngesellschaft *EFE* investiert, und ab den 1950er-Jahren entwickelte sich der Zug zu einem Massentransportmittel. Jedoch versäumten es nachfolgende Regierungen, Züge zu erneuern und Strecken zu reparieren, sodass das Bahnsystem immer maroder wurde. 1978 stellte die *Junta* der Militärdiktatur im Zuge ihrer neoliberalen Reformen alle Zahlungen an *EFE* ein und versetzte ihr damit quasi den Todesstoß. Die Infrastruktur verkam, Teilstrecken wurden verkauft und größere Schäden wie beim Erdbeben 1985 nicht mehr repariert. Der Schienenverkehr verlegte sich auf die Straße, wo private Firmen den Transport von Personen und Gütern günstig und schnell übernahmen. Auch die *Panamericana*, die große Nord-Süd-Fernverkehrsstraße, ist in privater Hand, und es fallen bei ihrer Benutzung Mautgebühren an, die die Firmen auf ihre Kunden umlegen.

Bis heute ist der Zug von Nord nach Süd eine kollektive romantische Vorstellung der Vergangenheit. Es gibt keine durchgehenden Verbindungen, und die Bahn ist kein Massenverkehrsmittel wie die privaten Busunternehmen. Trotzdem haben seit 1990 fast alle Regierungen Anstrengungen unternommen, um die Infrastruktur zu verbessern, und so gibt es sehr wohl Bahnverbindungen, verschiedener Firmen, die regional Städte verbinden, und das auch sehr verlässlich. Alle paar Jahre taucht das Thema *Tren al Sur* wieder in der Politik und in den Medien auf und sorgt für große Aufmerksamkeit. Denn insgeheim wünschen sich die Chilenen ihren romantischen Zug in den Süden zurück, es ist nur eine Frage der Zeit, bis er wiederkommt.

68. Grund

Weil jeder Existenzgründer ist und von der Regierung gefördert wird

Es ist früh am Morgen, und mein Nachbar hat sich aufgeputzt: Zusammen mit seiner ebenfalls blitzenden Ehefrau steht er im Nebel vor seinem neuen Gewächshaus und wartet auf den Mann von *INDAP*, dem *Instituto de Desarrollo Agropecuario*, dem *Institut für landwirtschaftliche Entwicklung*. Dieses staatliche Programm unterstützt Kleinbauern und hat auch sein neues Projekt unterstützt, das er heute abschließend vorstellen soll. Die kleinen Pflanzen sind schon gesetzt, und das Gewächshaus funkelt neu in der aufgehenden Sonne. In ein paar Monaten sollen hier die ersten Schnittblumen blühen und zum Verkauf in die nächste Kleinstadt gebracht werden. Ein Jahr lang hat es gedauert, bis es so weit war. Er hat zusammen mit *INDAP* einen Plan gemacht, an einer Fortbildung teilgenommen, die richtigen Pflanzen ausgesucht und das Gewächshaus bestellt. Vor wenigen Wochen hat er es mit seiner Familie zusammengebaut und bepflanzt. Es ist gar nicht groß, für ihn und seine Familie macht es aber einen großen Unterschied: Mit dem neuen Gewächshaus will er ein eigenes Einkommen generieren und seine Tochter auf die Universität schicken. Das ist eine riesige Chance.

Ähnlich wie meinem Nachbarn geht es jährlich Tausenden Chilenen, die an staatlichen Programmen teilnehmen. Über kurzfristige Förderprogramme unterstützt der Staat Familien bei der Bewerbung um Gelder und Kredite, bietet Kurse und Fortbildungen an und verteilt Zuwendungen und Hilfen bei Kälteeinbrüchen oder Naturkatastrophen. In Gegenden mit einer hohen indigenen Bevölkerung etwa greifen eigene Programme wie *PDTI*, die besonders auf indigene Belange zugeschnitten sind. *Capital Semilla Emprende* richtet sich an Personen, die ein eigenes kleines Unternehmen aufbauen wollen. *Fondecyt* vom Bildungsministerium ist auf Forschung,

Kultur und Bildungseinrichtungen zugeschnitten. Die Programme sind vielfältig und zahlreich. Oft sind es nur minimale Hilfen: ein neues Gewächshaus, ein Schafstall oder die Badeinrichtung für ein Ferienhaus. Diese kleinen Hilfen ändern zwar nichts an der strukturellen Armut, aber sie vereinfachen kurz- und mittelfristig den Alltag und geben den Menschen das Gefühl, gesehen zu werden. Außerdem kurbeln sie die lokale Wirtschaft an und generieren Steuereinnahmen.

Aber auch wer nicht an einem staatlichen Programm für Landwirtschaft teilnimmt: Chile scheint voller Kleinunternehmer zu sein, die ständig dabei sind, ihr Business aufzuziehen, und einen unbändigen Glauben an ihr Projekt haben. Das Haus kann noch so alt und heruntergekommen sein, es wird renoviert und ein Gästezimmer eingerichtet, das im Sommer an Touristen vermietet werden kann. Mit viel Liebe streicht die ganze Familie die alten Bretter und verleiht dem Raum einen neuen Glanz. Die Garage mit wenigen Quadratmetern wird in den Garten verlängert und eine Autowerkstatt improvisiert, auch ohne Wagenheber und viele Werkzeuge. In der hinteren Ecke des *Minimarkets* richtet sich die Eigentümerin eine Nähstube ein und näht in den Zeiten ohne Kunden Auftragsarbeiten für ihre Nachbarn. Oft steht hinter diesen Projekten natürlich eine akute Not an finanziellen Mitteln. Aber vor allem glauben die Chilenen an sich. Sie träumen nicht nur, sondern setzen ihre Träume auch mit einfachen Mitteln in die Tat um. Man fängt einfach an und lernt auf dem Weg, wie das mit dem Tourismus oder der Autowerkstatt genau funktioniert. Dazu gehören Mut, Improvisation und Begeisterung, und daran mangelt es den Chilenen nicht! 20 Millionen Chilenen scheinen Unternehmer zu sein, vielleicht auch, weil sie es so in einem neoliberalen System gelernt haben. Wenn dir keiner hilft, hilf dir selbst. Mein Nachbar jedenfalls führt freudestrahlend und etwas nervös den Mann von *INDAP* herum, zeigt ihm die Tröpfchenbewässerung und seine selbst entworfenen Etiketten. Am Ende ist er glücklich und stolz, dass alles so gut geklappt hat und er ganz bald auf dem Markt seine Blumen verkaufen wird. Denn jetzt ist er nicht mehr ein Irgendwer, sondern ein richtiger Unternehmer.

69. Grund

Weil das Valle Central die Gemüsekammer der Nation ist

Zwischen den Flüssen Aconcagua nördlich von Valparaíso und dem Bíobío im Süden erstreckt sich das Valle Central, also das langgezogene Zentraltal Chiles. Es ist gleichzeitig Kornkammer, Gemüsegarten und Obstkorb des Landes und wirtschaftlich wie kulturell sehr wichtig. Historisch gesehen gehört diese Großregion zum »alten Chile« und wurde als Erstes von Europäern erobert, besiedelt und erschlossen. Bis heute leben 80 Prozent der Chilenen in diesem Längstal, und der Großteil der ökonomischen Aktivität des Landes geschieht hier. Viele wichtige Städte wie Santiago, Valparaíso und Concepción gehören zu dieser Zone zwischen den Anden und dem Pazifischen Ozean.

Das Klima im Valle Central ist mediterran, es gibt jedoch zahlreiche Mikroklimata und somit unterschiedliche Bedingungen, die den Anbau verschiedener Kulturen ermöglichen. Landwirte bauen Getreide, Kartoffeln, Gemüse, Obst, auch Reis und natürlich Wein auf riesigen Flächen an. Außer exotischen Früchten gibt es nichts, was es nicht gibt. Riesige Bewässerungsanlagen fahren über die Felder, und in gesichtslosen Hallen werden Früchte für den Export verpackt. Die Chilenen wissen: Die schönsten Früchte gehen ins Ausland. Trotzdem schmecken Obst und Gemüse in Chile einfach besser als in Europa, denn alles wird reif geerntet und muss nicht wochenlang im Container übers Meer fahren. Vielleicht verwenden die Chilenen in der Küche deswegen nur sparsam Gewürze, denn alles schmeckt einfach viel intensiver.

Zur Erntezeit beginnt eine massenhafte Reisebewegung aus dem Süden des Landes in die Obstplantagen, wo Frauen, Männer und ganze Familien Äpfel, Birnen, Trauben, Pfirsiche oder Beerenobst pflücken. Ihre Arbeitsbedingungen sind meistens schlecht bis ausbeuterisch, und sie werden nach der Menge bezahlt, die sie ernten. Die meisten sind informell ohne Versicherungen und Verträge angestellt, schlafen in Baracken, und manche gehen mit giftigen Substanzen um, die gesundheitsschädlich sind. Der schon etwas in die Jahre gekommene Song *La Temporera* (*Die Erntehelferin*) beschreibt zwar etwas melodramatisch, aber bis heute treffend die Situation der Saisonkräfte, die ihre Heimat im Sommer verlassen und in den Plantagen das Geld für ihre ganze Familie verdienen.

Die riesigen Plantagen und Monokulturen für den Export sind aber nicht nur aus sozialen Gründen problematisch: Avocados, Beerenobst, Wein und Früchte brauchen Wasser, Ackergifte und riesige Flächen. Da Wasser ein privates Gut ist, fehlt es dann häufig Kleinbauern und der normalen Bevölkerung, die mit Trinkwasser beliefert werden müssen. Flüsse werden verseucht oder versiegen, und die Möglichkeiten für Bürger und Kleinbauern, sich zu schützen, sind sehr gering, da es in Chile keine richtige Umweltgesetzgebung gibt. Dabei sind es vor allem die Kleinbauern, die bis heute Landwirtschaft auf kleinen Flächen nachhaltig betreiben. Sie verwenden nur wenige Maschinen, schonen Böden und Wasser und verzichten oft auf chemische Dünger. Sie kultivieren alte Sorten, die besonders schmackhaft sind, wenig Wasser benötigen und nur regional verkauft werden. Es gibt etwa kleine Avocadosorten, die wild am Wegesrand wachsen und so lecker sind, dass man am liebsten nie wieder etwas anderes essen will. Ihre Formen und Farben sind so unterschiedlich, dass man sich nicht vorstellen kann, je wieder eine schnöde Supermarkt-Avocado zu kaufen. Auf den entlegensten Hügeln und in den trockensten Wüsten gibt es in Chile irgendwo eine Oase, die eine Familie über Generationen geschaffen hat und wo sie Orangen und Gemüse anbaut, als wären sie im Garten Eden. Sie sind es, die die lokalen Märkte mit frischen Lebensmitteln versorgen und damit den Großteil der Chilenen ernähren.

70. Grund

Weil es den »Maestro«, Allroundhandwerker und Bastler, gibt

Das Dach tropft, die Bodendielen sind morsch, zu wenige Steckdosen, das Haus ist zu klein geworden und soll vergrößert werden – in Chile ein klarer Fall für den *Maestro*! Der *Maestro* ist meistens ein ungelernter, aber seit seiner Jugend in Bausachen erfahrener Allround-Handwerker, der alles macht, alles kann (sagt er) und nicht klagt. Er ist wortkarg, aber freundlich, hört auf seiner Baustelle Musik aus einem winzigen Radio und öffnet am Nachmittag einen Wein aus dem Tetrapak, das chilenische Pendant zum Feierabendbier. Da es in Chile keine klassischen Handwerkskammern und Ausbildungsberufe wie in Deutschland gibt, machen Bauleute keinen Unterschied zwischen Dachdecken, Zementmischen, Elektrik- und Wasserverlegen oder Statikberechnen – denn sie können improvisieren.

Viele chilenische *Maestros* sind Einmannunternehmen, die Stück für Stück ein Netzwerk an Auftraggebern aufbauen und oft informell arbeiten. Zunächst helfen sie im Familien- und Freundeskreis aus, werden dann weiterempfohlen und verdienen irgendwann ihr Geld selbstständig. Da der chilenische Staat in solchen Fällen mit Abwesenheit glänzt und feste Arbeitsplätze schwer zu finden sind, hilft man sich eben selbst. Ein *Maestro* wird jeden Auftrag annehmen, den er kriegen kann, auch wenn er keine Ahnung vom Fliesenlegen hat, denn er hat fast immer einen Onkel, der ihm hilft, den Auftrag zu meistern. Dafür ist seine Arbeitskraft günstig. Bezahlt wird meistens ein vorher festgelegter Preis für das Projekt oder bei kleineren Reparaturen tageweise. Ein erfahrener *Maestro* hat ein Auge für einfache Lösungen, die wenig Kosten verursachen. Sie sind nicht immer sehr langlebig, aber der Bausubstanz und den chilenischen Einkommen angepasst. Oft reichen diese einfachen Lösungen aus, man sollte aber keine Spezialkenntnisse in Dämmung oder Brandschutz erwarten.

Einen guten *Maestro* zu finden, ist eine knifflige Angelegenheit, denn es geht um Vertrauen. Jeder kann sich *Maestro* nennen, Qualifikationen sind selten und nicht unbedingt aussagekräftig. Meistens wird man eine Empfehlung von einem Nachbarn oder von Freunden bekommen, die überschwänglich den *Maestro* ihres Vertrauens loben, fast wie eine Empfehlung für einen Zahnarzt. Der *Maestro* selbst wird natürlich versichern, dass er der beste, ja der einzige geeignete Kandidat für das betreffende Projekt ist.

Falls das Ergebnis der Anstrengungen des *Maestros* nicht wie erhofft ausfällt, sollte man ihn nicht gleich zur Hölle wünschen. Wahrscheinlich hat er sein Bestes getan. Der *Maestro* gehört mit viel Glück und Anstrengung knapp zu einer prekären Mittelklasse. Er hat sich vielleicht aus einfachsten Verhältnissen hochgekämpft, kennt Armut, familiäre Gewalt oder Alkoholmissbrauch aus seiner Kindheit und ist stolz darauf, seinen eigenen Kindern mehr bieten zu können: Sie wohnen in einem kleinen Häuschen oder einer Wohnung, haben es warm, besitzen als Kinder ein Fahrrad und ein modernes Smartphone, sehen als Jugendliche stundenlang fern, müssen nicht arbeiten und dürfen nach dem Schulabschluss teuer studieren. Am Ende des Monats wird es etwas knapp, das Datenvolumen geht aus, aber gerade so konnte der *Maestro* noch die Miete überweisen oder den Kredit zahlen. Alle Chilenen wollen an der schönen bunten Welt der Waren teilhaben, und das neoliberale System gaukelt ihnen vor, dass es jeder schaffen kann, wenn er sich nur genug anstrengt. Leider sind die Startchancen und die Bedingungen auf dem Weg zum Wohlstand aber sehr ungleich verteilt.

Wer ein unregelmäßiges Einkommen wie der *Maestro* oder auch ein festes, aber geringes Einkommen wie Lehrer oder Krankenschwestern bekommt, der lebt in Chile ständig mit einem unguten Gefühl. Das Lebensgefühl der Mittelklasse könnte man als klaustrophobisch beschreiben, weil sie sich ständig verschulden muss, um am Wohlstandstraum teilhaben zu können: Eltern verschulden sich, um ihren Kindern schöne Spielsachen und eine gute Bildung zu ermöglichen, junge Erwachsene, um ihr Studium zu bezahlen. Sie starten dann verschuldet ins Arbeitsleben und sehen sich neben einem geringen Einkommen und hohen Lebenshaltungskosten konfrontiert, die sie dazu zwingen, viel zu arbeiten und Kündigungen zu vermeiden. Gleichzeitig vergeben die großen Kaufhäuser Kreditkarten an jeden, der bei ihnen auf Pump einkaufen will, unabhängig vom Einkommen. Und schöne Kleidung, Smartphones, Flachbildschirme und Einrichtungsgegenstände stehen auch in Chile hoch im Kurs. Die Mittelklasse will diesen Wohlstand zeigen und ist am Monatsende oder im Notfall frustriert, wenn die Rechnung nicht aufgeht. Krankheit, Alter, Familiengründung oder Studium können ganz schnell zu einer existenziellen Notlage führen, bei der der Staat nicht hilft und die meisten nur auf ihre Familie zurückgreifen können.

Fast jede Familie hat so eine Notlage erlebt. Vielleicht beginnt die Tochter des *Maestro* gerade mit ihrem Studium, oder seine Frau ist krank. Wahrscheinlich musste er schnell weiter zum nächsten Bauprojekt. Vielleicht hat er auch einfach nur geschlampt. In jedem Fall hat der *Maestro* bestimmt eine Geschichte zu erzählen, die es wert ist, angehört zu werden.

Oben: Der Stangenofen gehört im Süden des Landes noch häufig zum Alltag. Er ist Herd, Ofen, Heizung und Warmwasser in einem und damit das Herz des Hauses, an dem man sich trifft.
Unten: Chilenischer Toaster, der auch zum Reiskochen verwendet wird.

Oben: Brotauslage im Supermarkt mit den dahinter arbeitenden Bäckern.
Unten: *Pan Hallula.*

Oben: *Sopaipillas*, in Öl frittierte runde Brötchen.
Unten: Große, nationalistische Streichholzschachteln.

Oben: Eine Metzgerei in der Nähe der Feria Pinto in Temuco.
Unten: Feria Pinto in Temuco.

Oben: Feria Pinto in Temuco.
Unten: Verkaufsstand für *Mote con Huesillo*.

Gerösteter Weizen, der als nächstes per Hand grob gemahlen und damit zu Harina Tostada wird.

Gekochte Piñones sind eine Delikatesse.

Oben: Vor allem Kleinbäuerinnen bewahren und verwenden eine große Vielfalt von Saatgut und kennen die unterschiedlichen Sorten und ihre Eigenschaften. **Unten:** *Harina Tostada* als Ulpo mit Wasser und Zucker o.ä.

Oben: Mate wird meistens zu Hause in einem getrockneten Kürbis, einer kleinen Tasse oder einem Becher reihum serviert und verbreitet eine wunderbare Ruhe. **Unten links:** Verpackte Yerba Mate, wie man sie im Supermarkt kaufen kann. **Unten rechts:** Gabel, Messer und Bombilla, ein Metallröhrchen, durch das der Mate-Tee geschlürft wird.

Oben: Der Nationaltanz *Cueca*, der den Balztanz der Hähne nachahmen soll, auf einer Plaza in La Serena.
Unten: *Cochayuyo*, die Braunalge, die die Chilenen statt Fisch essen. Sieht schlimmer aus als sie ist.

Chilenisches Pferderennen

Oben: *Murales* und Street Art findet man überall in den Städten. Im *Museo al Cielo Abierto* in San Miguel in Santiago kann man ein ganzes Viertel durchstreifen und sich an jedem Haus mit chilenischer Geschichte, aktuellen Ereignissen und Kultur befassen. **Unten:** Die Künstlerin Paua Tikay malt mit ihrem Partner Aner *Murales*, die häufig indigene Traditionen Chiles zum Thema haben.

Oben: *En toma*: Studierende besetzen ihre Universität, verbarrikadieren die Eingänge mit Stühlen und Tischen, um drinnen an ihren Erklärungen und Vorschlägen zu arbeiten. **Unten:** Wenn in Chile demonstriert wird, dann geht es um alles. Hinterher muss im besten Falle nur die Straße erneuert werden, im schlechtesten Falle gibt es Tote und Verletzte.

Oben: Seit einigen Jahren zeigen Mapuche wieder mit Stolz, wer sie sind und finden neue Ausdrucksformen ihrer Kultur. Hier eine von mehreren verschiedenen Mapuche-Flaggen auf einem Haus im Süden. **Unten:** Graffiti in Temuco »Kein Verzeihen, kein Vergessen«. Wer hinsieht, bemerkt überall die Spuren jahrhundertealter Konflikte um Mapuche-Ländereien und um die Anerkennung ihrer Kultur.

Oben: Wenn alle mithelfen, dann lässt sich sogar ein komplettes Haus umziehen, wie hier bei einer Tirada de Casa in Chiloé mit Hilfe von Ochsengespannen und viel Teamwork. **Unten:** Chilenische Lösung. Falls das nächste Erdbeben kommt, lässt sich leichter aufräumen.

Chemamüll – Mapuche-Statuen aus Holz – auf dem Berg Monumento Natural Cerro Ñielol in Temuco.

71. Grund

Weil man beim Metrofahren mehr über Chile lernt als in jedem Museum

Es ist Mittwochnachmittag auf der Metro-Linie 2, und ganz Santiago ist auf dem Nachhauseweg. Das Wort »eng« ist leider völlig unzureichend für den absurden Zustand in der Bahn und eher mit dem Gefühl eines Mastschweins auf einem Tiertransport im Hochsommer zu vergleichen. Menschen stehen dicht an dicht, dicke Bäuche an verschwitzten Rücken, und die Achselhöhle des Nachbarn befindet sich zehn Zentimeter vor der eigenen Nase. Gerüche, Telefonate, Gespräche – alles gratis und aus nächster Nähe zu erleben. Und los geht's:

»Nächste Haltestelle Los Héroes. Umstieg zur Linie 1«. Die Tür springt auf, und was jetzt passiert ist ungefähr so, wie wenn man nach einem Fressgelage den obersten Hosenknopf öffnet: Plötzlich schwappt der Bauch über die Hosenkante, und man atmet kurz erleichtert auf. Nur dass hier Menschen in der Bahn stehen, von denen einige aussteigen und andere unbedingt drinbleiben wollen, denn einmal herausgeschwemmt, ist es ungemein schwierig, wieder einen Platz in der Bahn zu ergattern. Ein Geschiebe und Gedränge beginnt, zum Glück stehe ich aber auf der anderen Seite des Ausgangs. Über die Köpfe der anderen hinweg sehe ich, wie eine neue Menschentraube hineinwogt. Ein paar Männer und Frauen in Anzügen und Blusen räumen sich so platzsparend wie möglich in eine Ecke und starren in ihre Handys. Als Letztes springt noch schnell ein Mann in einer Uniform einer Reinigungsfirma hinein und bleibt mit seiner Tasche in der sich schließenden Tür hängen. Er rupft verzweifelt an der Tasche, kämpft kurz mit der Tür, die mit einem Ruck die Tasche freigibt, geschafft, es geht weiter. Neben mir hat sich inzwischen das Fußballteam einer nahe gelegenen Schule installiert. Laut lachend zeigen sie sich gegenseitig Handyfotos und kommentieren das eben gewonnene Spiel. Einer von ihnen wühlt in seinem Rucksack, holt ein Deo hervor und sprüht sich großzügig damit ein. Oh nein! Aber bevor man sich darüber aufregen kann, setzt die Band an der nächsten Tür ein: *Cumbia Nena*! Akkordeon, Gitarre, Cajón und Gesang machen ab sofort die Kommunikation in normaler Lautstärke unmöglich, und auch die Ansagen werden übertönt. Dafür verbreitet die Band gute Laune und singt voller zotiger Anspielungen über eine verbotene Liebe mit der Nachbarin. Als die Band fertig ist und sich mit dem Hut durch den Gang kämpft, steigt der erste von vielen fliegenden Verkäufern zu. Er verkauft Schokolade, genauer *Sahne-Nuss* (sie heißt wirklich so!) aus einer Art riesigen Schürze, die er sich um den Körper gewickelt hat. Damit kann er sich wunderbar laut rufend durch die Menge bewegen, ohne etwas zu verlieren. Leider hilft diese Technik aber kaum gegen die Metro- und Körperwärme, sodass die schöne Schokolade schon etwas lappig in der Schürze hängt und wahrscheinlich eher als Kakao zu gebrauchen ist. Der deutsche Name der Schokolade kommt aber trotzdem gut bei den Chilenen an und suggeriert Qualität und Tradition.

Nächste Station: Parque O'Higgins. Endlich! Ich kämpfe mich so vorsichtig es geht unter vielen *Permisos (mit Verlaub)* zur Tür und steige aus. Der warme Abgaswind aus den Ventilatoren auf dem Bahnsteig weht mir ins Gesicht, und ich freue mich auf draußen, wo mich »nur« 27 Grad erwarten. Die Metro in Santiago ist toll, aber auch anstrengend. Um dem wachsenden Verkehrschaos und der Luftverschmutzung Einhalt zu gebieten, wird alle paar Jahre eine neue Linie gebaut, und man kommt in Santiago fast überall mit der Metro hin. Hier trifft man Banker, Schüler, Handwerker, Künstler und bekommt ein kleines Kaleidoskop von Santiago in wenigen Minuten. Zu den Stoßzeiten ist es so voll, dass man klaustrophobische Zustände bekommen kann. Da die Züge bereits alle zwei Minuten fuhren, begann man 2008 damit, ein Express-System einzuführen, bei dem die Züge alternierend halten. Das heißt, jeder Zug hält dann nur noch etwa jede zweite Station: Ein rot gekennzeichneter Zug an den roten Haltestellen, ein grün gekennzeichneter an den grünen. Damit können noch mehr Züge fahren, um die hohe Besucherlast zu verteilen, man muss aber auch gut aufpassen, nicht in einen Zug zu steigen, der am Ziel einfach vorbeifährt.

Seit einigen Jahren arbeiten Stadtplaner und Ingenieure an einer neuen Seilbahn, die vier Kommunen im östlichen Teil Santiagos verbinden soll – ein sehr ambitioniertes und etwas futuristisches Projekt. Die Fahrzeit würde sich im Vergleich zur Metro um ein Vielfaches verkürzen, und die Fahrgäste würden in luftiger Höhe über dem Chaos der Megastadt schweben. Städte wie La Paz in Bolivien haben es vorgemacht. Vielleicht können wir schon in wenigen Jahren ganz bequem in einer Gondel sitzend einen Teil der Stadt erkunden und dabei frische Luft atmen. Aber eigentlich wäre das auch ziemlich langweilig. Wer das echte Santiago live und in Farbe kennenlernen will, der fahre einfach zu den Stoßzeiten mit der Metro.

72. Grund

Weil es den »Trámite« gibt und niemand weiß, wie lange er dauern wird

Eigentlich bedeutet *Trámite* einfach nur *Besorgung, Erledigung*. Und eigentlich ist das ja nur ein ganz einfaches Wort. In Chile aber kann ein *Trámite* die Ausrede für alles sein. Egal ob man viel zu spät kommt, gar nicht auftaucht oder einfach keine Fragen beantworten will – schuld ist immer der *Trámite*. Denn meistens sind damit Erledigungen gemeint, die irgendeine Form von Amt oder Niederlassung mit einem Büro und Stempeln beinhalten. Ein Auto verkaufen, heiraten, eine Firma gründen oder Ähnliches bedeutet in Chile vor allem: Nummern ziehen, *RUT* eintippen, Schlange stehen, warten, Bittsteller sein. Die Chilenen tun das mit einer Gelassenheit, von der sich viele Deutsche etwas abgucken könnten. Nach Stunden des Wartens in raumbedufteten (Note *sweet cherry*) und neonbeleuchteten Räumen sitzt man endlich einer gelangweilten Beamtin gegenüber, die eine weitere halbe Stunde lang Daten aufnimmt und in ihren Computer hackt, um einem dann zu verkünden, dass das »System« wieder abgestürzt ist oder dass der *Trámite* hier nicht mehr gemacht wird und man erst zu den Ämtern A, B und C gehen müsse, um dann wieder bei ihr eine Nummer zu ziehen etc ...

Trámites sind in Chile eine Übung in Demut. Sie müssen meistens persönlich vor Ort gemacht werden, was bedeutet, lange Schlangen in Kauf zu nehmen oder ganz früh als Erste zu erscheinen. Die Wege und Regeln ändern sich häufig, und man weiß nie, ob es einem gelingen wird, den richtigen Stempel und die richtige Unterschrift zu ergattern. Manchmal erscheint nach ewigem Herumtelefonieren, Erklären, Kopieren und Bürowechseln plötzlich eine ungeahnte Lösung, und man kann doch noch mit dem richtigen Papier das Büro verlassen. Vielleicht wartet man auch einen ganzen Vormittag vergeblich. Auf jeden Fall ist das Gefühl bei *Trámites* immer etwas angespannt, denn man fühlt sich ausgeliefert und ein bisschen von den Launen der Verwaltung abhängig. Das Gute an der Geschichte mit den *Trámites* ist aber, dass man sich immer mit ihnen entschuldigen kann. Zu spät? Keine Lust auf den Geburtstag von Onkel Luis? »Ich musste noch einen *Trámite* erledigen.« Keiner wird fragen, was genau dieser beinhaltete, denn das ist eine private Angelegenheit. *Trámite* reicht. Alle wissen, was damit gemeint ist, und machen es einem nicht schwerer als nötig.

73. Grund

Weil die Menschheit hier das tiefste Loch der Erde gegraben hat

Chiles Wohlstand und Stabilität basieren zu großen Teilen auf Kupfer. Als *sueldo de Chile*, also *Einkommen Chiles*, ist das Metall im Volksmund bekannt, und diese Bezeichnung ist nach wie vor treffend. Denn seit weltweit Solar- und Windenergie sowie die Elektromobilität boomen, ist Kupfer wieder sehr gefragt. Ohne den Bergbau wäre Chile ein anderes Land. Zwischen 2000 und 2019 generierte die Kupferindustrie 13 Prozent der Steuereinnahmen und machte 11,5 Prozent des Bruttoinlandproduktes aus. Kupfer ist das wichtigste Exportgut und die größten ausländischen Investitionen werden hier gemacht. Für jeden Arbeitsplatz im Bergbau entstehen zwei bis drei weitere, die indirekt damit zusammenhängen. Das heißt: Auch der Ausbau von Sozialleistungen und der Anstieg des Wohlstandes sind seit den 1990er-Jahren mithilfe von Einnahmen aus dem Kupferabbau ermöglicht worden. Wer einen Job in der Kupferindustrie hat, der bekommt höhere Löhne als in allen anderen Sektoren im Land.

Wie bombastisch der Bergbau in Chile wirklich ist, kann man ganz im Norden erahnen. Dort liegt nördlich der Stadt Calama in der Region Antofagasta die größte Tagebaustätte für Kupfer der Erde: Die Mine Chuquicamata ist das Symbol und Wahrzeichen für die chilenische Bergbauindustrie. Sie ist sozusagen das größte Loch, das die Menschheit je gegraben hat. Fünf Kilometer lang, drei Kilometer breit und einen Kilometer tief erstreckt sich die Mine, die bis 2019 oberirdisch betrieben wurde. Seitdem hat sich die Produktion auf die Tiefe verlegt. Riesige Laster fahren über staubige Straßen, allein ihre Räder sind doppelt so hoch wie ein Mensch. Es fällt einem schwer, die Dimensionen zu begreifen, weil sie einfach unvorstellbar sind.

Chuquicamata wird vom chilenischen Staatsbetrieb *Codelco* betrieben. *Codelco* heißt *Corporación Nacional del Cobre de Chile*, also

Chilenische Nationale Kupfergesellschaft. Sie wurde 1976 gegründet, nachdem der sozialistische Präsident Salvador Allende den Kupferbergbau verstaatlicht hatte, und ist heute der größte Kupferproduzent weltweit. Auch wenn nach dem Militärputsch und auch nach der Rückkehr zur Demokratie der Bergbau wieder teilprivatisiert wurde, gehört bis heute etwa die Hälfte des chilenischen Kupfervorrats *Codelco*, die andere Hälfte privaten Investoren. Und genau deswegen fließen jedes Jahr große Teile der Gewinne direkt in die Staatskasse.

Wie Journalisten der ARD 2022 offenlegten, verursacht *Codelco* mit Chuquicamata jedoch auch massive Umwelt- und Gesundheitsprobleme. Für den Abbau des Metalls sind enorme Energie- und Wassermengen nötig. Die Atacama-Wüste, in der die Mine liegt, gehört jedoch zu den trockensten Regionen der Welt. Seit dem Beginn des industriellen Abbaus haben sich die Konflikte um Wasser in der Region verstärkt. Ganze Dörfer trocknen aus, Landwirtschaft und Viehzucht werden unmöglich, weil Flüsse versiegen oder giftige Substanzen führen. Die lokale Bevölkerung, auch die indigenen Licanantay, sind die Leidtragenden dieser Wasserverknappung durch die Kupferindustrie. Verschärft wird dieses Problem dadurch, dass Wasser in Chile ein privates Gut ist, das oft in den Händen weniger Unternehmen und Großgrundbesitzer ist.

Neben den Wasserproblemen entweicht außerdem giftiger Feinstaub aus der Mine, in dem Arsen und andere Schwermetalle nachgewiesen wurden. Er fliegt bis in die nächste Stadt Calama und ist überall, keiner entkommt ihm. Die Krebsraten in der Region Antofagasta sind um ein Vielfaches höher als im gesamten Rest des Landes. 2007 siedelte *Codelco* wegen der verschmutzten Luft kurzerhand die gesamte Stadt Chuquicamata um, die heute eine Geisterstadt ist.

Das *Einkommen Chiles* wird in Chile selbst häufig glorifiziert und gefeiert, ist aber ein ambivalenter Segen. Der Staatsbetrieb *Codelco* macht jedes Jahr riesige Gewinne und produziert sichere Staatseinnahmen. Von ihnen profitieren viele Chilenen. Gleichzeitig ist dieses Superunternehmen verantwortlich für massive gesundheitliche Schäden der Bevölkerung, die Vergiftung des Wassers, der Ökosysteme und die Vertreibung und Umsiedlung von Menschen, die seit Generationen im Kupfergebiet leben. Es bleibt abzuwarten, wann die chilenische Politik, aber auch internationale Geschäftspartner Konsequenzen ziehen.

74. Grund

Wegen Salvador Allende

Salvador Allende ist in Chile überall: Er ist ein Popstar, den man auf T-Shirts druckt, als Stencil an die Wände sprüht und dessen Büste auf Fernsehtischchen und Anrichten steht. Er trägt einen Anzug, die Haare ordentlich nach hinten gekämmt und die unverkennbare dicke Hornbrille. In Chile werden seine Reden im Fernsehen zitiert und sein Leben und Tod auf Theaterbühnen, in Kinofilmen und Tanzaufführungen inszeniert. Für viele ist er ein Held, für manche ein Schreckgespenst. Dazwischen gibt es nicht sehr viel.

Der sozialistische Präsident Salvador Allende gewann mit seinem Wahlbündnis *Unidad Popular* 1970 die Präsidentschaftswahlen und wollte einen demokratischen Weg in den Sozialismus gehen. Damit weckte er vor allem unter jungen Leuten auf der ganzen Welt Hoffnungen auf eine gerechtere Gesellschaft. Der studierte Arzt war charismatisch, volksnah und stand für die einfachen Leute. Nach seiner Wahl begann er mit umfangreichen Reformen, um die Landbevölkerung und die Arbeiter zu stärken. Dazu gehörte die Verstaatlichung wichtiger Wirtschaftszweige wie die des Kupfers und des Bankenwesens sowie eine Bodenreform und Preiskontrollen. Das ganze Land war von einer Aufbruchstimmung erfasst, die sich auch im Kultursektor widerspiegelte.

Seine radikalen Reformen stießen aber bald auf mächtigen Widerstand durch Konservative, Großgrundbesitzer und Industrielle. Die

Lebensmittelversorgung wurde immer schwieriger, und die Wirtschaft begann zu stagnieren. Es bildeten sich lange Schlangen vor Lebensmittelläden, und die Inflation war außer Kontrolle. Der mächtige Nachbar im Norden, die USA, unterstützte außerdem die Opposition gegen den Sozialisten in »ihrer« Hemisphäre. Die Welt drehte sich im Kalten Krieg um zwei Pole. Am 11. September 1973 putschten die Generäle unter Augusto Pinochet und bereiteten der Regierung Salvador Allendes ein jähes Ende. Nach der Bombardierung des Präsidentenpalastes *La Moneda* und seiner letzten Rede an sein Volk wurde Salvador Allende mit einer Schusswunde in seinem Büro tot aufgefunden. Der Traum eines gerechteren Lateinamerikas war aus.

Bis heute ranken sich um Salvador Allende Legenden, und er ist zu einem Volkshelden geworden. Er steht für ein sozial gerechteres Chile und Lateinamerika und für einen demokratischen Weg zum Sozialismus. Jedes Jahr wird seiner offiziell gedacht, und das ganze Land diskutiert erneut seine schmerzhafte Geschichte, den Umgang mit den *Verschwundenen* aus der Militärdiktatur und die Frage, wie heute ein gerechteres Land aussehen kann. Vor seiner großen Statue auf dem Platz vor der *Moneda* machen Besucher Fotos mit ihrem Helden, recken stolz die Brust und wissen: In ihren Herzen wird er immer lebendig sein.

75. Grund

Weil Chile fast unendliche erneuerbare Energien birgt – und ihre Förderung viele Konflikte hat

Viel Sonne und Wind, eine Tausende Kilometer lange Küste und Vulkane, aufgereiht wie auf einer Perlenschnur – Chile ist ein Paradies für die Nutzung erneuerbarer Energien. Nirgendwo auf der Welt ist die Sonneneinstrahlung stärker als in der Atacama-Wüste, und durch die Höhenunterschiede weht der Wind stetig in vielen Regionen des Landes sowie vor der Küste. Kein Wunder, dass die Voraussetzungen für Solaranlagen, Wind- und Wasserkraftwerke sehr gut sind, und das haben auch Investoren und ausländische Regierungen bemerkt. Während Lateinamerika in der deutschen Politik meist ein Schattendasein fristet, besuchte Kanzler Scholz im Frühjahr 2023 auf seiner Lateinamerikareise auch Chile, das vor allem wegen seiner Vorkommen an Kupfer und Lithium für die Energiewende relevant ist. Hier gilt es, im Wettlauf mit China nicht einen wichtigen Lieferanten und Partner zu verlieren.

Bislang machen die Erneuerbaren nur gut ein Viertel der chilenischen Stromproduktion aus, aber das Land will bis 2050 klimaneutral werden und hat sich damit ein hohes Ziel gesteckt. Ein wichtiger Baustein auf dem Weg dahin ist der Ausstieg aus der Kohle, die heute noch den wichtigsten Energieträger darstellt. Außerdem wünscht sich die Politik eine größere Unabhängigkeit von Öl-, Gas- und Kohleimporten aus dem Ausland. Um die Erschließung von erneuerbaren Energien zu fördern, investiert das Land seit den 2000er-Jahren in Infrastruktur und wirbt um Investoren.

Mit viel Medieninteresse verfolgt die chilenische Öffentlichkeit, wenn Elektrobusse für Santiago oder anderen Städte gekauft werden. Als 2021 das erste Solarthermiekraftwerk Lateinamerikas *Cerro Dominador* in der Atacama-Wüste ans Netz ging, sorgte dies sogar international für Aufsehen, und das Kraftwerk ist zum Leuchtturmprojekt für Chiles Energiewende geworden. Tausende Spiegel stehen dort mitten in der Wüste kreisförmig um einen riesigen Turm, was etwas nach Science-Fiction aussieht und tatsächlich sehr modern ist. Die Spiegel fangen das Sonnenlicht auf und werfen es gebündelt auf einen Punkt, an dem flüssige Salze erhitzt werden. Der Clou daran: Die Salze können die Energie über viele Stunden speichern und ermöglichen eine Stromversorgung 24 Stunden am Tag, anders als viele andere erneuerbare Energien.

Ein wichtiger Motivationsgrund für den Umstieg auf erneuerbare Energien ist für Chile aber nicht nur der Klimawandel, sondern vor allem der Preis und die Versorgungssicherheit. Wie alles andere Tafelsilber wurde auch der Strommarkt während der Diktatur privatisiert, und heute beherrschen einige wenige Unternehmen sowohl den konventionellen als auch den erneuerbaren Strommarkt. Anders als in Deutschland sind die Eigentümer von Windrädern und Solarparks nicht Landwirte, Privatpersonen oder Bürgerinitiativen, sondern ausschließlich große Firmen. Es gibt auch keine Förderungen für Familien oder die Möglichkeiten des Einspeisens selbstproduzierten Stroms.

Vielleicht ist diese Eigentumsstruktur auch ein weiterer Grund, weshalb in Chile immer wieder heftige Konflikte um neue Megaprojekte wie Staudämme oder Windparks entbrennen. Oft liegen diese Projekte im Süden des Landes in Gebieten, die von den indigenen Mapuche bewohnt oder zurückgefordert werden. Für den Bau nehmen Behörden und Firmen gravierende Umweltschäden in Kauf und erzwingen Umsiedlungen. Unterhändler erkaufen sich die Zustimmung einzelner Mitglieder von Gemeinschaften und zerstören damit den sozialen Zusammenhalt. Auf den Bau folgen oft Wassermangel, schwere Schäden in den Ökosystemen und daraus folgende gesundheitliche Probleme. Über zehn Jahre kämpften Umweltorganisationen, Bewohner und Künstler unter dem Motto *Patagonia sin Represas (Patagonien ohne Staudämme)* gegen ein Megaprojekt in Patagonien, das eine weltweit einzigartige Flora und Fauna in Gefahr gebracht hätte. Erst 2017 wurde das Projekt zu den Akten gelegt.

Nur etwa ein Viertel des nationalen Stromverbrauchs machen private Haushalte aus. Drei Viertel verbrauchen Industrie und Bergbau, die sich vor allem im Norden des Landes befinden. Viele Menschen im Süden und Zentrum befürchten, von Projekten wie Staudämmen oder Windparks nicht nur nicht zu profitieren, sondern sogar unter ihnen zu leiden, wie es leider sehr häufig in Lateinamerika der Fall ist. Es kommt immer wieder zu heftigen Konflikten um Megaprojekte, weil die Menschen nicht bereit sind, ihre Ökosysteme und

Landschaften zu opfern. Vom Wind und der Sonne, genau wie von Industrie und Bergbau, profitiert im Normalfall nicht die Mehrheit der Chilenen, sondern nur eine Handvoll großer Firmen.

76. Grund

Weil man sich in der Biblioteca Nacional wie Harry Potter fühlen kann

Gleich im Zentrum Santiagos an der Prachtstraße Alameda gelegen und nur wenige Gehminuten vom Präsidentenpalast *La Moneda* befindet sich die Nationalbibliothek Chiles, eine der schönsten und urigsten Bibliotheken überhaupt auf der Welt. Wer sich ein bisschen wie in einem Harry-Potter-Film fühlen möchte, der sollte die Gelegenheit nicht verpassen, dieses neoklassizistische Prunkgebäude zu besuchen, und kann dabei außerdem einen tieferen Blick in das Selbstverständnis des Landes werfen.

Auf der Straße vor der Nationalbibliothek dröhnen die Busse vorbei, ein Musiker steht auf den Stufen, und jemand bietet lautstark Pflaster oder billige Uhren an. Es ist laut und stickig, und Menschen schieben sich über den engen Bürgersteig. Man schlüpft durch den majestätischen Eingang, und plötzlich ist es ruhig und angenehm kühl. Nach ein paar Schritten bereits hat man das Gefühl, Chile gerade draußen gelassen zu haben. Eine Frau wischt leise über den glänzenden Boden, ein Schild informiert über die Öffnungszeiten, und es herrscht eine konzentrierte Stille. Hier drinnen ist etwas, was man erst mal nicht als besonders chilenisch benennen würde und was Europa nahe kommen könnte.

Die Nationalbibliothek wurde 1813 als eine der ersten Institutionen des neuen unabhängigen Staates Chile gegründet und ist vom Geist der Gründerväter und ersten chilenischen Intellektuellen durchdrungen. Das Gebäude strahlt eine Bürgerlichkeit aus, die man sonst in Chile vergeblich sucht. Es soll ein aufgeklärtes Bildungsbürgertum repräsentieren, das im 19. Jahrhundert, wenn überhaupt, nur in Santiago in einer ganz kleinen Blase existierte, dafür aber sehr selbstbewusst war. Heute kommt fast jede größere Demonstration in der Hauptstadt an den Stufen der Bibliothek vorbei und macht dort halt. Hier drinnen wird gesammelt, klassifiziert und ausgewählt, was zur offiziellen Identität des Landes gehört. Die Straße klopft dann sozusagen an den Elfenbeinturm der Elite an, manchmal auch etwas deutlicher.

Im Inneren ist die Bibliothek ein kleines Universum. Sie besteht aus verschiedenen Sälen und Bereichen, die öffentlich zugänglich sind. Es gibt einen PC-Pool und eine Sektion für ausleihbare Bücher, denn die meisten der hier lagernden Bestände können nur vor Ort gelesen werden. Deswegen gibt es die schönen Lesesäle mit Schachbrettfliesen und dem tollen Licht, das von oben durch Kuppeln aus buntem Glas in den Raum fällt. Einfach nur hier zu sitzen und ein Buch oder eine Zeitung zu lesen und die Atmosphäre in sich aufzusaugen, ist schon ein Erlebnis.

Der Saal *Sala Medina* im ersten Stock (der auf chilenisch der zweite ist) ist das Herzstück der Bibliothek. Dort lagern die wichtigsten bibliografischen Bestände und er ist der Vorzeigesaal des Hauses. Dort riecht es nach alten Büchern. Schwere Ledersessel, glänzend polierte Holzstühle und -tische, ein großer vergilbter Globus, Büsten chilenischer Gründerväter und Intellektueller und kunstvolle runde Leselampen erzeugen ein wohliges Gefühl von Bildung und Sicherheit. Sogar eine aufziehbare Standuhr lässt ihr rhythmisches *Ticktacktacktack* erklingen und die Mitarbeiter ziehen sie immer noch ab und an mit der Hand auf.

Wer zum Arbeiten in die Nationalbibliothek kommt, kennt außerdem das Untergeschoss. Im Zeitungslesesaal kann man chilenische Zeitungen aus den letzten Jahrhunderten lesen. Hier haben wohl Generationen chilenischer Studenten wochenlang ohne Sonnenlicht ausgehalten, während sie Presseartikel aus dem 19. Jahrhundert auf

Mikrofilm auswerteten. Unter dem flackernden Neonlicht fühlt man sich auch gleich viel chilenischer. Wenn man nach ein paar Stunden wie ein Maulwurf wieder aus dem Keller ans Licht kriecht, wird man dafür mit der tollsten Cafeteria Chiles belohnt. Hier sitzen die Gäste an kleinen Tischchen unter einem gewölbten Glasdach mit dem bekannten Schachbrett unter den Füßen. Die Atmosphäre, das Licht, der Kaffee und die Menschen, die hier ein und aus gehen, machen diesen Ort zu einem ganz besonderen in Santiago.

Seit 2003 gibt es die einmalige Online-Plattform *Memoria Chilena* der Nationalbibliothek, die als Vorzeigeprojekt für ganz Lateinamerika gelten kann. Hier findet man das kulturelle Erbe der Nation auf einen Klick für alle zugänglich und verständlich aufbereitet. Das ist toll, weil viele Menschen und zum Beispiel viele Schulen keinen Zugang zu Bibliotheken, Dokumenten und Büchern haben. Durch *Memoria Chilena* können alle an diesem Wissen teilhaben. Allerdings sieht man hier die gleiche Tendenz, die auch im Gebäude der Institution auffällt: Zuerst digitalisierte man die »großen Werke« der chilenischen Eliten des 19. Jahrhunderts. Erst seit ein paar Jahren finden auch Themen wie Populärkultur, Frauen- und Arbeitergeschichte oder Kulturzeitschriften ihren Platz auf der Plattform. Etwas salopp könnte man sagen: Wer es schafft, bei *Memoria Chilena* aufgenommen zu werden, wird dort als Teil des kulturellen Gedächtnisses verewigt. Wer nicht, der bleibt außen vor. Und dazu gehören zum Beispiel indigene Kulturen, die auf der Plattform nur eine untergeordnete Rolle spielen, in der Bevölkerung aber wichtig, zahlreich und prägend sind.

Chile zeigt sich in der Nationalbibliothek, wie es gern wahrgenommen werden will: Als modern, traditionsreich, kultiviert und irgendwie europäisch. Sobald man aber aus der Tür tritt, wird man mit einer völlig anderen Realität konfrontiert. Diese ist laut, chaotisch, prekär, manchmal anstrengend und unübersichtlich, divers und ganz anders als Europa. Chile fußt auf indigenen Nationen, die immer wieder übersehen oder unsichtbar gemacht werden, aber die Kultur entscheidend mitgeprägt haben und prägen. »Normale« Menschen aus allen Regionen und vielfach aus ländlichen Umgebungen haben die chilenische Kultur mitgeformt und eine eigene Populärkultur geschaffen, die es nur hier gibt. Von den Stufen der Nationalbibliothek kann man auf die Straße treten und sich mitreißen lassen. Es gibt noch viel mehr als die offizielle Kultur im inneren des Hauses zu entdecken.

Kapitel 7

Chilenisch lieben und leiden

77. Grund

Wegen der berühmten (und weniger berühmten) Frauen

Gabriela Mistral, Isabel Allende, Michelle Bachelet, Violeta Parra, Cecilia Bolocco … Die Liste der weltberühmten chilenischen Frauen ist lang, und das ist erstaunlich bei einem Land mit weniger als 20 Millionen Einwohnern und bis vor wenigen Jahren auch sehr konservativen Rollenbildern. Bereits 1945 erhielt die Dichterin Gabriela Mistral als erste Frau in Lateinamerika den Nobelpreis für Literatur. Von der erfolgreichen Schriftstellerin Isabel Allende kennt man zum Beispiel den Roman *Das Geisterhaus*. 2006 wurde Michelle Bachelet als erste Frau ihres Landes Präsidentin und später Kommissarin für Menschenrechte der Vereinten Nationen. Berühmt sind außerdem die Ausnahme-Künstlerin Violeta Parra und die Miss Universe aus den 80er-Jahren Cecilia Bolocco.

Aber nicht nur einzelne Frauen haben es mit ihren Talenten zu Weltruhm gebracht. Auch unzählige namenlose Frauen haben nicht nur Chile und Lateinamerika, sondern die ganze Welt inspiriert: Der Kampf der chilenischen Feministinnen ist in den letzten Jahren um die Welt gegangen. Mit Aktionen wie der Performance *Un violador en tu camino*, mit Demonstrationen, die die Hauptstadt lahmlegten, Symbolen wie grünen und lila Halstüchern, Sprecherinnen und Organisationen wie der *8M* und anderen machten sie auf strukturelle Probleme wie Machismo und Gewalt gegen Frauen, patriarchale Strukturen und reproduktive Rechte von Frauen aufmerksam. Dank ihnen wurde der erste Entwurf für eine neue chilenische Verfassung von einem paritätischen Gremium ausgearbeitet, und die Regierung Boric bezeichnete sich selbst als feministisch. Eine neue feministische Welle ist seitdem über die westliche Welt geschwappt, und plötzlich ist Feminismus überall wieder cool, jung und relevant. Themen wie die Sichtbarkeit von Frauen, Gender Pay Gap oder die Rechte von non-binären Menschen werden diskutiert. Das ist wichtig und möglich geworden durch mutige und kreative Beispiele wie dem der Chileninnen.

78. Grund

Weil eine queere Diva Chile in den 80er-Jahren mit sexueller Differenz konfrontierte

Pedro Lemebel war Poet, Performance-Künstler, Schriftsteller und schwul. Er war sehr schwul, schrill und links zu einer Zeit, als in Chile Homosexualität noch verboten und ein Skandal in einer stockkonservativen und von Militärs bewachten Gesellschaft war. Mit seinen Interventionen und seiner Kunst war er der Erste, der in aller Öffentlichkeit seine sexuelle Orientierung auslebte, mit Stöckelschuhen, Federboas und knallbunter Kleidung, und zum ersten Mal das Schweigen aus Angst durchbrach. Für die meisten Chilenen war Pedro Lemebel zu seiner Zeit eine einzige Zumutung. Er nahm Drogen, war bekennender und sprachgewandter Kommunist, lebte in einer verrufenen Unterwelt und forderte das Establishment mit seinem extravaganten Auftreten heraus. Zwei Mal wurde er als Lehrer entlassen, weil er geschminkt zum Unterricht kam. Mit einem Freund gründete er das Duo *Las Yeguas del Apocalipsis*, das uneingeladen offizielle Anlässe stürmte und Debatten über Homosexualität und Marginalität anstieß. Einmal ritten sie splitterfasernackt auf einer Stute in die Universidad de Chile, um eine Veranstaltung des Präsidentschaftskandidaten Patricio Aylwin zu stürmen und ein Banner zu entrollen, auf dem *Homosexuelle für den Wandel* stand.

Sein berühmtester Auftritt war 1986, als er auf einer illegalen Demonstration von Linken gegen das Pinochet-Regime einen Text verlas, das Gesicht blutrot mit Hammer und Sichel bemalt: »*Ich bin kein Schwuler, verkleidet als Poet. Ich brauche keine Verkleidung. Hier ist mein Gesicht. Ich rede, weil ich anders bin. Ich verteidige, was ich bin. (…) Redet mir nicht vom Proletariat. Arm sein und darüber hinaus noch schwul, das ist schlimmer. (…) Ich werde nicht anders werden für den Marxismus, der mich so oft geschnitten hat. Ich bin viel subversiver als ihr.*«

Pedro Lemebel hatte es als Homosexueller und Ausgegrenzter nicht leicht. Chile war ein anderes, für ihn gefährliches Land. Aber er war kreativ, frech und unglaublich mutig. Er zwang die Chilenen, auf sexuelle Differenz und Anderssein zu schauen, lange bevor Queerness und LGBT diskursfähig wurde. Pedro Lemebel starb 2015 an Kehlkopfkrebs. Seine Werke werden heute auf Theaterbühnen inszeniert und seine Texte neu aufgelegt. 2019 erschien der Dokumentarfilm *Lemebel* von der chilenischen Regisseurin Joanna Reposi, der den Goldenen Bären bei der Berlinale gewann, 2020 die Verfilmung seines Romans *Tengo miedo torero*.

Heute haben es Schwule, Lesben, Transgender, Bisexuelle und andere, die von der heterosexuellen Norm abweichen, wie fast überall in Lateinamerika noch immer nicht leicht, aber es hat sich auch viel verändert. Vor allem in ländlichen Gegenden sind Gendervorstellungen bis heute noch ziemlich konventionell, und schwulenfeindliche Witze oder Beleidigungen sind alltäglich. Trotzdem ist in den letzten Jahren Bewegung in die Sache gekommen, und die öffentliche Meinung hat sich verändert. Dazu beigetragen haben Telenovelas, in denen viele Chilenen zum ersten Mal homosexuelle Paare sahen. Stück für Stück hat das Land seit der Rückkehr zur Demokratie Tabus gebrochen und auf Rechtsebene viele wichtige Schritte getan. Seit 2019 gibt es eine dritte Geschlechtsoption und seit 2022 die Homo-Ehe, mit der auch die Adoption von Kindern möglich wird. In Santiago und Valparaíso gehen gleichgeschlechtliche Paare auch mal Hand in Hand auf der Straße, und es gibt eine lebendige LGBTQ-Szene. Diese ist in der Öffentlichkeit, bei Demonstrationen und im Kulturbereich sichtbar, bunt und selbstbewusst. Außerhalb der großen Städte ist das eher ungewöhnlich, aber die Chilenen diskutieren seit einiger Zeit überall lebhaft, wie Sexualerziehung aussehen sollte, wie man mit Transgender-Kindern in der Schule umgeht und welche Genderrollen eigentlich möglich sind. All das ist nur möglich geworden durch mutige Vorreiter wie Pedro Lemebel.

79. Grund

Weil chilenisches Dating seine eigenen Regeln hat: »El Pololeo«

So ganz generell über chilenisches Dating zu schreiben, ist ein bisschen, wie sich direkt in die Nesseln zu setzen. Eigentlich kann man nur Fehler machen, denn schließlich ist nichts so individuell wie Beziehungen und Sexualität. Jede Generation, jeder Ort, jedes Milieu und jeder Freundeskreis kann seine eigenen Regeln haben, und es ist wirklich schwer, zu generalisieren. Und trotzdem wage ich es, über Dating in Chile zu schreiben, weil ich meine, über die Jahre doch Gemeinsamkeiten bei vielen heterosexuellen Paaren beobachtet zu haben.

Anfangs sind viele Ausländer überrascht, wie konventionell erste Dates laufen können: Oft geht die Initiative von den Männern aus, die auch die Rechnung zahlen, Türen öffnen und das klassische Dating-Repertoire abspulen. Viele Frauen erwarten das auch und finden es toll, hofiert zu werden. Wie in vielen lateinamerikanischen Ländern wird auch in Chile viel umarmt, geküsst oder berührt. Schon bei jeder Begrüßung kommt man sich nah, und insgesamt ist der Abstand zwischen Personen beim Sprechen oder Gehen geringer. Und auch bei Dates wird man viel schneller körperlich als in Deutschland. Sehr häufig läuft das über das Tanzen. Beim Tanz kommen sich viele Paare spielerisch näher und drücken Gefühle aus, die im Alltag nur schwer zu kommunizieren sind. Zur Musik vergessen die Chilenen ihre Makel, ihren Speck und ihre Falten und sind plötzlich selbstbewusst, flirten ausgelassen und bewegen sich frei und voller Energie. Wenn man sich mag oder toll findet, wird viel und sehr eng und mit eindeutigen Posen getanzt. In Discos tanzen Männer Frauen auch häufig von hinten an, wenn diese nicht offensichtlich mit einem anderen Mann unterwegs sind.

Viele junge Chilenen leben bei ihren Eltern, bis sie ihr eigenes Geld verdienen oder mit ihrem Partner zusammenziehen. Das kann bis weit in die 30er oder 40er sein. Wer mit seinem Schatzi oder Fang für die Nacht seine Ruhe haben will, hat es deshalb manchmal etwas schwer. Viele Familien wohnen sehr beengt aufeinander, man teilt sich Zimmer, und für etwas Privatsphäre sorgt nur eine dünne Pappwand. Wahrscheinlich ist das ein Grund, warum man so häufig wild knutschende Paare in Parks und Grünanlagen sieht, die übereinander herfallen und anscheinend kein Geld für ein Hotel hatten. Denn auch das Anmieten eines Hotels für eine Nacht oder ein paar Stunden ist in den Städten relativ verbreitet.

Sehr amüsant ist für manche Neu-Chilenen vielleicht auch die förmliche Art und Weise, in der nach einer Weile Dating ein Verliebter den anderen um eine Beziehung bittet, fast wie bei einem Heiratsantrag. Wenn beide einverstanden sind, sind sie ab sofort *Pololos*, also Partner. Während es vorher akzeptiert ist, unverbindlich mit mehreren Personen auszugehen oder Sex zu haben, ist beim *Pololeo* klar, dass man ab sofort exklusiv und offiziell zusammen ist. Das ist auch allerspätestens der Moment, die Familien kennenzulernen, mit der ebenfalls sehr viel Zeit verbracht wird. Man könnte auch sagen: Wer einen Chilenen heiratet, der heiratet auch seine Familie. Oft werden Partner sehr schnell eng in die Familie aufgenommen und zu einem Teil von ihr. Frischgebackene *Pololos* sind in Chile meistens nicht sehr dezent. Sie widmen sich Schmalzballaden im Radio, versichern sich ihrer Liebe öffentlich auf Facebook, schenken sich Herzluftballons auf der Plaza und lassen es mit allen möglichen romantischen Gesten in der Öffentlichkeit krachen.

Zu den weniger schönen Details chilenischer Beziehungen gehören für mich zwei Dinge: Es ist recht verbreitet, fremdzugehen und darüber vor Freunden oder Freundinnen zu prahlen. Auch in der Popkultur, in Rancheras, Reggeatones, Live-Comedy und anderen gehören das Fremdgehen und die Eroberung irgendwie zum guten Ton, vor allem, wenn der Mann der Handelnde ist. Vielleicht ist das auch ein Grund, warum in vielen Beziehungen Eifersucht ein großes Thema ist. Relativ häufig sieht man Paare, die sich gegenseitig misstrauen, Chatverläufe auf dem Handy lesen und sich gegenseitig Szenen machen. Und aus Eifersucht kann auch Gewalt entstehen, wie immer wieder die Polizeiberichte über Frauenmorde im ganzen Land zeigen.

80. Grund

Weil Gewalt gegen Frauen ein Thema nationaler Relevanz ist

Jeden Tag werden in Lateinamerika zwölf Frauen getötet, weil sie Frauen sind, am häufigsten innerhalb von Paarbeziehungen. Von den 25 Ländern mit den höchsten Raten an Frauenmorden weltweit befindet sich über die Hälfte in Lateinamerika und der Karibik. Der Tatbestand »*Femizid*«, also »*Frauenmord*«, ist deswegen hier seit 2008 in viele Rechtsprechungen aufgenommen worden, anders als etwa in Deutschland.

Der Begriff *Femizid* ist von dem englischen Wort *Homicide*, also Tötung eines Menschen, abgeleitet und bedeutet wörtlich die Tötung einer Frau. Allerdings steckt noch viel mehr dahinter: Den Begriff hat 1976 die US-amerikanische Soziologin Diane Russell geprägt und meint damit Tötungen von Mädchen oder Frauen aufgrund ihres Geschlechts, also aus Verachtung oder Frauenhass oder weil sie sich der männlichen Kontrolle und Dominanz entziehen und nicht den patriarchalen Rollenvorstellungen entsprechen. Auch die Weltgesundheitsorganisation hat eine ähnliche Definition geschaffen und weist darauf hin, dass Femizide durch hierarchische Geschlechterverhältnisse motiviert sind. Sie resultieren aus ungleichen Machtstrukturen, in welchen patriarchale Geschlechterrollen oder Denkweisen verwurzelt und Frauen und Mädchen untergeordnet sind.

Die Bezeichnung »Femizid« ist also auch Ausdruck eines gesellschaftlichen, strukturellen Problems. Überall auf der Welt sind Frauen und Mädchen drei Mal häufiger als Männer Opfer von Gewalt, und jede vierte Frau erlebt Gewalt im Zusammenhang mit Partnerschaft und Sexualität. Gewalt gegen Frauen ist alltäglich und omnipräsent. Laut einer Studie der CEPAL von 2015 bleiben 98 Prozent der Frauenmorde in Lateinamerika ungestraft. In Chile sind die Zahlen seit vielen Jahren rückläufig und im lateinamerikanischen Vergleich »niedrig«, trotzdem verzeichnete 2021 der *Servicio de la Mujer y Equidad de Género* 44 Frauenmorde sowie 136 versuchte Frauenmorde.

Dass diese überhaupt als solche gezählt und aufgeführt werden, ist das Verdienst von Feministinnen und Opfern, die jahrelang dafür gekämpft haben. Erst durch die Benennung »Femizid« und die Medienberichterstattung konnten sie die öffentliche Aufmerksamkeit auf ein großes gesellschaftliches Problem lenken und das strukturelle Staatsversagen anprangern. Überall in Lateinamerika wurde dieser

Begriff diskutiert und in vielen Ländern in die Rechtsprechung aufgenommen. Seit 2010 soll der Staat durch das »Femizid-Gesetz« Frauen und Mädchen besser vor gewalttätigen Partnern schützen, zum Beispiel über Verfügungen, die eine Annäherung verbieten oder zur Teilnahme an einer Therapie verpflichten. Im Falle eines Femizids sieht das Strafgesetzbuch eine Gefängnisstrafe von 15 Jahren und einem Tag bis zu lebenslänglich vor.

Als 2019 die große Protestwelle in Chile ins Rollen kam, war diese maßgeblich von feministischen Gruppen und ihren Forderungen geprägt. Die erste Verfassungsgebende Versammlung war paritätisch besetzt, und selbst die nachfolgende Regierung unter Präsident Boric verstand sich explizit als feministisch. Chilenische Frauen haben das Land in den letzten Jahren nachhaltig verändert und feministische Kämpfe in ganz Lateinamerika und der Welt inspiriert. Trotzdem ist der Weg noch weit. Wie jedes Jahr werden in Chile am 8. März wieder Tausende Frauen für ihre Rechte demonstrieren gehen.

81. Grund

Weil eine Comicfigur mit Schnabel kollektiv für den chilenischen Mann steht

Er ist eine Mischung aus dem nationalen Wappentier Kondor und einem *Huaso*, dem chilenischen Cowboy. Zwar hat er einen Schnabel, und aus dem Kragen ragen ihm die typischen Kondorfedern, aber seine Sandalen und seine Sprache weisen ihn als einfachen Mann aus. Klassischerweise fällt er am Ende einer Geschichte mit einem *Plop* in Ohnmacht oder sagt: »*Ich verlange eine Erklärung!*« Beides hat Eingang in die chilenische Alltagssprache gefunden. Alle Chilenen lieben Condorito und sind sehr stolz darauf, dass ihr Landsmann René Río Boettiger ihn Ende der 1940er-Jahre erfand. Heute kennt man den Comic in ganz Lateinamerika, und er wurde sogar bereits verfilmt. Man kann ihn einfach lesen, um Spaß zu haben oder um Spanisch zu lernen. Oder, um dem chilenischen Humor auf die Schliche zu kommen. Oder um zu verstehen, wie die chilenischen Männer ticken. Das alles ist mit einer simplen Bildgeschichte möglich.

Condorito kommt aus einfachen Verhältnissen und hat ein leicht populäres Antlitz: Seine Sandalen, die in Lateinamerika als *Ojotas* bekannt sind, weisen ihn als Mann vom Land aus. Auch wenn er nun in der imaginären Stadt Pelotillehue lebt, gilt er als Teil der großen Wanderungsbewegungen vom Land in die Stadt. Er hat ein geringes Bildungsniveau, kämpft sich Tag für Tag durch die Schwierigkeiten des Lebens, hat ständig Geldprobleme, wurstelt sich irgendwie durch und ist dabei immer fröhlich und zum Scherzen aufgelegt. Zusammen mit seinem Hund Washington macht er die Nachbarschaft unsicher oder jagt seiner ewigen Liebe Yayita hinterher. Er durchlebt verschiedenste Alltagssituationen, taucht mal als Feuerwehrmann, mal als Sportler, Wissenschaftler oder Künstler auf und geht dabei mit Witz und Humor zu Werk. Seine einfache und kreative Art zu sprechen ist längst in das Vokabular der Chilenen eingeflossen, umgekehrt hat auch er den chilenischen Slang in seine Sprache aufgenommen.

Condorito ist eine moderne Variante des *Pícaro*, des Schelms aus dem spanischen Schelmenroman des 16. Jahrhunderts. Der *Pícaro* kommt meistens aus den unteren Schichten, ist aber schlau, ein bisschen frech und weiß sich immer wieder durchzuschlagen. Dabei ergreift er jede Möglichkeit für sozialen Aufstieg und hält sich nicht so eng an gängige Regeln. Seine Geschichte oder Reise zeigt häufig soziale Missstände auf und hat satirische Züge. Ein paar Jahrhunderte später reiht sich der chilenische Vogelmensch spielend in diese Ahnenreihe ein. Auch wenn sich Condorito nicht explizit auf Politik oder Schieflagen im Land bezieht, so sieht man ihn doch mit den Schwierigkeiten aller Chilenen kämpfen. Er ist immer witzig und einfallsreich, und er kann – oh erhabenste aller chilenischen Qualitäten – improvisieren!

82. Grund

Weil man so viele Küsschen bekommt – ob man will oder nicht

Begrüßungen und Verabschiedungen sind in Chile eine Zeremonie, die länger dauern kann. Denn jeder wird einzeln begrüßt und verabschiedet – ohne Ausnahme. Wenn man sich unter Kollegen, Kommilitonen oder in der Familie trifft, wird erst mal ausgiebig geherzt und geküsst. Und das egal, ob man sich schon jahrelang oder erst seit fünf Minuten kennt. Dabei werden Witze gemacht, es wird gelacht oder nach dem Befinden gefragt. Frauen untereinander sowie Männer und Frauen küssen sich auf die linke Wange, Männer umarmen sich oder begrüßen sich mit Handschlag. Auch Kinder werden so begrüßt. Dieser *Icebreaker* sorgt dafür, dass die Stimmung gleich zu Anfang gut ist und man Berührungsängste ablegt, denn alle sind plötzlich nahbar. Für Neulinge mag diese körperliche Nähe anfangs ungewohnt oder unangenehm sein. Aber spätestens nach ein paar Begrüßungen gewöhnt man sich daran und findet dann Winken oder Händeschütteln irgendwie kalt und unpersönlich.

83. Grund

Weil chilenische Kindererziehung verrückt ist

Wenn ich an chilenische Kindererziehung denke, sehe ich vor meinem inneren Auge meinen kleinen Cousin Luchito. Wie gefühlt alle chilenischen Kinder darf er scheinbar alles. Er hat ständig ein Eis oder irgendeine Süßigkeit in der Hand, darf mit der Zahnbürste im Mund Fangen spielen, spät in die Nacht mit den Eltern aufbleiben, laut und wild in Restaurants spielen und wird bei jedem Besuch von allen Tanten und Onkeln gedrückt, liebkost und mit noch mehr

Süßigkeiten vollgestopft. Regeln kennt er eigentlich kaum, und falls es doch mal eine gibt, ist diese immer verhandelbar. Man müsste meinen, dass Luchito und andere Kinder nur anstrengende Gören sein könnten, dem ist allerdings überhaupt nicht so. Die meisten chilenischen Kinder haben sehr sensible Fühler dafür, wann sie laut und wild sein können und wann nicht. In Bussen oder Sammeltaxis etwa, wo es eng und stickig ist, sind Kinder meistens unglaublich ruhig und halten es sehr lange eingezwängt zwischen Taschen auf dem Schoß ihrer Eltern aus, ohne sich zu beklagen. Man sieht sehr selten quengelnde Kinder in der Öffentlichkeit, und es ist unüblich, dass Kinder ihre Eltern oder andere Erwachsene unterbrechen und Gespräche stören. Dafür werden Kinder schon sehr früh mit Handschlag oder Küsschen wie Erwachsene begrüßt, und alle lassen ihnen besonders viel Aufmerksamkeit zukommen. Vielleicht können deswegen viele Kinder schon früh so etwas wie Smalltalk und haben gelernt, »nett« und adrett zu sein.

Am verrücktesten aber ist der Unterschied, der bei der Erziehung von Jungen und Mädchen gemacht wird. Das beginnt schon vor der Geburt! Je nach Geschlecht werden nämlich bei einem amerikanischer *Babyshower* alle möglichen notwendigen und weniger notwendigen Dinge in Rosa und Hellblau angeschafft. Ab Tag eins ist also das Outfit klar. Schon in den ersten Lebenswochen bekommen die meisten Mädchen Ohrlöcher und Ohrringe verpasst, und spätestens mit ein paar Jahren tragen sie Nagellack. Viele Mütter kleiden ihre kleinen Töchter wie Prinzessinnen, machen ihnen aufwendige Frisuren und ermahnen sie, sich ja nicht dreckig zu machen. Sie werden auch häufiger aufgefordert, bei häuslichen Aufgaben zu helfen, während Jungen eher in Ruhe gelassen werden. Mit spätestens fünf Jahren gehen fast alle Kinder in den *Pre-Kinder*, wo sie eine geschlechtsspezifische Uniform bekommen. Diese können je nach Kindergarten unterschiedlich sein, aber meistens gehören für die Mädchen dazu Rock und Bluse, für die Jungen Hose und Hemd, was nicht gerade dazu beiträgt, dass Mädchen lernen, sich frei zu bewegen und sich auszutoben. Sie werden auch weniger ermutigt, an sportlichen Angeboten teilzunehmen, und sind viel häufiger übergewichtig als Jungen. Außerdem bekommen Jungen und Mädchen unglaubliche Hausmeisterkittel in Grau oder Blau zum Überziehen für Kunst und Handarbeiten.

Auch bereits im Kindergarten oder vorher haben viele chilenische Kinder einen Freund oder eine Freundin, mit dem oder der sie »gehen«. Eltern unterstützen diese Praxis, indem sie ihre Kinder fragen, ob sie schon einen Freund oder eine Freundin haben, ob sie verliebt sind, oder indem sie Kommentare zu ihrem Äußeren machen. Kinder im Grundschulalter tanzen Reggeatón mit eindeutig sexuellen Posen, kleine Mädchen posieren auf Werbefotos wie erwachsene Frauen und Ähnliches. In den letzten Jahren wurde immer wieder öffentlich über diese Sexualisierung von Mädchen diskutiert. Psychologen weisen auf den negativen Einfluss für ihre Entwicklung hin und erklären, warum diese Präsentation als Sexualobjekt eine ganze Struktur von symbolischer Gewalt stützt und psychische Probleme fördert. Soziale Bewegungen wie feministische Gruppen wenden sich gegen den Machismo und die Objektivierung von Frauen und Mädchen, und es ist seit der großen feministischen Proteste 2018 Bewegung in die Sache gekommen. Zumindest wird über Rollenbilder, Klischees und Mädchenerziehung gesprochen und diskutiert.

84. Grund

Weil das Asado ein ethnologisches Schauspiel chilenischen Lebensgefühls ist

Asado, das heißt übersetzt eigentlich nur so viel wie *Gegrilltes*. Allerdings ist diese Übersetzung sehr unzureichend und rundweg eine Untertreibung. *Asado* ist für die Chilenen quasi ein Kult, ein urwüchsiges Event, das im ganzen Land von Norden bis Süden mit verschiedenen Varianten leidenschaftlich praktiziert wird. Es geht dabei nicht nur um das Festmahl, sondern darum, mit Familie und Freunden zusammenzukommen, etwas zu teilen, sich zu unterhalten, zu lachen und eine gute Zeit zu haben. Eine Einladung sollte man selbst als Vegetarier annehmen, denn sie ist Ausdruck von Freundschaft, und eine Absage kann als Zurückweisung empfunden werden. Die meisten *Asados* finden an Wochenenden oder Feiertagen statt, denn man sollte genug Zeit mitbringen.

Ein *Asado* gehorcht einer immer wiederkehrenden Dramaturgie, und die Rollenverteilungen sind dabei ziemlich archaisch. Die Männer übernehmen den Grill, die Frauen kümmern sich um »den Rest«. Natürlich gibt es dabei auch Ausnahmen, aber der überwiegende Teil der *Asados* läuft so oder so ähnlich ab. Damit das Fleisch am Nachmittag durchgegart ist, beginnt meist das männliche Familienoberhaupt mit seinen Freunden oder Verwandten bereits am Morgen, den Grillplatz vorzubereiten. Auf dem Land wird gern ein *Asado al palo* gegrillt. Dazu entfacht man ein Feuer auf der Erde und spießt, wenn sich Glut bildet, große Fleischstücke, etwa ein halbes Lamm, auf einen langen Metallspieß, den *Asador*. Dieser *Asador* wird schräg in die Erde gesteckt und das Fleisch ganz langsam über Stunden im Randbereich der Glut gegart. Es wird nur mit viel Salz gewürzt. Für viele europäische Besucher mag dieses auf den Spieß gekreuzigte Schaf erst mal zumindest gewöhnungsbedürftig wirken. Der Geschmack aber ist einzigartig und wirklich etwas Besonderes. Manchmal wird das Fleisch auch über einem Rost mit Beinen direkt in die Glut gestellt und ein Topf mit Kartoffeln mitgekocht. In Städten oder Dörfern grillen die Menschen gern in einem *Pancho*, einer halbierten Metalltonne mit Rost, in einem Hinterhof, was auf begrenztem Platz wesentlich einfacher ist.

Während des Grillens öffnen die Männer bereits den ersten Wein und sind am Nachmittag schon sehr gesprächig. Gäste oder die Frauen bereiten so lange einen chilenischen Salat mit Tomate und Zwiebeln oder ein *Pebre* (eine scharfe Soße mit Koriander) vor, kochen Kartoffeln und besorgen Weißbrot. Bevor es mit dem »richtigen« *Asado* losgeht, gibt es aber zunächst ein paar Appetithappen wie *Anticuchos* (Spieße), Blutwurst, Innereien oder *Choripan* (Wurst im Brot). Die meisten Nichtchilenen wären jetzt schon komplett satt, man sollte aber noch etwas Platz im Magen lassen für das Hauptevent.

Die Zeit, die das eigentliche *Asado* braucht, um schön durchzubraten, nutzt man, um zusammenzustehen oder -zusitzen, sich zu unterhalten und zu lachen. Der *Asado*-Chef steht im Zentrum in Machomanier mit einem Messer in der Hand bei seinem Fleisch und unterhält die Gäste, wobei die Männer um ihn über die Glut und das *Asado* fachsimpeln, die Frauen eher am Tisch sitzen oder in der Küche beschäftigt sind. Irgendwann beginnt er langsam, großartiges Fleisch mit dem Messer abzuschneiden und unter seinen Gästen zu verteilen. Dazu gibt es Rotwein oder Bier. Der *Asado*-Chef zeigt, wer er ist: Schaut her, wie viele Leute ich einladen kann, es mangelt an nichts! Esst, so viel ihr mögt! Diese Geste des Einladens und der Großzügigkeit ist sehr verbreitet in Lateinamerika. Zum einen ist sie auf die Gemeinschaft und die Zusammengehörigkeit bedacht, zum anderen stärkt sie aber auch die soziale Position des Gastgebers und schafft Loyalitäten. In kleinen Gemeinden veranstalten bis heute chilenische Lokalpolitiker in der gleichen Manier *Asados*, um ihr Klientel an sich zu binden.

Über mehrere Stunden wird jetzt Fleisch in riesigen Mengen gegessen, dazu Salat, Kartoffeln, Chips und Wein zum Spülen. Man fragt nach der Familie, macht Witze, hört Musik, tanzt vielleicht ein bisschen, und die Kinder spielen dazwischen. Jetzt sind die Chilenen in ihrem Element, scherzen und lachen, die Stimmung ist ausgelassen. Das Ganze findet unabhängig von der Jahreszeit draußen statt, auch im Winter, wenn es regnet und kalt ist. Dann ziehen sich die Gäste eben eine Jacke an und wärmen sich am Feuer oder im Rauch des *Pancho*. Auf die Idee, reinzugehen, käme niemand, denn dann wäre es ja kein *Asado* mehr. Wenn nach vielen Stunden alle müde sind, gehen die Gäste nach einem kurzen Abschied satt und zufrieden, angetrunken und nach Rauch und Fleisch stinkend nach Hause. Alle sind sich einig: Das *Asado* war wieder ein voller Erfolg.

85. Grund

Weil in Parks, auf Wiesen und Grünflächen mindestens geknutscht wird

Es ist ein heißer Sonntagnachmittag in Santiago de Chile, und die Sonne brennt erbarmungslos auf den Zement hernieder. Familien spazieren durch die Straßen, kaufen sich ein Eis und suchen den Schatten unter den großen Bäumen der *Plaza*. Hier ist es etwas kühler. Die Kinder spielen, und die Erwachsenen ruhen sich auf den Bänken aus. Hinter ihnen, auf den Grünflächen, tummeln sich die Paare jeglicher Couleur. Man kann nicht sagen, dass sie bloß zusammen picknicken oder im Gras sitzen würden. Männer und Frauen liegen ineinander verknotet neben- und übereinander, knutschen wild und haben quasi Sex mit Kleidung. Auch in Parks oder auf Verkehrsinseln liegen völlig selbstvergessen die Paare, manche verziehen sich auch in geschütztere Ecken, und man schaut lieber nicht so genau hin. Es scheint niemanden zu stören, am wenigsten die Knutschenden selbst, die ihren Spaß in der Öffentlichkeit haben. Wer neu ist, der wird sich allerdings schon etwas wundern, was da los ist bei den sonst eher konservativen Chilenen. Die Familien jedenfalls gehen unbeeindruckt weiter ihres Weges. Vielleicht hat es mit der bewundernswerten Fähigkeit der Chilenen zu tun, Dinge zu ignorieren. Und vielleicht haben die Verliebten auch einfach keinen anderen ruhigen Ort gefunden und kein Geld für ein Hotel. Die meisten Wohnverhältnisse sind in Chile sehr beengt, und Wände bestehen oft nur aus einer hauchdünnen Spanplatte, durch die man jeden Atemzug hört. Vielleicht finden die Eltern den ausgesuchten Partner nicht gut, und man musste wohl oder übel auf den öffentlichen Raum ausweichen. Wie man es auch dreht und wendet: Es ist zwar etwas ungewohnt, aber doch irgendwie sympathisch, mit so viel Liebe und Leidenschaft auf der Straße konfrontiert zu werden.

86. Grund

Weil Familie großgeschrieben wird

Für die meisten Chilenen ist die Familie das Wichtigste in ihrem Leben. Für sie stehen sie jeden Morgen auf, um zur Arbeit zu gehen und Geld zu verdienen. Mir ihr verbringen sie den größten Teil ihrer Zeit. Mit ihr teilen sie Freuden und Trauer, fahren in den Urlaub und feiern die schönsten Partys. Jugendliche und junge Erwachsene bleiben oft auch während ihres Studiums und darüber hinaus bei den Eltern wohnen und ziehen erst aus, wenn sie selbst Geld verdienen oder eine Familie gründen. Und manchmal wohnen auch die Großeltern mit im Haus oder nebenan.

Das chilenische Familienkonzept ist größer als im deutschsprachigen Raum: Zur Familie gehört nicht nur die Kernfamilie, die zusammenwohnt, sondern zahlreiche Cousins und Cousinen, Onkel, Tanten und weitere näher und weiter entfernte Verwandte, die regelmäßig zusammenkommen und Zeit zusammen verbringen. Am Wochenende oder an Feiertagen ist es verbreitet, mit mehr als zehn Verwandten zusammen am Tisch zu sitzen, ein *Asado* zu machen, auch Freunde sind willkommen, und der Abend wird lang und lustig. Großeltern, Tanten, Enkel und ihre Freunde unterhalten sich, essen, lachen und tanzen. Cousins und Cousinen spielen gemeinsam und haben oft ein enges Verhältnis, fast wie Geschwister. Auch an runden Geburtstagen, zu Taufen, Begräbnissen und Hochzeiten ist die weitere Großfamilie meistens anwesend. Man kennt sich, ist gemeinsam groß geworden und hat den Jüngeren beim Großwerden zugesehen. Es wird viel gelacht, geärgert und gescherzt. Allermeistens wird aus Prinzip sehr viel gekocht – denn es könnte ja noch ein weiterer Freund, ein neuer Partner oder irgendjemand anderes auftauchen. Und es dürfen auf keinen Fall das Fleisch, die Kartoffeln oder der Tomatensalat ausgehen. In manchen Familien werden dann die riesigen Töpfe herausgeholt und gemeinsam Kartoffeln wie für eine Hundertschaft geschält. Es soll an nichts fehlen!

Dabei sind es fast immer die Frauen, die die Familien zusammenhalten, einladen, kochen und sich um ihre Familienangehörigen kümmern. Ohne sie läuft nichts. Sie bringen die Kinder zur Schule und achten darauf, dass sie ihre Hausaufgaben machen und die Schuluniform sauber ist. Sie arbeiten im Schichtbetrieb, im Büro in der 16. Etage oder auf der Straße und bezahlen die wichtigsten Rechnungen, Mieten und Kredite. Sie fordern mit Plakaten auf Demonstrationen mehr Rechte für Frauen und stellen sich stundenlang in die Schlangen, wenn die Regierung wieder eine finanzielle Hilfe verteilt. Sie pflegen die Eltern, trösten Geschwister und sammeln die Scherben auf, wenn sich wieder jemand gestritten hat. Die Frauen sind in den chilenischen Familien fast immer die Felsen, die alles zusammenhalten und sich nicht beschweren. Und so sind es meistens auch sie, die an einem Familienfest einladen, sich stundenlang in die Küche stellen und kochen, das Wohlbefinden aller im Blick haben, abwaschen, aufräumen und nebenbei die Kinder ins Bett bringen. Natürlich hat sich in der letzten Zeit viel verändert, und in vielen Familien sind auch Männer mehr als früher in häusliche Arbeiten eingebunden. Trotzdem gilt noch immer: Die Frauen halten die Familien zusammen und stehen im Notfall für den Mist gerade, den die Männer fabriziert haben. Ohne sie geht in den chilenischen Familien nichts.

Kapitel 8

Soziale Bewegungen

87. Grund

Weil Schüler Verfassungen zu Fall bringen und das Land in Aufruhr versetzen können

Wenn in Chile mal wieder Tausende auf den Straßen stehen und das Land im Protest-Ausnahmezustand ist, kann man fast sicher sein, dass Schüler und Studenten ihre Hand im Spiel hatten. Zum ersten Mal rückten 2006 die chilenischen Schüler ins internationale Rampenlicht, als sie im ganzen Land Schulen besetzten, streikten und massenweise für bessere Bildungsbedingungen protestierten. Weil die Schüler in Chile mehrheitlich Uniformen in weißen und schwarzen Tönen tragen, wurde die Protestbewegung als *Revolution der Pinguine* bekannt. Fast alle darauffolgenden Jahre demonstrierten sie für weitere Verbesserungen, was 2011 und 2012 zu den größten Demonstrationen seit der Rückkehr zur Demokratie führte. Zehntausende Studierende und Schüler forderten umfassende Reformen im privatisierten Bildungssystem, und zeitweise schlossen sich Lehrer, Eltern, Hochschulprofessoren und sogar Gewerkschaften dem Protest an, der sich auch insgesamt auf die sozialen Ungerechtigkeiten in Chile bezog. 2019 begann die große Protestbewegung, die in den Medien um die Welt ging und in eine neue Verfassung münden sollte, mit den Protesten von Schülern, die nach einer Erhöhung der

Fahrpreise die Drehkreuze der Metro übersprangen und zu kollektivem Schwarzfahren aufriefen.

Die protestierenden chilenischen Schüler sind mutig, kreativ und solidarisch. Sie wissen, dass sie auf der Straße von den *Carabineros* rücksichtslos mit Wasserwerfern weggefegt, mit Tränengasbomben beworfen und mit Gummikugeln beschossen werden, als wären sie Staatsfeinde. Dass sie in Einsatzwagen geschlagen oder belästigt werden und unter Umständen hohe Strafen zahlen müssen. Trotzdem wagen sie sich immer wieder hinaus. Die 15-jährige Tochter einer Freundin sagte einmal zu mir: »Wer soll diese Ungerechtigkeiten, mit denen wir leben, anprangern, wenn nicht wir Schüler? Die Alten haben ihre Gesundheit zu verlieren, die Eltern müssen für uns arbeiten. Wir Schüler sind gesund, haben relativ wenig zu verlieren und haben das Leben noch vor uns. Wir machen es für alle.«

Deswegen demonstrieren sie immer wieder mit einer Energie und Kreativität, die andere ansteckt. Ein Mal veranstalten sie einen Küss-Marathon, um gegen die Gewalt bei Demonstrationen aufmerksam zu machen, ein anderes Mal tanzen sie kollektiv *Thriller* von Michael Jackson vor dem Regierungspalast, um den Regierenden einen Spiegel vorzuhalten. Als 2011 der Bildungsminister die Winterferien vorverlegte, um den anhaltenden Protesten den Garaus zu machen, luden Schüler und Studenten spontan dazu ein, mit einem Handtuch und in Badekleidung die Plaza de Armas in Santiago in Besitz zu nehmen.

Aber die Schüler und Studenten sind nicht nur öffentlichkeitswirksam und witzig. Ihre Vertretungen sind auch gut organisiert, agieren selbstbewusst, artikulieren sehr genau ihre Anliegen, verhandeln mit Regierungsvertretern und kehren bei Ergebnissen, die nicht ihren Erwartungen entsprechen, wieder zu Protesten zurück, die unter Umständen das Land lahmlegen und für Regierungskrisen sorgen können. Ein Bildungsstreik ist in Chile eine richtig ernste Angelegenheit, die Politiker das Amt kosten kann. Auf lokaler Ebene üben die jungen Leute Demokratie. Jede Schule und jede Universität hat ihre eigenen Versammlungen, in denen basisdemokratisch und ausdauernd diskutiert, abgestimmt und kommuniziert wird. Stundenlang sitzen dort Schüler oder Studierende in den besetzten Lehrsälen und formulieren Forderungskataloge, während eine andere Gruppe das Essen für alle kocht. Als Austauschstudentin hatte ich das Glück, den Großteil meines Jahres in ebendiesen Versammlungen, Diskussionen und bei Demonstrationen zu verbringen. Ich habe mehr gelernt als in jeder Vorlesung.

88. Grund

Wegen der feministischen Bewegung

2019 gingen die Bilder einer Performance chilenischer Frauen um die Welt: Sie zeigten bis zu 10.000 schwarz gekleidete Frauen und Mädchen mit verbundenen Augen, die auf der Stelle marschierend mit ausgestrecktem Arm auf ihre Zuschauer und die Kameras zeigten und riefen: »Es war nicht meine Schuld! Egal, wo ich war und wie ich angezogen war: Der Vergewaltiger bist du!« Sie beziehen sich damit auf eine weit verbreitete Argumentation, mit der Vergewaltigungen oder andere sexuelle Gewalt an Frauen verharmlost oder sogar gerechtfertigt werden und die Schuld auf die Opfer abgewälzt wird. Die beunruhigende Energie dieser Bilder war überall auf der Welt in den Nachrichten zu sehen.

Das Kollektiv *Las Tesis* aus Valparaíso hatte die Performance als Teil eines Theaterstücks gegen sexualisierte Gewalt geschaffen, um ungestrafte Frauenmorde, Vergewaltigungen und patriarchale Strukturen in ihrem Land anzuprangern. Damit trafen sie den Nerv der Zeit. Erst in Chile, dann in Lateinamerika und weltweit folgten ihnen Tausende Frauen und machten mit der Performance auf die gleichen Probleme aufmerksam. Endlich war Feminismus wieder aktuell, cool und stark – und kam aus Lateinamerika, wo sexualisierte Gewalt ein besonderes Problem ist. Frauenmorde und Vergewaltigungen sind besonders häufig, kommen aber nur sehr selten vor Gericht, und viele Frauen und Mädchen fühlen sich von Politik und Staat allein gelassen, der Machismo ist systeminhärent. Deswegen benennen die Frauen in der Performance die staatlichen Strukturen als Schuldige und rufen: »Die Bullen! Die Richter! Der Staat! Der Präsident!« und gehen nach jedem Wort mit den Händen hinter dem Kopf in die Knie – eine schreckliche Pose, denn in Polizeigewahrsam werden Frauen in Chile häufig dazu gezwungen, nackt diese Kniebeugen zu machen, um sie zu demütigen.

Der Kampf der chilenischen Frauen begann nicht erst 2019 mit *Un violador en tu camino*, sondern lange vorher. Schon seit Jahren hatten sie Universitäten besetzt, um gegen Missbrauch von Studentinnen vorzugehen, mit der Initiative *Ni una menos* gegen ungesühnte Frauenmorde demonstriert, sich für legale Abtreibungen und ein Recht auf Sexualerziehung eingesetzt. 2019 aber kulminierte ihr Protest in einer gesamtgesellschaftlichen Protestbewegung für eine gerechtere staatliche Ordnung und eine neue Verfassung. Von Anfang an war diese Bewegung feministisch geprägt und wurde maßgeblich von feministischen Gruppen mitgetragen. Auch die aus der Bewegung hervorgegangene verfassungsgebende Versammlung war paritätisch besetzt, und zum ersten Mal in der chilenischen Geschichte bestand das erste Kabinett des neuen Präsidenten Gabriel Boric aus mehr Frauen als Männern, wovon einige führende Feministinnen waren.

Die chilenische Frauenbewegung ist unglaublich beeindruckend. Sie ist voller starker Frauen mit teilweise schrecklichen Geschichten, die sich trotz allem oder gerade deswegen für eine bessere Welt für Frauen einsetzen. Die oft eine ganze Familie versorgen und trotzdem an Demonstrationen und Organisationstreffen teilnehmen. Die kreativ und mutig in ihrem Ausdruck sind, Performances, Lieder, Theaterstücke oder *Murales* schaffen und bei Protesten in der ersten Reihe vor der Polizei stehen, dort, wo es auf jeden Fall wehtut und man sein Leben und seine Gesundheit aufs Spiel setzt. Und auch wenn es mit der Verfassung erst mal nicht geklappt hat: Die chilenische Frauenbewegung war ausschlaggebend dafür, dass es überhaupt so weit gekommen ist, und wird neue Formen ihres Kampfes finden.

89. Grund

Weil die Chilenen um ihr Wasser und für Umweltschutz zu kämpfen begonnen haben

Als vor einiger Zeit der problematische Umgang mit Wasser beim Avocadoanbau in der Provinz Petorca durch die deutschen Wohnzimmer flimmerte, stand meistens Rodrigo Mundaca vor der Kamera und erklärte: Dass seit den 1990er-Jahren der Avocado-Anbau für den Export nach Europa und die USA massiv gewachsen ist, die Pflanze aber sehr viel Wasser braucht. Dass Wasser in Chile ein privates Gut ist und große Firmen die Rechte dafür besitzen oder es auch unrechtmäßig für ihre Monokulturen anzapfen. Und dass dadurch Kleinbauern und einfache Anwohner kein Wasser mehr für ihre Grundbedürfnisse haben, sprichwörtlich auf dem Trockenen sitzen und die Kommune sie mit einem Wasser-Lkw beliefern muss.

Rodrigo Mundaca ist Aktivist für das Recht auf freien Zugang zu Wasser als öffentliches Gut und Sprecher von *MODATIMA (Movimiento de Defensa por el acceso al Agua, la Tierra y la proteccion del Medio Ambiente*, also zu Deutsch *Bewegung zur Verteidigung des Zugangs zu Wasser, Erde und des Umweltschutzes*). Als solcher musste er sich unzählige Male vor Gericht verteidigen, wurde eingeschüchtert, verfolgt und bedroht und steht heute unter ständigem Polizeischutz. 2018 erhielt er für seinen Kampf den Internationalen Nürnberger Menschenrechtspreis, und drei Jahre später wurde er zum wichtigsten Regionalpolitiker, Gobernador der Region Valparaíso, gewählt.

Denn der Kampf für das Recht auf Wasser gehörte zu den wichtigen Forderungen der gigantischen Massenproteste, die 2019 Chile in Aufruhr versetzten und den Prozess für eine neue Verfassung anstießen. Mit einer sozialen, feministischen, ökologischen und plurinationalen Ausrichtung sollte die neue Verfassung den Umbau der Gesellschaft nach solidarischen Prinzipien vorantreiben und die alte Magna Carta aus der Diktatur ersetzen. Umwelt- und Klimaschutz waren als politische Themen so präsent wie vielleicht nie zuvor in Chile. Eine Freundin sagte einmal zu mir: »Bis vor ein paar Jahren war Umweltschutz etwas für Leute, die auf die Bäumchen aufpassen.« Erst seit den 1990er Jahren entwickelte sich in Chile ein Bewusstsein dafür, dass gesundes Wasser, gesunde Luft und funktionierende Ökosysteme nicht bloß »nice to have«, sondern Voraussetzung für das Leben und die Gesundheit der Menschen sind. Gerechterweise muss man aber hinzufügen, dass erst nach der Rückkehr zur Demokratie eine freie Meinungsäußerung und Proteste ohne direkte Gefahr für Leib und Leben möglich waren.

Seit den 1990ern haben die Chilenen langsam begonnen, Umweltschutz größer zu denken: Anfangs waren es einzelne Projekte, gegen die sich meistens die lokale Bevölkerung stemmte: Mapuche-Gemeinschaften wehrten sich gegen die großen Zellulose-Forstunternehmen auf historischem Stammesgebiet. Projekte für große Staudämme wie in Ralco und kleine bis mittlere Wasserkraftanlagen versetzten Anwohner in Aufruhr und führten zu teils heftigen Auseinandersetzungen mit Polizei und Politik. Ab den 2000er-Jahren wurde der Protest zunehmend zum Protest gegen das neoliberale Wirtschaftssystem und den Extraktivismus, die die Gesundheit der Bürger und Ökosysteme aufs Spiel setzen. Umweltaktivisten und -organisationen sind zunehmend besser vernetzt und haben eine effizientere Strategie in der Öffentlichkeitsarbeit. 2014 musste die Regierung das Staudammprojekt *HidroAysen* in Patagonien aufgrund massiver Proteste stoppen. Nach jahrelangem Bürgerprotest gegen das Bergbauprojekt *Dominga* beschloss die Regierung Boric im Januar 2023, dieses nicht zu genehmigen, weil es einzigartige Ökosysteme zerstört und geschützte Arten wie den Humboldt-Pinguin vertrieben hätte.

Heute gibt es Hunderte Umweltkonflikte im Land, und viele Menschen setzen sich für saubere Luft, gesunde Böden und Wasser in ihrer Region ein. Sie setzen ihre Lokalpolitiker und die Zentralregierung unter Druck und fordern Umweltschutz als Staatsaufgabe ein. Auch die mit den Massenprotesten gewählte Regierung Boric versteht sich als ökologisch. Das Nationalinstitut für Menschenrechte bietet auf seiner Seite *https://mapaconflictos.indh.cl/* eine Karte sozioökologischer Konflikte an, bei der man sich bequem durch das ganze Land klicken und über den aktuellen Zustand der Projekte informieren kann. Auch wenn Chile weiterhin vom Rohstoffexport lebt und neoliberale Gesetze gelten, haben Bürger wie Rodrigo Mundaca erkannt, wie relevant Umweltschutz für alle Lebewesen ist, beeinflussen immer stärker die Agenda von Regierungen und Gesetzgebern und bringen Mega-Projekte wie *Dominga* zu Fall.

90. Grund

Weil Frauen und Kleinbauern stolz auf bunte Bohnen, Mais und Kürbisse sind

Wie viele verschiedene Bohnensorten sie genau hat, weiß Zunilda Lepín nicht. In ihrer Küche stapeln sich trockene Kürbisse im Regal, verschiedenfarbige Maiskolben hängen an der Wand, und in Papierbeuteln, Bechern und Stofftaschen lagern Bohnen in allen Farben und Größen, außerdem Saatgut für so ziemlich alle Gemüsekulturen, die man sich in Temuco vorstellen kann. Zunilda Lepin ist *Guardiana de Semillas*, was so etwas wie *Saatgutwächterin* heißt, und außerdem Besitzerin des Restaurants *Zuny Tradiciones* am Fuße des Ñielol in Temuco. Seit vielen Jahren kocht sie hier die Speisen der Kleinbauern und Mapuche für ihre Gäste und verwendet dazu nur regionale Produkte, viele sogar aus ihrem eigenen Garten. Softdrinks oder Nudeln sucht man hier vergeblich. Alles, was bei Zuny auf den Tisch kommt, ist hier in der Region gewachsen und hat Identität.

Die ältere Frau macht kein großes Gewese um ihr Werk. Sie steht unauffällig in ihrer Küche, streut ein paar Kräuter aus dem Garten über einen Teller und plaudert ab und an über den Tresen mit den Gästen. Dabei ist das, was sie da seit Jahrzehnten macht, unglaublich wichtig, politisch und ein großes Ding für die Welternährung. Seit den 1990er-Jahren gibt es in Chile wieder kleinbäuerliche Tauschbörsen für Saatgut, und Zunilda Lepín ist eine derjenigen, die diese alte Tradition wiederbelebt haben. Im Süden des Landes heißt dieses Treffen meistens *Trafkintu,* und leider ist das deutsche Wort »Tauschbörse« nur ein sehr unzureichender Versuch zu erklären, was dabei geschieht. *Trafkin* ist Mapuzungún (die Sprache der Mapuche) und bedeutet *Tausch.* Meistens im Winter, nachdem die Erntearbeiten beendet und alle Samen gut getrocknet sind und es auf dem Land ruhiger wird, verabreden sich die Frauen für einen Vormittag am Wochenende zum Tauschen. Über den lokalen Radiosender, über Poster oder WhatsApp-Gruppen laden sie Interessierte ein und organisieren oft auch ein gemeinsames Essen im Anschluss. Jede bringt mit, was sie im Überfluss aus ihrem Garten gesammelt hat: Blaue Saubohnen, Suppenkürbisse, bunter Mais, Salate, die das kalte Klima gut vertragen, manchmal aber auch Wolle, Kleintiere, Gemüse oder Meeresfrüchte. Alles wird getauscht, und dabei kommt kein Geld in den Umlauf. Und: Es darf nur eigenes, samenfestes Saatgut, kein industrielles Hybrid-Saatgut, mitgebracht werden. Auch wer nichts zum Tauschen mitgebracht hat, wird reich mit Saatgut beschenkt werden, denn es ist ganz einfach: Wer Saatgut bekommt, erhält auch den Auftrag, es zu säen, zu pflegen, neues Saatgut zu sammeln und dieses weiterzugeben. Alle profitieren von dieser Regel. Nicht immer geht die Saat auf, aber wenn das Saatgut auf viele Gärten verteilt ist, gibt es immer jemand, der die Sorte erhält und weiterverteilen kann. Ein *Trafkintu* ist einfach zauberhaft, und im Anschluss haben alle das Gefühl, reich beschenkt worden zu sein und jetzt richtig loslegen zu können. Von außen sieht man vielleicht nur einen Haufen Gärtnerinnen, die sich über kleine Schalen beugen und sich erzählen, woher die Sorte stammt, wofür sie gut ist und wie man sie anbaut. Aber was dort geschieht, ist keine Kleinigkeit und ein politisches Statement.

Wie überall in Lateinamerika wenden sich Kleinbauern und dabei vor allem Frauen auf diese Weise gegen die Patentierung von Saatgut und gegen die großen Agrarkonzerne, die ihre Lebensform und Ernährungssouveränität bedrohen. Denn Saatgut ist keine Erfindung von jemandem, sondern eine stetige Weiterentwicklung basierend auf der Arbeit von Generationen. Weltweit stellen Kleinbauern über die Hälfte der Lebensmittel her – dafür verwenden sie traditionell eigenes Saatgut, das sie geerbt, getauscht oder auf einem lokalen Markt gekauft haben. Dieses System hat Jahrtausende sehr gut funktioniert, und Kleinbauern haben eine Vielfalt an Sorten entwickelt, die an ihre jeweiligen Bedingungen angepasst sind – das ist jetzt im Klimawandel besonders relevant.

Große Saatgutkonzerne wie Bayer/Monsanto oder Syngenta lassen sich Pflanzen patentieren, die viel Ertrag versprechen. Besonders im globalen Süden erlassen Regierungen neue Gesetze zur »Modernisierung« der Landwirtschaft, die die Verwendung von traditionellem Saatgut erschweren und industriell hergestelltes Hybridsaatgut fördern. Damit wollen sie meistens die Produktion erhöhen, um Hunger zu bekämpfen und den Export anzukurbeln. Das Hybridsaatgut ist für Großbetriebe mit Maschinen ertragreicher, weil es einheitlicher wächst, hat aber einen Haken: Es muss jedes Jahr, natürlich in Kombination mit Pestiziden und chemischen Düngern vom gleichen Hersteller, teuer gekauft werden und ist nicht für den Nachbau mit den eigenen Samen geeignet.

In weiten Teilen Europas ist das schon lange normal. Die Landwirtschaft ist von einer Handvoll großer Saatgut- und Chemiekonzerne abhängig, und eine geringe Vielfalt an Sorten und Kulturen steht auf dem Acker. Auch die Biodiversität geht zurück. Im globalen

Süden ist es oft noch nicht so weit. Wie in ganz Lateinamerika gibt es in Chile noch eine große Zahl an Kleinbauern, die sich selbst und lokale Märkte mit ihren Produkten versorgen. Mit Hybridsaatgut verlieren sie ihre Unabhängigkeit und auch die Vielfalt an unterschiedlichen Sorten. Statt selbst Pflanzenzucht, Auswahl, Saatguttausch und Kleinhandel zu betreiben und durch Vielfalt eine Versicherung gegen die Launen der Natur zu haben, müssen sie dann viel Geld für den Kauf von Saatgut, Pestiziden und Düngemitteln aufbringen und sich dafür oft verschulden. Deswegen sind das *Trafkintu* im Süden Chiles und andere ähnliche Traditionen auf dem ganzen Kontinent so relevant und revolutionär, auch wenn es auf den ersten Blick nur nach einer älteren Dame zwischen einem Haufen trockener Kürbisse, Bohnen und Maiskolben aussieht. Zunilda Lepín und ihre Freundinnen und Kollegen haben in den letzten Jahren ein ganzes Netzwerk an Frauen und Männern geschaffen, die diese Zusammenhänge verstehen und die als Kleinbauern lokale Märkte versorgen. Sie wissen um die Relevanz von samenfestem Saatgut für die Ernährungssouveränität und sind stolz auf den Schatz an Sorten, die eine lange Reihe von Familien und Gärtnerinnen hervorgebracht hat. Sie sind ein weiteres Glied in dieser Kette und geben die Saat gern an neue Gärtnerinnen weiter.

91. Grund

Weil es unabhängige Bürgersender wie »Radio Plaza de la Dignidad« gibt

Wer in Chile wissen will, was wirklich in seinem Dorf oder seiner Region passiert, der hat oft einen unabhängigen lokalen Bürgersender zur Verfügung, der sehr nah an der Realität der Menschen vor Ort dran ist. In vielen Städten und Dörfern gibt es sie nämlich: selbst organisierte, gemeinnützige Radiosender, die den Anspruch und den

Auftrag haben, die lokale Bevölkerung zu informieren, zu vernetzen und den sozialen Zusammenhalt zu stärken. Ihre Ausrichtungen, Themen und redaktionellen Linien sind sehr unterschiedlich. Manche sind auf ein Viertel spezialisiert, andere verfolgen feministische Ziele, sind evangelikal oder beschäftigen sich mit ländlichen Themen. Die meisten haben nur eine Reichweite von wenigen Kilometern und verfügen kaum über finanzielle Mittel, werden von Ehrenamtlichen produziert und senden nur einige Stunden am Tag. Jeder darf mitmachen, und trotzdem oder genau deswegen sind diese Bürgersender unglaublich toll.

Radio Ngen aus Curarrehue etwa ist ein kirchlicher Sender. Über ihn werden neben der Live-Messe auch andere Informationen wie etwa Hinweise auf die Kampagne einer kostenlosen zahnmedizinischen Behandlung in der Sporthalle, die Staatshilfen für Kleinbauern oder die Deadline für die Einschreibung für den Erwachsenenkurs für den Schulabschluss verbreitet. Die Sprecher erklären genau, wann und wo die Bürger sein müssen und welche Dokumente sie brauchen. *Radio Ngen* informiert über lokale Fußballspiele, Termine des Wasserkomitees und über Verhalten bei Vulkanausbrüchen. Die Hörer können auch Grüße und Nachrichten senden, was etwa so klingen kann: »Hallo, ich bin Sonia. Ich grüße meine Schwiegertochter María Vásquez aus Puente Basas und möchte sie bitten, den großen Topf zurückzubringen, den ich ihr geliehen habe. Ich brauche ihn am Wochenende für die Familienfeier.« Weil die Bevölkerung in Curarrehue einen großen Mapuche-Anteil hat, werden manche Beiträge komplett auf Mapuzungún gesendet. Der Sender möchte damit die lokale Kultur unterstützen.

Andere Sender wie zum Beispiel *Radio Konciencia* aus Rengo nehmen Aufklärungsthemen in ihr Programm auf. Da die Region zu den großen Obst- und Gemüseproduzenten zählt, hört man zwischen Rancheras und Nachrichten kurze Beiträge zu Themen wie Arbeitnehmerrechte von Saisonkräften oder die Gefahr von Pestiziden und anderen landwirtschaftlichen Giften, aber auch Themen wie intrafamiliäre Gewalt oder der Umgang mit Wasser gehören dazu. In Santiago hat *Radio Plaza de la Dignidad* für Aufsehen gesorgt. Der Sender entstand 2019 als Bewegungsradio und Sprachrohr der sozialen Protestbewegung. Live über einen Verstärker aus einem Hochhaus an der Plaza Italia, die in *Plaza de la Dignidad (Platz der Würde)* umbenannt wurde, sendeten die Aktivisten den Soundtrack des Aufstands direkt über den Köpfen der Demonstrierenden. Auch über einen Streamingdienst und über Facebook kann man den Sender empfangen. Er bezeichnet sich selbst als Agitationsmedium und verfolgt das Ziel, den Kampf gegen das neoliberale Modell und das politische Establishment zu unterstützen.

Wo immer ich in Chile bin, frage ich, ob es vor Ort einen Bürgersender gibt. Warum sie so toll sind?

Im Gegensatz zu den ewig dudelnden kommerziellen Radiosendern haben die chilenischen Bürgersender eine relevante Funktion im Leben der Menschen, die im Senderadius wohnen. Sie bieten lebenspraktische und manchmal lebensrettende Informationen, stärken das Gemeinschaftsgefühl vor Ort und haben meistens einen sehr guten Einblick in die Lebensumstände und Probleme der Menschen vor Ort. Es lohnt sich, nachzufragen und reinzuhören.

92. Grund

Weil Protest hier auch noch richtig cool aussieht

Wer einmal bei einer chilenischen Demonstration dabei war, der ist nicht nur von der Energie und dem Mut der Menschen, sondern auch von den Farben und den eindrücklichen Symbolen beeindruckt. Die Chilenen haben einen riesigen Fundus an eigenen Symbolen entwickelt und kennen die jeweiligen Kontexte, auf die sie sich beziehen. Das ist wahnsinnig spannend und für Neu-Chilenen häufig überraschend.

Als die Plaza Baquedano in Santiago 2019 zum Epizentrum der sozialen Protestbewegung wurde, benannten sie die Menschen vor Ort kurzerhand in *Plaza de la Dignidad*, also *Platz der Würde*, um. Seit Jahrzehnten ist der Ort Treffpunkt bei nationalen Feierlichkeiten, wie etwa Siegen im Sport oder bei Wahlerfolgen. Er markiert die Grenze zu den nordöstlichen, einkommensstarken Teilen der Stadt und kann als Zeichen der Trennung von Arm und Reich verstanden werden. Das Reiterstandbild, das in der Mitte des Platzes steht, bildet General Baquedano, einen Helden des Salpeterkriegs, nach. Unzählige Male wurde die Statue während der Proteste 2019 bemalt, beschädigt, verkleidet, verschönert und angezündet. Denn Baquedano gehört zu den republikanischen Symbolen der Elite, welche die demonstrierenden Chilenen kategorisch ablehnten. Viel lieber wollten sie eine neue staatliche Identität schaffen, die in einer neuen plurinationalen, feministischen und ökologischen Verfassung festgeschrieben werden sollte. Auf dem Sockel der Statue schwenkten Demonstranten Fahnen, verhüllten das Standbild oder setzten sich zu Baquedano aufs Pferd. 2021 entfernte die chilenische Armee Pferd und Reiter, um beide zu restaurieren. Kurz darauf wurde jedoch bekannt, dass sie nicht auf ihren angestammten Platz zurückkehren sollen, was dem Stein sicherlich guttäte.

Treue Begleiter sind den Demonstrierenden seit Jahrzehnten die Straßenhunde, die, angezogen von Lärm und Aufruhr, mit der Menge mitlaufen und aufgeregt bellen. Zu Berühmtheit gelangte in den 2010er-Jahren der *Negro Matapacos*, ein schwarzer *Kiltro*, chilenischer Slang für *Straßenhund*, mit einem roten Halstuch. Er war bei Demonstrationen immer in vorderster Reihe dabei, bellte Polizisten an und verhielt sich scheinbar nur ihnen gegenüber feindselig. Deswegen bekam er den Namen *Negro Matapacos*, also etwa *Schwarzer Bullentöter*. Er wurde zum Symbol für den Aufstand von unten, für die einfachen Leute, die fast nichts haben, vom Staat vergessen und im Stich gelassen sind, sich aber mutig der Polizei entgegenstellen und sich die Straße zu Eigen machen. Der *Negro* ist seit dem überall: Auf Social Media, großen Wandmalereien, Stencils und Graffiti, Kühlschrankmagneten, als Kuscheltier oder improvisierte Pappmaschee-Statue oder auf Postern und Spruchbannern kämpft er auch postum für ein gerechteres Chile und darf auf keiner Demonstration fehlen.

Durch die Medien gehen auch immer wieder die Bilder von demonstrierenden Feministinnen, die grüne oder lila Halstücher tragen. Das grüne Halstuch symbolisiert den Kampf für das Recht auf einen Schwangerschaftsabbruch, das lila Halstuch bezieht sich vor allem auf Femizide und Gewalt gegen Frauen sowie die Kampagne *Ni una menos*. Inspirieren lassen haben sich die Frauen dabei von den *Madres de Plaza de Mayo (Mütter der Plaza Mayo)* in Argentinien, die während der Militärdiktatur seit den 70er-Jahren mit ihren weißen Kopftüchern die Freilassung ihrer erwachsenen Kinder oder die Information über den Verbleib der »verschwundenen« Körper forderten. Die Halstücher sind auf diesem Wege zu einem gesamtlateinamerikanischen Symbol für den Kampf für Menschenrechte geworden. Bei großen feministischen Demonstrationen sieht man auch immer wieder Frauen, die sich mit auffälligen bunten Sturmhauben das Gesicht verdecken. Manchmal ist dabei ein Auge verhüllt, um auf die Polizeigewalt aufmerksam zu machen. Polizisten hatten bei Protesten absichtlich mit Gummigeschossen auf die Augen von Demonstranten gezielt, wobei Hunderte ihr Augenlicht verloren. Auch auf Plakaten und Wandmalereien sieht man immer wieder das Symbol blutender oder verbundener Augen, das mit einem aggressiven Staat assoziiert wird.

An vorderster Front steht bei großen Demonstrationen oft die *Primera Línea*, also die *erste Reihe*, die vor allem aus jungen Männern besteht, die oft gewaltbereit sind und pöbeln, es aber auch als ihre Aufgabe ansehen, die hinter ihnen gehenden Demonstranten vor der Polizeigewalt zu schützen. Sie sind nur mit selbst gebastelten Schutzschildern bewaffnet, die sehr häufig Mapuche-Symbole wie den weißen Stern auf blauem Grund oder ein *Kultrun* oder auch

Symbole wie das Anarchie-A zeigen. Manche verhüllen ihr Gesicht oder tragen Gasmasken, um sich vor dem Tränengas zu schützen. Ihre Symbole stehen für ein Gegenmodell zu den uniformen chilenischen Symbolen, welche die Polizei trägt. Ironie des Schicksals: Das chilenische Militär und *Carabineros* haben überproportional viele indigene Rekruten in ihren Reihen, und beim genaueren Hinsehen kann man das auch oft am aufgedruckten Nachnamen an der Uniform erkennen.

Die Liste ließe sich beliebig fortführen: Historische Personen wie Violeta Parra, Victor Jara, Salvador Allende, *Los Prisioneros* oder Gabriela Mistral werden auf Poster gedruckt und in neue Kontexte für soziale Kämpfe gestellt. Töpfe und Pfannen werden beim *Cacerolazo* zu Musikinstrumenten des Protests. Besonders auffällig sind Symbole aus der Mapuche-Kultur. Sie stehen als Ersatz für die Symbole eines als überkommen empfundenen Staates, für die Neuentdeckung und Neuentwicklung einer eigenen, positiven Identität auf Grundlage der Aussöhnung mit den indigenen Völkern.

Bei dieser Fülle an reichen Symbolen ist es eigentlich interessant, dass bisher keine Regierung es geschafft hat, etwas davon in den nationalen Symbolfundus mitaufzunehmen. Außer der offiziellen Mapuche-Flagge vor einigen Gemeindehäusern im Süden des Landes schottet sich die Politik von den Menschen auf der Straße und ihrem lauten, selbstbewussten Protest ab. Eine seltsame Inkommunikation herrscht zwischen zwei Welten. Bunte Halstücher, schwarze Straßenhunde oder zerbeulte Töpfe findet man nicht in nationalen Museen, auf Briefmarken oder in Tourismusvideos.

93. Grund

Weil die Chilenen sich gegenseitig helfen

Es ist ein schöner Samstagnachmittag und mein Kumpel Pablo in heller Aufregung. In wenigen Stunden findet das solidarische und tanzbare Bingo statt, das er und seine Theatergruppe für ein Mitglied organisieren. Damit wollen sie das Geld für die Operation sammeln, die ihr Theaterkollege dringend braucht. Jetzt müssen die Sporthalle geschmückt, der Ton getestet, die Preise auf ein Tischchen drapiert und tausend weitere Vorbereitungen gemacht werden. Denn am Abend wird die halbe Nachbarschaft kommen, um Bingo zu spielen, zu tanzen und die Operation zu unterstützen.

Bei einem solidarischen Bingo veranstalten Freunde, Familie oder Nachbarn einen Bingo-Abend für eine Person, die sich in einer Notsituation befindet und finanzielle Hilfe benötigt. Die Besucher bezahlen einen kleinen Beitrag und können verschiedene Preise gewinnen. Oft gibt es im Anschluss eine Band oder einen DJ, und es wird bis spät in die Nacht getanzt und gelacht. Eine Tante nutzt die Gelegenheit, um *Completos* oder Kaffee zu verkaufen, die Kinder spielen um die Tische, und der Ansager heizt die Stimmung an. Im Anschluss wird das gesammelte Geld an die Familie in Not gespendet und ermöglicht damit schnelle Hilfe in ausweglosen Situationen. Nach einem ähnlichen Prinzip funktionieren auch solidarische Tombolas oder Kulturveranstaltungen. Sie finden landein und landaus zu jeder Jahreszeit statt, und der Zulauf ist meistens groß. Jeder, der selbst mal in einer ähnlichen Situation steckte, weiß, wie wichtig dann jede Hilfe sein kann.

Die Chilenen sind stolz darauf, solidarisch zu sein, und zeigen es bei jeder Möglichkeit. Laut einer Studie von *Cadem* von 2018 engagiert sich über ein Drittel der Chilenen ehrenamtlich für einen guten Zweck. Sehr verbreitet ist es, sozial Benachteiligten zu helfen. Zum Beispiel sammeln und verteilen Chilenen in ihrer Freizeit Kleider oder Spielzeuge, besuchen Ältere oder Kinder in Heimen, kochen für ihre Nachbarschaft oder bieten eine Sommerschule für Musik und Kunst für die Kinder in Armenvierteln an. Die *Olla común* ist als Gemeinschaftsessen für eine bestimmte Sache um die Welt gegangen. Auf dem Land hilft man mit Materialien, wenn der Nachbar oder Schwiegersohn sein Haus bauen will und ihm die finanziellen Mittel fehlen. Jeder bringt mit, was er kann, oder hilft beim Arbeiten oder beim Vorbereiten des Mittagessens für alle. Denn das organisiert die Baufamilie natürlich für alle.

Seit 1978 findet in Chile einmal im Jahr das TV-Charity-Event *Teletón* statt. Chile ist dann bereits mehrere Wochen vorher im *Teletón*-Rausch. Überall wird gesammelt, um das Spendenziel zu erreichen, das vorher bekannt gegeben wird: Auf Sportveranstaltungen, Familienfeiern, in Museen und Schulen ist das rot-weiße Symbol der *Teletón* zu sehen. In jeder Zeitung und jedem Radio wird übertragen, kommentiert und der aktuelle Spendenbetrag verkündet. Die eigentliche Show findet Ende November oder Anfang Dezember statt und besteht aus einem 27-stündigen Fernsehmarathon aller chilenischen Kanäle, und auch Zeitungen und Radios beteiligen sich daran. Das Ziel ist, Spenden von den Zuschauern einzuwerben, die dann für die Rehabilitationszentren für Kinder mit motorischen Behinderungen verwendet werden. Und es wird richtig viel Geld gesammelt, im Jahr 2022 fast 42 Millionen Dollar. Seit Beginn des Events haben fast 400.000 Kinder und Jugendliche von den medizinischen Angeboten profitiert, und es werden immer mehr. Von Anfang an war der Showmaster Mario Kreuzberger, bekannt als Don Francisco, dabei und moderiert die Show noch immer. Er ist so eine Art chilenischer Thomas Gottschalk. Jedes Jahr gibt es ein »Botschafter-Kind«, das die Show begleitet und für alle Kinder steht, die von den Spenden profitieren sollen.

Die meisten Chilenen folgen der Show aufmerksam und finden die Ziele richtig und gut. Trotzdem ist die *Teletón* immer wieder Gegenstand von Diskussionen und Kritik. Zum einen scheint es vielen fragwürdig, etwas pathetisch ein behindertes Kind in einer TV-Show vorzuführen, um die Bürger zu einer Spende zu bewegen. Das Kind wird so zu einem passiven Charity-Objekt. Zum anderen ist es eigentlich Aufgabe des Staates und nicht einer privaten Firma, sich um alle Bürgerinnen und Bürger mit Behinderung zu kümmern, ihre Gesundheit zu fördern und ihnen die Teilhabe in der Gesellschaft zu ermöglichen. Um Teilhabe geht es auch bei der *Teletón* nicht. Außerdem haben in der Vergangenheit immer wieder große Firmen und Prominente Schlagzeilen gemacht, die durch die Marke *Teletón* ihr Image aufgebessert und höhere Einnahmen gemacht haben oder hohe Werbeeinnahmen verdienten.

Trotzdem macht die *Teletón* die Chilenen jedes Jahr stolz darauf, solidarisch zu sein, und schafft ein Gefühl von Zusammenhalt. Wenn jeder nur ein bisschen gibt, ist in der Summe viel geschafft. Und so ähnlich funktioniert das auch bei *Ollas comunes*, Freiwilligendiensten und solidarischen Bingos. Es kommt nicht darauf an, viel zu geben, sondern etwas zu geben, teilzuhaben und einen Hilfsbedürftigen von ganzem Herzen zu unterstützen. Und das können die Chilenen sehr gut.

Kapitel 9

Die Mapuche

94. Grund

Weil Mapuche auf der Suche nach ihrer Identität neue Wege gehen

Mapuche-Sein ist in. Auch wenn oder gerade weil nach wie vor Mapuche systematisch diskriminiert werden und täglich um ihr Recht kämpfen müssen, sind viele Jüngere von Jahr zu Jahr stolzer darauf, Mapuche zu sein, und werden auch von einer größer werdenden Gruppe Chilenen positiv wahrgenommen. Damit einher geht eine wachsende Sichtbarkeit der Mapuche-Kultur und parallel dazu leider auch ihrer Kommerzialisierung. Viele Gruppen, Initiativen oder Gemeinschaften setzen sich für die Revitalisierung von Kultur und Sprache ein und lernen beides im Prozess. Seit einigen Jahren organisieren Studierende *Internados lingüisticos de Mapuzungún*, eine Art linguistische Sommercamps in Gemeinden mit einem hohen Mapuche-Anteil. In abgelegenen Schulen, selbst organisiert und mit einfachen Mitteln können Interessierte über mehrere Tage die Sprache lernen, teilen aber auch den Alltag miteinander und lernen dabei viele weitere Elemente der Kultur kennen. Diese Mapuche-Crashkurs-Camps sprechen vor allem Studierende und Schüler an, aber auch Ältere sind begeistert von diesem Modell der »Immersion«, also dem Eintauchen in eine Kultur. Hier wird auch über die schmerzhaften Erfahrungen von Ausgrenzung und Rassismus gesprochen und sich gemeinsam Mut gemacht.

Das Interesse, Mapuzungún zu lernen, ist groß, allerdings haben nicht alle die Möglichkeit, an einem Kurs teilzunehmen, und lernen auf eigene Faust über YouTube und andere Online-Tools. Weil sie mit den existierenden Online-Materialien nicht zufrieden waren, begannen 2015 der Lehrer für Mapuzungún Victor Carilaf und der Illustrator Fiestóforo neue Materialien zu schaffen und wuchsen schnell zu dem spannenden Kollektiv *Kimeltuwe* heran. Sie posteten ihre Emojis, Lernvideos, Songs, Gedichte und Sprüche auf allen gängigen Social-Media-Kanälen und bekamen mit ihrem unverwechselbaren Stil sehr positive Rückmeldungen. Dann entstanden moderne, dem aktuellen Lernstil angepasste Materialien, und selbst wer keine Lust auf Bücher und Vokabeln hatte, konnte mit den witzigen Posts etwas anfangen. Plötzlich gab es *Der kleine Prinz* oder John Lennon auf Mapuzungún, und jeder konnte mitlernen. Heute verwenden auch viele Lehrer an den Schulen und Universitäten die Materialien von *Kimeltuwe*, und jedes Schulkind erkennt ihren coolen Stil.

Statt nur eine Lernplattform zu sein, hat das Kollektiv auch einen aktivistischen Charakter. Mit ihren Posts auf Social Media wollen die Macher das Mapuzungún aus der Ecke des Informellen holen und in einen globalen digitalen Kontext stellen. Viel zu lange haben Sprecher von indigenen Sprachen ihre Muttersprache nur im Privaten verwendet, sich sogar für sie geschämt und einen schlechteren oder gar keinen Zugang zu Internet und Informationen in ihrer Muttersprache gehabt. Heute kann jeder Informationen und Texte auf Mapuzungún mit einem Klick auf der ganzen Welt finden. Damit ist die Sprache auch digital lebendig und allen anderen Sprachen gleichwertig – eine Art globales Empowerment indigener Sprachen und Kulturen.

Auch auf vielen anderen Ebenen sieht man, wie Mapuche auf der Suche nach der eigenen Identität neue Wege gehen und Spannendes schaffen: Mapuche-Kindernamen sind wieder in Mode, an den Universitäten im Süden entstehen neue Kurse und Studiengänge zur Mapuche-Kultur, Köchinnen eröffnen Mapuche-Restaurants, und Schneiderinnen spezialisieren sich auf Mapuche-Outfits. Bis vor wenigen Jahren war das überhaupt nicht selbstverständlich. Alle diese und noch viel mehr Elemente zeigen, dass junge Mapuche stolz darauf sind, solche zu sein, und sich ihre Kultur »zurückerobern« wollen. Bei dem Versuch, das Alte wiederzubeleben, erfinden sie es in Wirklichkeit neu, modellieren und modernisieren es und machen es damit wieder spannend und aktuell. Ein bisschen Kommerz ist auch dabei. Eben wie bei jeder lebendigen Kultur.

95. Grund

Weil es Hip-Hop-Mapuche gibt

Künstler wie Waikil, Wechekeche Ni Trawün, Jaas Newen, Luanko oder Coñoman machen es vor: Sie rappen in Mapuzungún, der Sprache der Mapuche, und in Spanisch, um Ungerechtigkeiten anzuprangern und für die Rechte des indigenen Volks einzustehen. Es geht um den andauernden Landkonflikt, gewaltsame Hausdurchsuchungen durch das chilenische Militär in den Gemeinschaften, die Ausbeutung der natürlichen Ressourcen und die Gier der beteiligten Firmen, aber auch um die Rolle der Ältesten in den Gemeinschaften und die enge Beziehung zur natürlichen Welt. Sie selbst sind junge Mapuche und verstehen ihre Kunst als Ausdrucksform innerhalb eines Kampfes und als Mittel, um eine Identität zurückzugewinnen, die bereits fast verloren war. Ihre Waffen sind das Wort, der Beat und viel Leidenschaft für ihre Sache.

Hip-Hop entstand in Chile in Santiago und wurde auch dort von jungen Mapuche aufgegriffen. Seit den 1960er-Jahren migrierten immer mehr Menschen aus den indigenen Gemeinschaften im Süden in das 700 Kilometer weiter nördlich gelegene Santiago oder die Provinzhauptstadt Temuco. Heute leben etwa 70 Prozent der Mapuche in einem urbanen Umfeld, wo sie einem besonders hohen Anpassungsdruck ausgesetzt waren und sind. Durch Schule, Diskriminierung und Selbstzensur ging die Sprache fast verloren, sodass heute nur noch 16 Prozent der Mapuche Mapuzungún sprechen, und davon nur ein kleiner Teil als Muttersprache. Die bekanntesten Mapuche-Rapper sind in Santiago aufgewachsen, haben oft selbst Erfahrungen mit Diskriminierung und Ausgrenzung gemacht und sich auf ihre Wurzeln besonnen. Um ihre Sprache vor dem Aussterben zu retten und auf den schwelenden Konflikt im Süden aufmerksam zu machen, begannen sie, ihre *Lyrics* auf Mapuzungún zu schreiben – und das, obwohl fast alle die Sprache als Erwachsene lernen mussten. Sie sind selbst auf der Reise zu sich selbst. Und auch die meisten Hörer sind anfangs der indigenen Sprache nicht mächtig, lernen aber über ständige Wiederholungen in den Songs neue Wörter und ganze Sätze. Und das ist auch so gewollt: Viele Mapuche-Rapper schaffen gezielt einen Anreiz, Mapuzungún zu lernen, manche wiederholen relevante Abschnitte deswegen auch auf Spanisch. Die neuen Generationen sollen wieder ihre Sprache sprechen und sich zu ihrer Kultur bekennen. Mapuzungún wird traditionell mündlich überliefert, und die Mapuche haben eine ausgeprägte orale Kultur. Dass daraus Hip-Hop werden kann, ist eigentlich logisch, aber doch überraschend.

Die Rapper verstehen sich als kulturelle Vermittler mit einem wichtigen Auftrag: Als Teil einer ganzen indigenen Bewegung nämlich, die die Kultur der Mapuche wiederbeleben und auch cool machen will. In ihren Musikvideos, auf Plattencovern und Fotos in sozialen Medien zeigen sich die Rapper mit *Trarilongko (Kopfband)* und Silberschmuck, *Kultrún (Trommel)* und *Trutruka (Horn)* und umgeben sich gern mit kulturellen Objekten, die allgemein als mapuche erkannt werden. Sie posieren vor *rukas (traditionelle Wohnstätten)* und geben sich dabei als Kämpfer in Turnschuhen. Und auch in ihrer Musik integrieren sie die traditionellen Instrumente oder andere Geräusche aus dem Süden. Die Heimat ihrer Vorfahren wird dabei oft zu einem Sehnsuchtsort, und viele urbane Mapuche suchen die Nähe zu ihren Verwandten und Gemeinschaften in der Araukanie. Diese Sehnsucht nach der *Mapu (Erde)* ist verständlich, wenn man bedenkt, dass das Wort »Mapuche« so etwas wie »Menschen der Erde« bedeutet und dieser enge Bezug zur Erde und zur heimatlichen Scholle in der Stadt verloren gegangen ist. Die Sehnsucht und die Wut über den Verlust, die Armut und die andauernde Gewalt im Süden ist im Hip-Hop-Mapuche zu hören.

Wer sich mit den Mapuche beschäftigt und verstehen will, welche Themen vor allem für die jüngere Generation in den Städten relevant sind, der sollte sich auf jeden Fall in sozialen Netzwerken oder auf YouTube nach den Profilen der aktuellen Hip-Hop-Künstler umsehen und ein paar Songs hören. Und wer mit offenen Augen durch die Stadt geht, findet mit etwas Glück vielleicht Poster zur Ankündigung von Konzerten oder *Tocatas* oder auffällige Graffiti mit indigenen Motiven und Forderungen. Hip-Hop-Mapuche ist ein schönes Beispiel, wie bei dem Versuch, eine Kultur »zurückzuholen«, ganz organisch neue kulturelle Formen entstehen – genau was eine lebendige Kultur eben ausmacht.

96. Grund

Weil es auf Mapuzungún ein Wort für »mit allen vieren auf einen Baum klettern und sich an den Wurzeln und Ästen festhalten« gibt

Mapuzungún – von *Mapu – Erde* und *zungu – Sprache* – ist die Sprache der Mapuche. Sie hat je nach Region unterschiedliche Namen, zum Beispiel Mapuchezungún, Chezungún, Mapudungún, Mapunchedungun – alle aber sind regionale Varianten einer Sprache. Da sie traditionell nur mündlich weitergegeben wurde und es keine Schrift gab, haben erst europäische Eroberer, Forscher und Missionare verschriftlicht, wie die Menschen vor Ort sprachen. Viele haben sich seitdem daran versucht, die Laute des Mapuzungún korrekt in lateinischer Schreibweise wiederzugeben, weswegen es bis heute mindestens acht verschiedene Schriftsysteme gibt. Das klingt schlimmer als es ist, denn wer die Sprache lernt, der weiß, dass ihr die Schriftform erst von Europäern angetan wurde und man nachsichtig sein muss. Und wenn man genau wissen will, wie etwas ausgesprochen wird, fragt man am besten jemand Älteren. Besonders beeinflusst hat die Schriftsprache der bayerische Kapuzinerpater Félix de Augusta – also Felix von Augsburg – , der als Missionar im frühen 20. Jahrhundert eine Grammatik und ein Wörterbuch für die Mapuchesprache erarbeitete. Vielleicht fällt es deshalb deutschen Lesern gar nicht so schwer, seine Texte mit den vielen ü und k richtig zu lesen und auszusprechen. Bis heute ist sein Wörterbuch ein Standardwerk, das von Schülern und Lehrern verwendet wird und sehr feinfühlige und korrekte Übersetzungen und Erklärungen bietet.

Auch ich habe eine Weile Mapuzungún gelernt, kann aber leider nicht sagen, dass ich imstande wäre, eine richtige Unterhaltung zu führen. Aber das ist auch gar nicht so schlimm. Dafür habe ich einen tieferen Einblick in eine wunderbare und überraschende Sprache erhascht. Und wie so oft konnte ich erst durch sie einen Schimmer von der Welt ihrer Sprecher verstehen. Eine kleine Kostprobe? Mapuzungún ist eine agglutinierende Sprache. Das heißt, man hängt viele Informationen wie etwa zu Zeit, Funktion, positiv oder negativ, belebt oder unbelebt etc. an das Verb hinten an und bildet dabei Bandwurm-Wörter. Man muss also ganz genau zuhören, wenn jemand erzählt, denn es kommen ganz viele Informationen schnell hintereinander. Statt sich wie die meisten europäischen Sprachen mit den Personalpronomen ich, du, er/sie/es, wir, ihr, sie zufriedenzugeben (wie langweilig!), kann man im Mapuzungún zusätzlich ausdrücken, dass etwas zu zweit passiert, und zwar mit jedem Personalpronomen. Das zeigt, wie wichtig die Dualität in der

Weltsicht der Mapuchekultur ist. Auch bei der Bezeichnung von Verwandtschaftsbeziehungen ist das Mapuzungún sehr exakt und benennt zum Beispiel die mütterliche und väterliche Linie unterschiedlich. Ein Opa mütterlicherseits heißt also etwa *Chezky*, ein Opa väterlicherseits *Laku*. Das ist wichtig, weil die Mapuche-Identität eng an Land, Gemeinschaft und Familie gekoppelt ist. Es ist also relevant, genau angeben zu können, mit wem man wie verwandt ist. Außerdem hat das Mapuzungún ein paar schöne Lehnwörter aus dem Quechua und dem Spanischen aufgenommen, die man aber erst beim genaueren Hinschauen erkennt. Da das Inkareich zur Zeit seiner größten Expansion bis weit ins heutige Chile reichte, ist es sehr wahrscheinlich, dass es dort auch zu einem kulturellen Austausch kam. Beispielsweise sind höhere Zahlen wie *Hundert (pataka)* und *Tausend (warangka)* aus dem Quechua entlehnt und Tiere aus der alten Welt aus dem Spanischen wie etwa das Pferd (spanisch *caballo* wird zu *kawellu*) und Schaf (spanisch *oveja* wird zu *ufisa*). Besonders spannend finde ich auch die neuen Wortschaffungen von jungen Sprachaktivisten aus den letzten Jahren mit dem Ziel, die Sprache aktuell alltagstauglich zu machen. So sind wunderbare Neuschöpfungen wie *mütrümwe (Handy*, wörtlich *rufen – Objekt*) oder *pelontuwe* (*Fenster*, wörtlich *Licht durchfallen – Objekt*) entstanden. Auf mein Lieblingswort stieß ich aber bei einer Übersetzungshausaufgabe, für die ich den guten alten bayerischen Augusta zur Hand nahm und das wunderbare Verb *ekopurran* fand. Wörtlich übersetzt heißt es so etwas wie »*mit allen vieren auf einen Baum klettern und sich an den Wurzeln und Ästen festhalten*«.

Weil man mit den Gedichten von Mapuche-Poeten die Welt mit anderen Augen sieht

Als 2020 der chilenische Nationalpreis für Literatur dem Dichter, Essayisten und Übersetzer Elicura Chihuailaf verliehen wurde, kam das in Chile einer Sensation gleich: Zum ersten Mal in der Geschichte ging dieser renommierte Preis, den vorher bereits Größen wie Gabriela Mistral und Pablo Neruda erhalten hatten, an einen Mapuche. Chilhuailaf schreibt seine Gedichte auf Mapuzungún und Spanisch und übersetzt die mündliche Überlieferung der Mapuche in eine beeindruckende, kraftvolle Schriftsprache, die auch Nicht-Mapuche zugänglich ist. Oralität ist für die Mapuche, die traditionell keine Schriftsprache kannten, für die Weitergabe von Wissen enorm wichtig. Eine große Anzahl Lieder, Tänze, Geschichten, Legenden, komplizierter Regeln bei der formellen Begrüßung und früher auch die Fähigkeit, lange Reden fast wörtlich wiedergeben zu können, sind Zeugen dieser oralen Kultur, die Wissen tradiert und oft von Europäern und Chilenen nicht verstanden und geringschätzt wurde. Chihuailaf gehörte zu den Ersten, die Erfolge dabei hatten, den Leser auf eine Reise durch die Welt seiner Vorfahren zu nehmen und die Schönheit und Zartheit indigener Kulturen durch Gedichte zu zeigen.

Weitere bekannte Mapuche-Poeten sind zum Beispiel Leonel Lienlaf und Jaime Huenún. Gemein ist dieser ersten Generation, dass sie kulturelle Elemente der Mapuche als zentrale Bausteine in ihre Texte einarbeitet und ein mystisches Kaleidoskop aus Träumen, Pflanzen, Tieren, Gerüchen, Ahnen und anderen Wesen entstehen lässt. Man fühlt sich in eine bezaubernde Welt versetzt, in der Bäume, Bäche und Vulkane belebt und Ahnen Teil des Lebens sind. Die Texte sind vollgepackt mit Elementen, die für Nicht-Mapuche fremd oder sogar unverständlich, trotzdem aber zauberhaft und faszinierend sind. Es sind kollektive Erinnerungen und kulturelle Wissensvorräte, die für alle Mapuche stehen und in deren Reihe sich die Autoren einordnen. Mit ihnen tauchte zum ersten Mal die Kultur der Mapuche und ihre Vorstellung von der Welt in der chilenischen Poesie-Szene auf. Das war neu, denn indigene Kulturen wie die Mapuche werden im chilenischen Kulturbetrieb sehr häufig marginalisiert und als fremd wahrgenommen.

Nach der Jahrtausendwende rückten jüngere Poeten wie zum Beispiel David Aniñir in den Fokus. Diese Generation Mapuche erzählt aus einer anderen Erfahrung: Sie wuchsen in den Armenvierteln Santiagos fern der ursprünglichen Heimat ihrer Eltern im Süden des Landes auf und kennen Armut, Marginalisierung, Alkoholismus und Gewalt aus erster Hand. Sie prägten den Begriff *Mapurbe*, der sich aus den Wörtern *urban* und *Mapuche* zusammensetzt. Diese urbane Mapuche-Identität ist gezwungenermaßen im Zuge der massiven Migration in die Städte im 20. Jahrhundert entstanden. Traditionell identifizieren sich Mapuche stark über ihr Land und ihre Gemeinschaft. Der neuen Generation urbaner Mapuche fehlen jedoch diese wichtigen Elemente ihrer Identität. Sie sind quasi doppelt entwurzelt: Als arme Binnenmigranten aus dem Süden des Landes in die Stadt und als Mapuche in einer klassistischen, an europäischen Werten orientierten chilenischen Gesellschaft. Diese Lücke und kollektive Wunde müssen die urbanen Mapuche anders füllen, zum Beispiel über eine neue Poesie.

Während die erste Generation von Mapuche-Poeten aus der kollektiven Erfahrung ihrer Gemeinschaft und damit aus dem Inneren der Identität Mapuche auftritt, erzählt die junge Generation Mapurbe aus einer individuellen, subjektiven Erfahrung. Dabei macht sie kaum ethnokulturelle Anspielungen und spricht kein oder kaum Mapuzungún. In den spanischsprachigen Texten von Aniñir geht es zum Beispiel um seine individuellen Erfahrungen in den Armenvierteln, um Wut und Schmerz, Rockmusik, das Herumlaufen im Viertel, insgesamt aber auch um das Gefühl von Entwurzelung und historischer Ungerechtigkeit.

Zwei Generationen moderner Mapuche-Poeten zeigen ganz unterschiedliche Erfahrungen und Realitäten auf. Wer sich für die Kultur der Mapuche interessiert, dem seien diese Gedichte sehr empfohlen. Hier erklären die Autoren selbst ihre Sprache und das Denken der Nation Mapuche oder geben einen Einblick, wie es sich anfühlt, als junger Mapuche in einem Armenviertel in Santiago zu leben. So eindringlich und sensibel kann das nur Poesie.

98. Grund

Wegen der Zäune

Wer im ländlichen Raum in der Region Araucanía unterwegs ist, wird bemerken, dass Zäune hier eine wichtige Rolle spielen. Sie sind überall. Links und rechts jeder Straße, jedes Weges und jeder Schotterpiste. Zäune grenzen Grundstücke voneinander ab, sorgen dafür, dass die Schweine nicht in die Kartoffeln und die Schüler nicht vom Schulhof laufen, und schaffen ein Gefühl von Ruhe und Ordnung.

Viele Mapuche, die im ländlichen Raum leben, haben hier kleine Höfe mit ein paar Tieren und einem Gemüsegarten und versorgen sich dort teilweise selbst. Auch hier: Überall Zäune, allerdings andersherum, als man denken könnte: Eingezäunt werden meistens die Bereiche, die nicht von Tieren betreten werden sollen. Hühner, Schweine, Schafe und manchmal auch Rinder laufen mehr oder weniger frei auf dem Grundstück umher und fungieren praktischerweise gleich als lebendige Rasenmäher. Diese Zauntechnik bringt es mit sich, dass sich Tiere wie Kühe oder Schafe manchmal zu weit vom Haus entfernen und gesucht werden müssen. Sie stehen dann in einiger Entfernung beim Nachbarn im Weizen oder im Wald und müssen eingefangen werden. Um aber in den Gemüsegarten zu gelangen, muss jeder Mensch durch den Zaun und dafür eine komplizierte Knotentechnik am Stacheldraht erlernen. Wer erfolgreich die Drahtenden auseinandergefriemelt und sich dabei nicht verletzt hat, sollte sich sehr schnell hineinquetschen, bevor die Hühner den Moment nutzen und mit hereindrängen.

Um den Gemüsegarten vor besonders schlauen Zaundurchbrechern zu schützen, gibt es eine eigene Mapuche-Technik: den *Garabato* oder auf Mapuzungún *Yukul*. Der *Garabato* besteht aus drei robusten Stöcken, die Schweinen und anderen Tieren als Dreieck eng um den Hals gelegt und mit Draht befestigt werden. Die Stöcke sind so lang und sperrig, dass das Tier damit durch keinen Zaun mehr kommt – ein *Zaun to go* sozusagen. Außerdem bekommen sie einen Anti-Grabe-Schutz, der aus einem Nasenring aus Draht besteht. Ob das tierschutzmäßig in Ordnung ist, sei dahingestellt. Die Tiere aber, die hier leben, dürfen ihr ganzes Leben draußen verbringen, nach Belieben im Schlamm wühlen, frei umherstreifen, behalten ihre Schwänze und werden zu Hause ohne Stress geschlachtet. Fast alles an ihnen wird anschließend verwertet.

Zäune haben aber im Mapucheland auch noch eine andere schwierige Geschichte. Sie begrenzen Eigentum an Grundstücken, und diese wurden den Mapuche immer wieder und bis heute immer noch gewaltsam genommen. Nach der Eroberung der Araucanía durch die Chilenen 1883 begann der chilenische Staat, das Land zu vermessen und neu zu verteilen. Chilenen und europäische Siedler wurden planmäßig angeworben, Mapuchefamilien auseinandergerissen und auf verschiedene kleinere Reduktionen verteilt. Sie verloren dabei Ländereien, Tiere und soziale Strukturen. Dabei ist der *tuwün*, der physische und familiäre Ort der Herkunft, für die Identität der Mapuche besonders wichtig. Dieses kollektive Trauma von Enteignung, Vertreibung und Verarmung sitzt bis heute tief und dauert über Generationen an. Die große Mehrheit der Mapuche im Süden des Landes ist arm und besitzt nur wenig Land, zu klein, um eine gewinnbringende Landwirtschaft zu betreiben. Seit den 1970er-Jahren besetzen Gemeinschaften deswegen Ländereien von Großgrundbesitzern, die ihren Vorfahren gehörten, und fordern ihre Rechte ein. Zäune werden verschoben und zur Not mit Gewalt verteidigt, bekannt als *Corrida de cercos*. Unermüdlich reparieren Mapuchefamilien ihre Zäune zu chilenischen Nachbarn und wissen genau, wo die Grenze irgendwo weit oben auf dem Berg verläuft. Die Grenzen sind auf dem *Título de Merced* eingezeichnet, den ein chilenischer Beamter irgendwann vor 100 Jahren einem Vorfahren ausgestellt hat und der seitdem wie ein Schatz bewahrt wird.

Für viele Mapuche sind Zäune eine komplexe Angelegenheit: Sie grenzen ihren Besitz von dem ihres Nachbarn ab und schaffen damit Sicherheit. Gleichzeitig erinnern sie an vielen Orten daran, dass ihr Landbesitz vor zwei Generationen um ein Vielfaches größer war und die Familie gut davon leben konnte. Heute stehen auf der anderen Seite des Zauns Eukalyptusplantagen oder es wird gewinnbringend Landwirtschaft betrieben. Auf jeden Fall ist es kein schöner Anblick für die Betroffenen.

99. Grund

Weil man mit einer »Minga« in Menschen und nicht in Banken investiert

Es ist sehr früh an einem Samstagmorgen, als ich bei meiner Nachbarin Norma ankomme. Die Vögel beginnen gerade erst zu singen, und ich stehe müde und fröstelnd vor ihrem Haus. Es sind schon zahlreiche Nachbarn vor mir angekommen, die sich für unseren Einsatz heute vorbereiten und Werkzeuge ordnen. Sie scheinen überhaupt nicht müde zu sein, lachen und reißen Witze. Ich erkenne meinen Onkel Beni und winke ihm zu. Er weiß, wie das heute läuft, und wird mir bestimmt helfen. Norma selbst läuft hin und her, begrüßt Neuankömmlinge und erklärt ihnen, was zu tun ist. Wir alle sind ihrer Einladung zu einer *Minga* gefolgt und werden sie heute dabei unterstützen, ihr ganzes Feld Kartoffeln zu ernten. Sie selbst wird sich nur um unser Wohlbefinden kümmern und mit Unterstützung zahlreicher Tanten für uns kochen.

Den ganzen Morgen über kommen weitere Nachbarn, Familienangehörige und Freunde hinzu, während wir schon mit der Kartoffelernte beschäftigt sind. Die Stimmung ist gut, es wird geredet, gelacht und gesungen. Der Staub und die anstrengende Arbeit stören keinen, denn wir helfen ja Norma. Mein Onkel Beni und ich sind ein Kartoffelteam und sammeln gemeinsam, wobei wir die aktuelle Trockenheit besprechen. Gegen Mittag wird es richtig heiß und anstrengend. Der erste Wein wird geöffnet, und jemand bietet *Muday* an. Kurz darauf kommt Norma mit einer Gefolgschaft Tanten zu uns aufs Feld und tischt auf: Es gibt Kartoffeln und Fleisch, dazu Tomatensalat und noch warmes Brot direkt auf der Wiese. Alles schmeckt wunderbar, und wir greifen zu. Anschließend strecken wir uns im Gras aus. Die Sonne scheint, kein Wölkchen ist zu sehen, und Norma lacht. Sie ist glücklich: Alle sind satt und guter Dinge, und es steht bereits eine Reihe Kartoffelsäcke am Feldrand, die sie über den Winter essen und tauschen wird.

Über den Nachmittag beenden wir die Arbeit und sitzen anschließend erschöpft und staubig vor Normas Haus im Schatten. Es gibt noch mehr Wein, und alle sind guter Stimmung. Wer noch kann, der bleibt bis spät in die Nacht und feiert die getane Arbeit. Wie die meisten ziehe ich mich am frühen Abend zurück, weil mein Rücken laut nach einem Bett ruft. Als wir uns verabschieden, laufen Norma vor Dankbarkeit und Freude die Tränen über das Gesicht. Ohne uns hätte sie die Ernte nicht geschafft, sagt sie und küsst und drückt jeden Einzelnen. Für alle war es wieder ein gelungener Tag.

So oder so ähnlich laufen in Chile, aber auch in anderen andinen Ländern, tagtäglich *Mingas* ab. Die *Minga* ist eine aus präkolumbischer Zeit tradierte Gemeinschaftsarbeit, die meistens gemeinschaftlichen Zwecken dient. Dabei unterstützen Nachbarn, Freunde und Familie etwa den Bau eines Nachbarschaftstreffs oder die Ernte einer Familie oder Einzelperson. Diese eigentlich indigene Einrichtung schafft Zusammenhalt, ermöglicht es, für kurze Zeit ohne Geld viele Arbeiter zur Verfügung zu haben, und ist auch unter Chilenen auf dem Land verbreitet. Dabei gibt es eine ungeschriebene Regel: Wer zu einer *Minga* einlädt, ist für das leibliche Wohl aller Helferinnen und Helfer während des Arbeitstages zuständig und selbst verpflichtet, bei einer nächsten *Minga* einem Nachbarn oder Freund zu helfen. Dieses System funktioniert sehr gut, und alle fühlen sich am Ende zufrieden. Man hat sozusagen einen Tag seine Arbeit in das Projekt eines anderen investiert und sieht, wie sehr es diesem hilft. Gleichzeitig ist dieser Tag eine Versicherung, dass einem selbst eines Tages geholfen wird, wenn man darum bittet. Vor allem bei Familien mit sehr wenigen finanziellen Mitteln ist die *Minga* oft die einzige Möglichkeit, ein großes Projekt ohne Kredite zu stemmen.

Auf der Insel Chiloé versetzt man in Gemeinschaftsarbeit sogar Häuser. Bei der *Tiradura de Casa* entfernen oder verstärken die Besitzer mithilfe vieler Nachbarn und Handwerker Türen und Fenster und setzen das Haus ohne Fundament auf dicke Balken, die ähnlich wie Räder funktionieren. Von Ochsen oder Traktoren gezogen, »rollt« das Haus quasi über den Boden – und das kilometerweit. Da die meisten Häuser aus Holz und Wellblech bestehen, ist so ein Umzug mit viel Erfahrung möglich. Sogar über das Meer zieht man Häuser mithilfe von Boten, was ein wirklich unglaublicher Anblick ist. Weil solch ein Umzug natürlich nicht nur für die Einheimischen, sondern auch für Besucher ein Ereignis ist, bekommt er fast volksfestartige Züge. Zuschauer mischen sich unter die Helfer, feuern lautstark die Ochsen an, jemand geht mit einem großen Topf Essen herum, und vielleicht wird auch gebetet und gesungen. Wie so oft kann man nur beeindruckt sein, wie die Chilenen mit ihrer Solidarität Berge und Häuser versetzen.

Weil »Harina tostada« oder »Ñako« das Superfood der Mapuche ist

Wer im Süden Chiles auf dem Land unterwegs ist, wird relativ schnell mit *Harina tostada* in Berührung kommen. Übersetzt heißt das nur *geröstetes Mehl* und ist ein wichtiges Nahrungsmittel der Mapuche, das aber auch viele Chilenen übernommen haben. Vor allem Frauen bereiten es in den indigenen Gemeinschaften noch traditionell zu und verkaufen es auf der Straße und auf Märkten. Auch in Supermärkten findet man *Harina tostada* in Plastiksäckchen verpackt. Die Zubereitung ist einigermaßen aufwendig, aber anschließend hat man ein sehr gesundes Nahrungsmittel, das sich wunderbar unterwegs oder in Eile essen lässt.

Zuerst wird das ganze Getreide, in Chile ist das heute fast ausschließlich Weizen, mit der Hand gesäubert, das heißt mögliche Rückstände oder Steinchen entfernt. Dann gibt man den Weizen in eine *Callana*: Das ist eine Art großer Bräter mit einem langen Holzstiel, der mit einem Draht über einem offenen Feuer installiert wird. Und dann geht es los: Mit geübtem Schwung wiegt man die *Callana* über dem Feuer hin und her, wobei ein charakteristisches rauschendes Geräusch entsteht: *schww-schww-schww-schww*, immer hin und her, um den Weizen zu rösten, aber nicht anbrennen zu lassen.

Die Kunst ist, genau den richtigen Moment zu treffen, um den Weizen vom Feuer zu nehmen. Er muss kräftig duften, hat eine dunklere Farbe angenommen, und einzelne Körner beginnen zu puffen. Dann ist der Weizen so weit: Meist wird er in einer einfachen Handmühle, ähnlich einem Fleischwolf am Küchentisch gemahlen und anschließend verpackt. Größere Produzentinnen haben oft selbst gebaute elektrische Mühlen, um größere Mengen verarbeiten zu können.

Seit ich das erste Mal *Harina tostada* mit Beeren und Zucker probiert habe, bin ich begeistert! Es fehlt bei mir auf keiner Wanderung oder Camping-Exkursion. In Chile sind Produkte aus vollem Korn sehr selten, *Harina tostada* hat alle Teile eines guten Vollkornbrotes. Auf dem Land gehört es deswegen oft zur Ernährung von Kindern: Als *Ulpo* trinken oder essen sie es mit heißem Wasser oder Milch und Zucker zu jeder Tageszeit. Erwachsene mögen ihren *Ñako*, wie das Nahrungsmittel original auf Mapuzungún heißt, auch als *Chupilka* mit Rotwein oder als *Pavo,* salzig als dicke Suppe. Im Sommer streut man *Ñako* auf Wassermelonen oder trinkt es mit eiskaltem Wasser. Dem Einfallsreichtum sind keine Grenzen gesetzt.

Ñako lässt sich einfach überall mit hinnehmen, ist billig und vollwertig und deswegen schon seit Jahrhunderten die Kost von Wanderarbeitern und Bauern. Auch in Argentinien kennt man das Nahrungsmittel von den Mapuche und von chilenischen Tagelöhnern. Warum es in Chile einen schlechten Ruf hat, konnte ich nie verstehen. Es ist ein Nahrungsmittel, das praktisch nur im Privaten konsumiert wird, in Restaurants oder Imbissen sucht man es vergeblich. Niemand käme auf die Idee, stolz auf ein so hochwertiges Produkt zu sein, denn es haftet ihm der Makel an, ein »Arme-Leute-Essen« zu sein. Wie schade!

Auf den Kanarischen Inseln wird *Gofio*, das kanarische Pendant zum *Ñako*, seit Jahrzehnten professionell hergestellt und Besuchern mit Stolz angeboten. Heute wird es meistens aus Mais gemacht und gehört zum kulturellen Selbstverständnis der *Canarios*, die es als Migranten in andere Länder getragen haben. Auch in Peru und Bolivien bereiten die Quechua *Máchica* zu, und in deutschen Reformhäusern wird nepalesisches *Tsampa* zu atemberaubenden Preisen angeboten. In Chile ist es mal wieder nicht so weit her mit dem kollektiven Bekenntnis zum indigenem Erbe. *Harina tostada* wird nicht als Lifestyle- oder Vollwertnahrung verkauft. Vielleicht hilft es, wenn ein paar Auswärtige danach fragen und es ausgiebig loben. Lecker und gesund ist es auf jeden Fall!

101. Grund

Wegen der Araukarien-Bäume

Im Süden Chiles und Argentiniens gib es einen Baum, der so sonderbar und urtümlich-schön ist, dass man nur in Ehrfurcht vor ihm stehen kann. *Araucaria Araucana* ist die lateinische Bezeichnung für diesen stachligen Gesellen, der für die Mapuche heilig ist und skulpturengleich auf *Plazas*, in Gärten und auf den Höhen der Anden steht. Auch in Deutschland ist er gelegentlich als Zierbaum zu sehen, erreicht aber nur selten seine erwachsene Größe und Wuchsform. Die Araukarie ist erdgeschichtlich gesehen ein Fossil und ihre Familie Araucariaceae gehört zu den ältesten Baumfamilien der Welt. Bereits vor 90 Millionen Jahren existierten sie und waren eine wichtige Nahrung für Dinosaurier. Heute stehen sie noch immer an Ort und Stelle. Sie wachsen sehr langsam und am besten in Höhenlagen und können über 2000 Jahre alt werden.

Auf Mapuzungún heißt die Araukarie *Pehuén*, und nach ihr benennen sich auch die Mapuche-Pehuenche, die in den Anden und Vorandengebieten Chiles heimisch sind. Ein Grund, warum die Araukarie für die Mapuche so wichtig ist, sind die *Piñones*, die pinienkernartigen Früchte der Araukarie, die im Herbst, also etwa im April, in ihrer Krone in großen »Köpfen« heranreifen. Wenn es ausreichend warm gewesen ist, öffnen sich diese Köpfe und lassen bei etwas Wind einen Regen von *Piñones* herunterfallen. Dieses Geräusch ist magisch und veranlasst jeden, der zum Sammeln gekommen ist, augenblicklich, den neuen Pinienkernherd aufzuspüren und die gefallenen Früchte aufzusammeln. Für diese Aktivität, das Pinienkernesammeln, gibt es den eigenen Ausdruck *Piñonear*. Denn seit vielen Generationen ist diese Beschäftigung sehr wichtig für das Überleben im Winter und ein Bestandteil der Pehuenche-Kultur. Manche Familien verbringen Tage oder Wochen hoch oben in den Araukarienwäldern, wo es nachts eisig kalt werden kann, und leben auf begrenzte Zeit das einfache Leben ohne Elektrizität, Matratzen oder Handyempfang. Sie schlafen in einfachen Holzhütten, sammeln, wenn das Wetter gut ist und die Sonne scheint, und sitzen am Abend zusammen am Feuer. Meistens ist die Stimmung gut, denn die ganze Familie ist beisammen, und Handys bleiben ohne Empfang in einer Ecke liegen. Am Ende der Sammelzeit werden säckeweise *Piñones* per Pferd, Pick-up oder Lkw ins Dorf gebracht.

Piñones sind etwa so lang wie ein kleiner Finger, beige-braun und in einer Hülle verpackt. Wenn man sie in Wasser etwa eine Stunde gekocht oder auf dem Ofen ein Weilchen liegen lassen hat, kann man die Schale entfernen und essen. Sie schmecken wunderbar nahrhaft, ein bisschen wie Esskastanien, nur weniger süß. Weil sie so lecker sind und viel Energie und Proteine haben, sind sie bis heute ein wichtiges Nahrungsmittel für die Menschen in der Araucanía und im Bíobío. Sie werden einfach gekocht gegessen, säckeweise gegen andere Lebensmittel getauscht, zu Mehl verarbeitet, eingekocht, getrocknet oder in der Pfanne gebraten. Der Kreativität sind bei der Zubereitung von *Piñones* keine Grenzen gesetzt, und so wurde die Frucht in den letzten Jahren immer öfter sowohl in der lokalen, als auch in der gehobenen chilenischen Küche eingesetzt. Wer die Chance hat und zur richtigen Zeit in Chile ist, sollte sie unbedingt probieren. Ab etwa April werden *Piñones* sogar in vielen Supermärkten verkauft, und man kann sie selbst zubereiten.

102. Grund

Weil Ochsenkarren zwischen SUVs parken

Temuco an einem wunderbaren Sommertag. Die Sonne scheint, ein leichter Wind geht durch die Straßen und umspielt Arme und Beine. Auf der Plaza de Armas verkauft ein Mann *Mote con Huesillo,* und die Fassaden der Kaufhäuser spiegeln die Sonne in ihren großen

Scheiben. Es ist nicht heiß und nicht kalt, gerade richtig für einen Bummel durch die Stadt. Neben der Straße hat sich schon am Vormittag ein *Cochayuyo*-Verkäufer mit seinem Ochsenkarren installiert. Die schweren Tiere stehen geduldig in der Sonne, verscheuchen die Fliegen mit dem Schwanz und treten von einem Bein auf das andere. Fast Rad an Rad steht ihr Karren mit einem schwarz funkelnden SUV, der gerade schwungvoll auf die Plaza gebogen ist. Ein Mann in bunten Shorts steigt das Treppchen auf die Straße hinab, stellt verwundert fest, dass es hier wärmer ist als drinnen in seinem klimatisierten Wagen und geht auf den Stand mit *Mote und Huesillo* zu. Gebannt beobachte ich die Szene. Niemand sonst findet etwas Besonderes daran. Und doch zeigt sie für mich symbolisch und krass das Nebeneinander von Arm und Reich, Stadt und Land in Chile wie ein Schlag ins Gesicht.

Wie mögen diese beiden Leben aussehen, frage ich mich. Der *Cochayuyo*-Verkäufer hat vermutlich ein halbes Jahr zusammen mit seiner Familie die Alge gesammelt, getrocknet und zu Bündeln geschnürt, dann vor einigen Tagen den Karren beladen, seine Ochsen angespannt und ist zu Fuß mit ihnen bis nach Temuco gelaufen. Sie sind ein wichtiges Arbeitsmittel und eine Art Versicherung. Wenn sie ein paar Jahre alt sind, werden sie ausgebildet und lernen, als Paar schwere Lasten zu ziehen und auf die Stimme und Gesten ihres Herrn zu hören. Sie pflügen, ziehen schwere Baumstämme aus dem Wald, notfalls auch Autos aus dem Schlamm und bleiben nach Möglichkeit ein Leben lang zusammen. Wenn sie nicht arbeiten, stehen sie auf der Weide oder in den Büschen und ernähren sich von dem, was eben gerade dort wächst. In Notfällen können sie teuer verkauft werden und einen Aufenthalt im Krankenhaus oder einen Kredit bezahlen.

Daneben der funkelnde SUV, Objekt chilenischer Konsumträume. Auch wenn viele Schotterpisten hart für japanische Kleinwagen sind, brauchen nur die wenigsten Chilenen wirklich ein so riesiges Auto. Aber es verspricht Komfort, Sicherheit und Status und ein bequemes

Leben ohne finanzielle Zwänge – ein unerreichbarer Traum für die meisten Chilenen. Vielleicht lebt der Mann in den bunten Shorts so ein Leben und ist gerade unterwegs in sein Ferienhaus weiter im Süden. Vielleicht auch nicht. In jedem Fall sieht es so gut aus, findet er.

103. Grund

Weil Mapuche mal einen durchgeknallten Franzosen zu ihrem König wählten

Plötzlich war er König. Aber nur kurz. 1860 wählten einige Mapuche-Führer den französischen Anwalt und Abenteurer Orélie-Antoine de Tounens zum König von Araukanien, und weil es gerade so gut lief, verkündete dieser einige Tage später gleich auch die Annektierung des argentinischen Teils Patagoniens. Voilà, fertig war das Königreich von Araukanien und Patagonien. Leider hielt es nur zwei Jahre und wurde nie anerkannt. Der chilenische Präsident, der sich zur gleichen Zeit mit der militärischen Eroberung des Südens die Zähne ausbiss, war vermutlich nicht sehr *amused* über diese Entwicklungen. Er wollte endlich den Widerstand der Mapuche brechen und die Araukanie in sein Staatsgebiet eingliedern. Und da stand nun ein französischer Querulant im Wege, der den Moment des Machtvakuums gut genutzt hatte.

Wahrscheinlich ging es de Tounens gar nicht um politische Veränderungen, sondern um sein eigenes privates Königreich. Dafür hatte er einige indigene Führer davon überzeugt, sie beim Kampf gegen das chilenische und argentinische Heer zu unterstützen. Wie genau die »Wahl« aussah und ob die beteiligten Mapuche überhaupt seinen Verfassungsentwurf lesen und verstehen konnten, ist unbekannt. Außerdem kennen die Mapuche keine zentralisierten Mapuche-Führer, die so einen Akt hätten legitimieren können. Orélie-Antoine de Tounens ließ sich aber von solchen Details nicht beirren, erarbeitete eine Verfassung, erfand eine Flagge, prägte Münzen und bildete eine Regierung. Daraufhin nahm ihn die chilenische Regierung wiederholt fest, steckte ihn sogar mal in eine Irrenanstalt und schob ihn letztendlich 1862 nach Frankreich ab. Mehrfach wurde er als verrückt bezeichnet und lebte bis zu seinem Tod 1878 als einfacher Laternenanzünder.

Auch wenn die Geschichte des kurzen Königreiches etwas bizarr wirkt, ist sie bis heute für viele Mapuche wirkmächtig. Zahllose Gemeinschaften und Familien kämpfen um ihre Ländereien und die Anerkennung des Unrechts, das ihnen angetan wurde. Nie konnten die Spanier während der Kolonialzeit das Gebiet unter ihre Kontrolle bringen. Erst das chilenische Militär eroberte zwischen 1860 und 1883 die Araukanie, enteignete und vertrieb die dort heimischen Mapuche und siedelte sie willkürlich auf Reduktionen um. Dafür holte die Regierung europäische Kolonisten und stellte ihnen Land zur Verfügung. Die Verarmung und der Niedergang der indigenen Gesellschaft nahm ihren Lauf. Dieses Drama ist bis heute ein kollektives Trauma der Mapuche und der Konflikt ungelöst. Viele indigene Organisationen fordern die Rückgabe von Ländereien und eine autonome Selbstregierung. Das Territorium, auf das sie sich beziehen, ist dem des Königreiches von Araukanien und Patagonien sehr ähnlich. Und deswegen ist der historische Schlenker von Orélie-Antoine de Tounens auch gar nicht so irrelevant und verrückt, wie man zunächst annehmen könnte. Er zeigt Befürwortern indigener Autonomie historische Kontinuitäten auf und schafft Argumentationshilfe. Wie so oft muss man das Urteil »verrückt« mit Vorsicht genießen. Viel zu häufig wurde es gegen die verwendet, die nicht aus den konventionellen Zirkeln der Macht stammten und es wagten, selbst Macht und Gestaltungsräume in Anspruch zu nehmen.

Kapitel 10

Katastrophen

104. Grund

Weil Chilenen mit Erdbeben, Tsunamis, Vulkanausbrüchen, Dürren und Überschwemmungen leben, als wäre es das Normalste auf der Welt

Ich kann mich noch gut erinnern, wie ich 2010 wenige Tage nach dem großen Erdbeben für ein Interview in einem Kirchenbüro der Kleinstadt Padre Las Casas saß, vor mir ein deutscher Geistlicher an einem schweren Eichenschreibtisch. Auf einem Sockel über ihm thronte eine Marienstatue, und eine altmodische Lampe hing über dem Schreibtisch. Wir waren in unser Gespräch vertieft, als ich plötzlich ein seltsames Gefühl hatte, so als würde mein Gleichgewichtssinn kurz Hallo sagen. Unwillkürlich blickte ich auf und erstarrte, als ich sah, dass die Marienstatue gefährlich schwankte und die Lampe hin- und herschaukelte. Vor lauter Schreck fiel mir nichts Besseres ein als: »Pater, die Maria bewegt sich!«, woraufhin der Geistliche mit einem kurzen Blick zur Lampe feststellte: »Ach, nur ein kleines Zittern, nicht weiter schlimm«, und zu unserem Gespräch zurückkehrte.

Kleinere und auch mittlere Nachbeben (die Chilenen sagen *temblor – Zittern*) sind nach Erdbeben normal, und mit seiner Reaktion hatte sich der Geistliche als Quasi-Einheimischer offenbart. Die

Gelassenheit, mit der die Chilenen auf Katastrophen reagieren, ist beneidenswert und wahrscheinlich nur erklärbar mit der Häufigkeit ihres Auftretens. Man könnte das Land als Labor für Naturkatastrophen und Notfälle bezeichnen, und die Bevölkerung musste Wege und Mittel finden, mit dieser ständigen Alarmbereitschaft zu leben. In Chile vergeht kein Jahr, in dem nicht Erdbeben, Vulkanausbrüche oder Ascheregen, Dürren, Überschwemmungen oder Tsunamis große Schäden anrichten und Menschenleben kosten. In den Nachrichten werden immer wieder die erschreckendsten Aufnahmen von Lavaströmen und im Fluss schwimmenden Autos gezeigt, und das ganze Land verfolgt gebannt mit einer Mischung aus Schaulust und Anteilnahme die Katastrophe.

Chile ist in mehrfacher Hinsicht besonders von solchen Ereignissen betroffen: Zum einen liegt es am Pazifischen Feuerring, also einem Vulkangürtel. Vor der Küste taucht die Nazcaplatte unter die Südamerikanische Platte, und dabei entstehen unter Druck vulkanische Aktivitäten, Erdbeben und Tsunamis. Zum anderen gehört das Land zu den am meisten vom Klimawandel betroffenen Ländern. Seit den 2000er-Jahren sind vor allem der Anstieg der Temperaturen und der Wassermangel im Norden und Zentrum des Landes in den Fokus der Öffentlichkeit gerückt. Ehemals große Flüsse sind ausgetrocknet, was auch mit der Privatisierung des Wassers zu tun hat, ganze Regionen leiden unter jahrelanger Dürre, und die Wasserpreise steigen. Manche Gemeinden sind so ausgetrocknet, dass die einzelnen Haushalte mit einem Wasser-Lkw beliefert werden müssen, was für die betroffenen Familien große Abhängigkeit und Verletzbarkeit bedeutet.

Gleichzeitig reißen im Süden nach wochenlangen Regenfällen anschwellende Flüsse Brücken und Straßen mit sich und nehmen die im Sommer ausgetrocknete, nährstoffreiche Erde mit. Ein weiterer Grund für die besondere Verwundbarkeit durch Naturkatastrophen liegt in der Art, wie in Chile Siedlungen entstehen. Nur 30 Prozent der Kommunen verfügen über einen Flächennutzungsplan, und

Häuser werden spontan innerhalb und außerhalb bereits bestehender Ortschaften gebaut. Dabei achten die Eigentümer nur selten auf Risiken wie die Gefährdung durch Flüsse, Vulkane, Lawinen oder Ähnliches. Nur in größeren Städten gibt es Sicherheitsvorschriften, und man baut im Normalfall sein Haus eben, wo man kann. Oft stehen auch brennende Notlagen hinter einer solchen Entscheidung. Irreguläre Siedlungen oder *Tomas (besetzte Grundstücke)* sind meist in der Peripherie größerer Städte entstanden, weil der Platz in den Armenvierteln einfach zu eng wurde. Praktisch über Nacht entstanden seit den 1960er-Jahren einfache Baracken, die ganze Familien beherbergten, mit der Zeit ausgebaut wurden und natürlich keine Risikostudien durchlaufen haben. Sie sind dann am stärksten von Umweltkatastrophen gefährdet.

Wegen all der Naturkatastrophen und ständigen Alarmbereitschaft gibt es in Chile sogar eine Art »Katastrophenamt«: Der *Servicio Nacional de Prevención y Respuesta ante Desastres*, kurz *Senapred*, ist eine Einrichtung des Innenministeriums und für das Krisenmanagement im Katastrophenfall zuständig. Ihr Vorgänger entstand 1974 als Reaktion auf das stärkste jemals in Chile gemessene Erdbeben von Valdivia (1960). *Senapred* wird vom chilenischen Präsidenten überwacht und hat in jeder Region eine Niederlassung. Im Falle eines größeren Ereignisses tritt sie in Aktion. Das war etwa beim großen Erdbeben von 2010 der Fall, als die Erde sich fast fünf Minuten mit einer Stärke von 8,8 auf der Richterskala schüttelte – etwa so stark, dass Möbel umfallen, manche Häuser einstürzen und man aus dem Bett fällt, wenn man gerade schläft. Das Erdbeben ereignete sich vor der chilenischen Küste und verursachte einen schweren Tsunami, der ganze Küstenabschnitte und Häfen verwüstete. Das damalige Amt geriet im Nachgang in ernste Kritik, weil es zunächst die Tsunamiwarnung ignorierte, die das *Pacific Warning Center* ausgegeben hatte, und dieses Ignorieren Hunderte Menschen das Leben kostete, die frühzeitig hätten gewarnt und evakuiert werden können.

Im Nachgang diskutierte die chilenische Öffentlichkeit ausgiebig das Krisenmanagement der Regierung, und es entstand die neue Einrichtung *Senapred* mit neuer Struktur. 87 Prozent der zerstörten Häuser und Straßen wurden mit staatlicher Unterstützung wiederaufgebaut oder repariert. Als sich vier Jahre später ein etwas schwächeres Erdbeben vor der nördlichen Küste ereignete, reagierte die Regierung schnell und richtig: Innerhalb kürzester Zeit wurde fast eine Million Menschen evakuiert, und es gab kaum Tote. Anscheinend hatte sie ihre Lektion gelernt. Trotzdem herrscht in kleineren Städten und Kommunen oft Unklarheit über Abläufe und Zuständigkeiten im Falle einer Naturkatastrophe. Die Kommunikation zu den verstreut lebenden Haushalten ist schwierig bis unmöglich, manchmal übernehmen lokale Radiosender die Aufgabe, wichtige Informationen zu verbreiten. Meistens helfen sich die Betroffenen selbst, etwa, wenn nach einem Vulkanausbruch stundenlang Asche fällt und die gesamte Umwelt in eine graue Mondlandschaft verwandelt. Tiere müssen dann in den Stall, damit sie nicht an giftigen Chemikalien eingehen, Wasser muss aus Brunnen hergeschafft oder gekauft, feuchte Tücher als Maskenersatz über Mund und Nase getragen werden. Empörung oder Rufe nach staatlicher Hilfe oder Aufklärung sind auf dem Land eher selten. Die Menschen bleiben gelassen, denn sie kennen das schon und erwarten auch nichts von ihren Politikern. Auf den kleinen Bühnen abseits der großen Städte in den ländlichen Kommunen und Dörfern reichen die Ressourcen selten aus, um bei den Menschen anzukommen, und wie so oft hilft nur Improvisieren.

105. Grund

Weil Stromausfälle hier romantisch sind

Egal ob auf dem Land oder in der Stadt – landein und landab ist man in Chile an Stromausfälle gewöhnt. Die Gründe können vielfältig sein. Oft fallen bei Stürmen Äste oder ganze Bäume auf die nahe stehenden Stromleitungen, Autos oder Lkw beschädigen Strommasten bei Unfällen, oder die Stromgesellschaften führen mal wieder eine technische Erneuerung durch. Keiner gerät deswegen in Aufregung. In fast allen Haushalten liegen irgendwo in einem Schrank die Kerzen für den nächsten Stromausfall und man genießt die ruhigen Stunden oder Tage. Denn plötzlich verstummen Fernseher, Radios sowie alle Cumbias, Reggeatons und Rancheras der Nachbarschaft, und es herrscht fast so etwas wie Ruhe. Sogar Kühlschränke und Gefriertruhen hören auf zu summen, und nach ein paar Stunden sind auch alle Handys tot. Die schönsten Momente habe ich in Chile so verbracht. Denn plötzlich zählen wieder ganz einfache Dinge. Man sitzt bei Kerzenschein zusammen, im Rücken der wärmende Ofen, und spielt Karten oder unterhält sich. Vielleicht kommen die Nachbarn spontan vorbei, weil sie keine Kerzen mehr vorrätig hatten, und bringen einen Wein mit. Paare nutzen den Ausfall für einen romantischen Abend bei Kerzenschein. Manche Familien rücken eng zusammen und verbringen den Nachmittag mit gemeinschaftlichem Pommes-Frittieren oder Musizieren.

Ich habe noch nie erlebt, dass sich ernstlich jemand über einen Stromausfall geärgert hätte. Denn alle wissen, dass man eh nichts dagegen tun kann, und für die meisten sind die Momente ohne Strom die gemütlichsten, romantischsten oder ruhigsten in ihrem Leben. Meistens dauern sie nur ein paar Stunden, manchmal auch etwas länger. Dann gehen plötzlich wieder die Lichter an. Man blinzelt etwas geblendet in die Welt, der Kühlschrank macht einen Ruck und nimmt sein Summen wieder auf, der Fernseher plärrt wieder. Alles wie gehabt – weiter geht's.

106. Grund

Wegen der Demonstrationen

Chilenische Demonstrationen sind wild. Wer hingeht, der kommt mit einer unbändigen Wut, ist mutig und auf alles gefasst. Scheinbar geht es seit Jahrzehnten immer um die gleichen Themen: eine gerechte Bildung, ein faires Gesundheitssystem, würdevolle Löhne und Renten, Rechte für Indigene, Frauen und LGBTQ und Umweltschutz. Für viele Chilenen ist der Leidensdruck also hoch. Und bei Demonstrationen kommen alle Emotionen an die Oberfläche: Die jahrelang angestaute Wut über die Ungerechtigkeit, der Schmerz, die Hilflosigkeit und die Hoffnung auf eine Lösung entladen sich in der Masse. Chilenische Demonstrationen sind voller Kreativität und Farbe: Es wird ohrenbetäubend getrommelt und gesungen, skandiert, Tanzgruppen wirbeln durch die Straßen, Poster und Symbole sind überall. Viele Bewegungen haben ihre eigenen Erkennungszeichen, wie etwa die grünen und lila Halstücher der Frauenbewegung, der schwarze Straßenhund, die Regenbogenfahne oder die verschiedenen Varianten der Mapuche-Flaggen. Wie in einem kollektiven Rausch aus Symbolen, Rhythmen und Forderungen ziehen die Menschen durch die Straßen und werden immer lauter und mutiger. Sie singen: *Uh uh qué calor, el guanaco por favor! (Oh Mann, was für eine Hitze, bitte den Wasserwerfer!)* Irgendwo bricht eine Scheibe. Am Ende der Straße erkennt man bereits die gepanzerten Einsatzwagen der Polizei.

Die Stimmung schlägt meistens innerhalb weniger Minuten um. Plötzlich stehen die Wasserwerfer und Einsatzwagen der *Carabineros* auf dem Platz. Es sind angsteinflößende Ungetüme voller Dellen und Steinschläge, denen man ansieht, dass sie kampferprobt sind. Eine Gruppe Studierender mit Rucksäcken und Turnschuhen wird rücksichtslos mit einem Wasserstrahl hinweggefegt. Tränengas füllt die Luft. Junge Männer und Frauen werfen Steine, reißen Straßenschilder aus und errichten brennende Barrikaden. Wie konnte diese bunte Demonstration so schnell in bürgerkriegsartige Szenen ausarten?

Seit Jahren wird die unangemessene Polizeigewalt der chilenischen *Carabineros* immer wieder öffentlich verurteilt, und Menschenrechtsorganisationen fordern ihre juristische Untersuchung. Mit Gummigeschossen zielten *Carabineros* während der sozialen Proteste 2019 auf Kopfhöhe von Demonstranten und verletzten absichtlich über 300 Menschen an den Augen, viele von ihnen erblindeten. Sie wurden zu einem Symbol der Protestbewegung. Auch Schläge und sexuelle Übergriffe durch *Carabineros* kamen im Nachgang ans Licht. Demonstranten werden mit Metallkugeln beschossen, zwischen Einsatzwagen eingeklemmt oder mit Techniken verhört, die an Folter grenzen. Viele Beobachter und Journalisten zogen 2019 Vergleiche zum Agieren der Polizei während der Diktatur Pinochets. Aber auch umgedreht kommt es zu Ausschreitungen gegen *Carabineros.*

Die chilenische Anthropologin Francisca Márquez fasste es für die BBC einmal sehr treffend zusammen: Es reiche, wenn sich ein paar Schüler mit einem Spruchbanner auf der Straße postierten, damit die Polizei Tränengasbomben auf sie werfe. Diese Einschätzung ist nicht übertrieben und zeigt, wie schwer es der chilenischen Polizei immer noch fällt, grundlegende Bürgerrechte zu respektieren. Wenn Demonstranten den öffentlichen Raum benutzen, um ihre Meinung kundzutun, agiert die Polizei mit den ewig gleichen autoritären Dynamiken wie während der Diktatur.

Manchmal fragt man sich nach einer Demonstration, einem Streik oder einer Besetzung, wieso es in Chile immer erst eskalieren muss, damit etwas passiert. Es wirkt fast, als müssten die Menschen ständig ihren dysfunktionalen Staat erpressen, weil es keine andere Kommunikation mit ihm mehr gibt. Erst wenn Straßen blockiert, Schulen verbarrikadiert oder Universitäten besetzt sind, bleibt den Verantwortlichen in den Institutionen nichts Anderes übrig, als zu reagieren. Auch wenn es nicht immer so zugeht wie während der großen Proteste 2019, weiß jeder, der auf eine Demonstration geht, was auf ihn zukommt. Hinterher gibt es Verletzte, vielleicht Tote, die Straße ist aufgerissen, Läden sind geplündert, die Ampel ist hinüber und die Stadt in Aufruhr. Und trotzdem gehen die Menschen immer wieder los, um für ihre Rechte zu demonstrieren, weil sie mutig sind und eine unbezwingbare Hoffnung haben.

107. Grund

Weil der Klimawandel bereits Realität ist und Chile als Lernbeispiel dienen kann

Dürre, Trockenheit, Waldbrände, aber auch Überschwemmungen und Starkregen – die Auswirkungen des Klimawandels sind in Chile schon lange deutlich spürbar. Nach den Kriterien der Vereinten Nationen gilt das Land als besonders verwundbar gegenüber Klimafolgen, und bisher kann man die Anstrengungen des Landes, diese abzuschwächen, nicht gerade als vielversprechend bezeichnen.

Fast jedes Jahr wird in Chile ein neuer Hitzerekord gebrochen, und immer wieder versagen die Wasserversorgungssysteme im ganzen Land. In Santiago merkt man nicht viel von dieser Wasserkrise, weil das frische Nass dort zuverlässig und gechlort aus dem Hahn fließt. Abseits der Hauptstadt aber gibt es große Probleme: Im Sommer muss die Landbevölkerung teilweise mit Lkw mit Wasser beliefert werden. Das bedeutet für viele Kleinbauern eine Katastrophe, weil das Wasser dann nur für den menschlichen Gebrauch und nicht mehr für Bewässerung und Tiere ausreicht. Immer wieder rufen Gemeinden den Wassernotstand aus, und kleine Landwirte müssen aufgeben und in die Städte oder in den wasserreicheren Süden migrieren.

Die Auswirkungen des Klimawandels haben in Chile eine starke soziale Komponente: Ohnehin benachteiligte Gruppen leiden viel stärker als Wohlhabende. Zum Beispiel versagt die Wasserversorgung armer Gemeinden viel früher als die robusten Systeme großer Obst- und Gemüseproduzenten, die oft gleichzeitig die Wasserrechte innehaben. Da Wasser in Chile ein privates Gut ist, kann zum Beispiel ein Avocado-Plantagenbesitzer ein ganzes Tal trockenlegen, wenn er selbst mehr Wasser aufstaut und verbraucht. Der Fall in Petorca ging vor einigen Jahren durch die Presse. In den Städten wohnen einkommensschwache Familien häufig Haus an Haus, decken ihre Dächer mit Wellblech, und es gibt kaum Grünflächen oder Bäume. Dadurch kann die Temperatur um bis zu fünf Grad höher sein als in wohlhabenderen Vierteln mit großen Gärten, Parks, alten Bäumen und Ziegeldeckung.

Der Klimawandel bewirkt in Chile gefährliche und langsame Veränderungen. Durch den Anstieg der Durchschnittstemperaturen schmelzen die Gletscher in den Anden, und Schnee verdampft, bevor er einen Wasserspeicher bilden kann. Mittel- und langfristig werden deswegen immer mehr Wasserquellen versiegen und sich die Konflikte um Wasser verschärfen. 80 Prozent des Wassers verbraucht in Chile der Agrarsektor, 17 Prozent der Bergbau. In der Zukunft werden sich Politik, Wirtschaft und Gesellschaft über die Verteilung und das Wassermanagement einig werden müssen. Außerdem spürt man nach längeren Zeiten ohne Regen sehr schnell, dass sich die Luftqualität in den Städten verschlechtert. Diese Belastung kostet jedes Jahr mehrere Tausend Menschenleben und beschneidet die Lebensqualität aller.

Auch beim CO_2 schneidet Chile nicht besonders gut ab: Als kleines Land macht es laut Zahlen der Weltbank von 2019 global gesehen nur 0,22 Prozent der Treibhausgasemissionen aus. Pro Kopf gesehen ist es aber mit etwa 4,8 Tonnen im Jahr auf europäischem Niveau und damit kein gutes Beispiel. Laut Zahlen der Europäischen Kommission von 2019 entfallen 38 Prozent der chilenischen Emissionen auf die Energiewirtschaft, 29 Prozent auf den Verkehr und 18 Prozent auf verarbeitendes Gewerbe und Bauwirtschaft.

Chile ist noch weit entfernt von einer nachhaltigen Entwicklung. Bergbau, Forstwirtschaft und Agrarindustrie profitieren von einer laschen Umweltgesetzgebung. Das Ergebnis sind Monokulturen bis zum Horizont, ein Zurückgehen der Artenvielfalt, Wasserprobleme, Waldbrände, Vergiftungen mit Pestiziden und die Versauerung der Meere – um nur einige zu nennen. Nach wie vor hat das Land den Pfad des Extraktivismus nicht verlassen. Natürliche und meistens nicht nachwachsende Ressourcen werden ausgebeutet, und alternative Wirtschaftsformen zieht die Politik nicht ernsthaft in Betracht. »Die Gründe für das Scheitern eines angemessenen Umgangs mit der Klimaproblematik liegen dabei weniger in Wissens- und Verständnisfragen, sondern in der rechtlich festgeschriebenen neoliberalen Hegemonie«, fasste es die Politikwissenschaftlerin Elisabeth Holzer 2017 treffend zusammen. Mit dieser Erfahrung ist Chile gar nicht so weit weg von Deutschland und Europa. Ein Blick in das südamerikanische Land kann uns aber viel früher und viel krasser als in anderen Regionen der Welt zeigen, wohin uns der Klimawandel führen kann.

108. Grund

Wegen der Wege und Straßen

In Chile Auto zu fahren, ist in etwa so wie in Rom: Es ist nicht komplett lebensgefährlich, aber als braver deutscher Autofahrer muss man schon etwas mutig sein und improvisieren. Da die Chilenen das mit dem Improvisieren besonders gut können, sind sie klar im Vorteil und passionierte, leider aber wenig vorausschauende Autofahrer. Fußgänger müssen schnell auf die Seite springen, wenn ein Rechtsabbieger um die Kurve jagt, und insgesamt auf der Hut sein. Zebrastreifen sind eine etwas sicherere Angelegenheit, wobei man sich nie darauf verlassen sollte.

Besonders im Winter werden die chilenischen Straßen zu einer Herausforderung: Kommunale und Staatsstraßen sind fast immer in einem schlechten Zustand, aber wenn Frost und Dauerregen ihr Werk tun, werden die Schlaglöcher so groß wie Dorfteiche, und wegen verstopfter Gullis werden ganze Straßen überschwemmt. Ein Gutes hat dieser Zustand: Er hat nämlich den großartigen Beruf *Tapahoyos* (in etwa *Lochstopfer*) hervorgebracht, den die chronisch klammen Kommunen erfunden haben. Statt ihre Straßen zu erneuern, heuern sie einfach einen Trupp Hilfsarbeiter an, die mit einer Art Abflammgerät und Handschuhen die Schlaglöcher füllen und tageweise bezahlt werden. Dass über diese Berufsbezeichnung überall die schlimmsten Flachwitze gemacht werden, versteht sich von selbst. Um das Rasen in Wohngebieten zu unterbinden, sind seit ein paar Jahren Bremsschwellen zur Verkehrsberuhigung in Mode gekommen, die allerdings bisher nur dazu führen, dass vorher abrupt abgebremst und hinterher wieder schnell beschleunigt wird.

Außerhalb der Städte und Dörfer besteht Chile hauptsächlich aus Schotterpisten, die Autos stark zusetzen. Je nach Wetter sind die Pisten entweder rutschig oder extrem staubig, werden überschwemmt oder haben heftige Schlaglöcher. Auf ihnen zu fahren, ist Übungssache. Insgesamt kann man nicht nur auf Schotterpisten, sondern auf allen chilenischen Straßen nicht sehr schnell fahren. Private Straßen, vor allem Autobahnen, sind in besserem Zustand, allerdings muss man für sie bezahlen. Dafür gibt es alle paar Kilometer eine Mautstation, an der man anhalten muss. Nur in Santiago und einigen anderen Städten funktioniert das Bezahlen automatisch über das System *TAG*, das mit einem Empfänger in der Windschutzscheibe kommuniziert.

Autofahren für Fortgeschrittene lässt sich in Santiago ausprobieren. Wer mutig ist und es versuchen will, sei gewarnt: Der Verkehr in Santiago ist schnell, die Straßen riesig, die Verkehrsführung für Ungeübte abenteuerlich. Autos wechseln ohne zu blinken die Spur und hupen, riesige Busse fahren, als wären sie allein auf der Welt, es ist laut, heiß, dreckig und Stau. Um die Verkehrsströme zu den Hauptreisezeiten zu unterstützen, wechselt bei manchen Straßen je nach Uhrzeit sogar die Fahrtrichtung! Und: In Santiago gelten im Winter bei Smogwarnstufe Fahrverbote für bestimmte Kennzeichen-Endnummern. Die jeweiligen Regelungen werden über die Nachrichten und andere Medien bekannt gemacht und auch recht streng gehandhabt. Wer nicht Auto fahren muss, der sollte in Santiago und eigentlich in ganz Chile mit dem Bus fahren, der wunderbar funktioniert, bequem, sicher und günstig ist.

109. Grund

Weil Vulkane allgegenwärtig, wunderschön und bedrohlich sind

Meinen ersten Vulkanausbruch erlebte ich im März 2015 ziemlich unvorbereitet, und ich werde ihn nie vergessen. Der Vulkan Villarrica ist einer der aktivsten Vulkane Lateinamerikas, der regelmäßig ein bisschen raucht und rote Wölkchen in den Nachthimmel malt. Deswegen gehen auch jedes Jahr über 15.000 Touristen aus aller Welt mit einer geführten Tour zum Krater, wo sie in den Lavaschlund schauen und mit etwas Glück einen kleinen Lavaschluckauf erleben können: Der Vulkan katapultiert eine überschaubare Menge Feuer und Gestein in die Luft, und man kann in sicherem Abstand dabei zusehen und staunen. Er wird ständig von der chilenischen Geologie- und Bergbaubehörde überwacht, weswegen dieser Tanz auf dem Vulkan tatsächlich ein sicherer ist. Sobald seine Aktivität zunimmt, werden alle Ausflüge zum Krater eingestellt, und auch das Skizentrum wird geschlossen, das sich auf der Nordseite des Vulkans befindet.

Trotz seiner Aktivität ist der Villarrica ein schöner Vulkan, und die Menschen in seiner weiteren Nachbarschaft leben mit ihm wie mit einem Alleebaum. Mit seiner perfekten konischen Form und seiner Puderzucker-Schneedecke sieht er einfach märchenhaft aus. Wie ein König thront er über der ganzen Region und heißt auf Mapuzungún, der Sprache der Mapuche, *Rukapillán*, was so viel bedeutet wie *Haus des Geistes*, und das ist auch sehr passend.

In der Nacht vom 3. März lag ich friedlich und nichts ahnend in meinem Bett, als ich noch vor Sonnenaufgang plötzlich wach wurde. Ich wusste nicht so recht, was vor sich ging, aber irgendetwas stimmte nicht. Minutenlang lag ich einfach nur da und lauschte in die Dunkelheit. Und dann spürte ich es: eine Art extrem tiefes Brummen oder eher eine Vibration, etwa wie wenn ein sehr schwerer Lkw auf einer Schotterpiste neben einem entlangfährt. Nicht meine Ohren, sondern eher mein ganzer Körper hatte dieses Gefühl wahrgenommen, das man gar nicht als Geräusch bezeichnen kann. Ich stand auf und ging hinaus. Es war eine warme Sommernacht, und einige Nachbarn versammelten sich auf einer kleinen Anhöhe, von der aus man den besten Blick auf den etwa 30 Kilometer entfernten Vulkan hat. Der Anblick war überwältigend und beunruhigend zugleich: Eine riesige Wolke aus Feuer und Staub stand über dem Vulkan, der jetzt auch deutlich hörbar rauschte und brummte. Wir standen sprachlos da, betrachteten das wunderschöne Schauspiel und kamen erst wieder zu Sinnen, als meine Nachbarin Angela vorschlug, die Nachrichten zu sehen, nur um sicherzugehen.

Da wir uns recht weit weg vom Vulkan Villarrica befanden und der Wind gut stand, ging der Ausbruch für uns gut aus. Allerdings ist das nicht immer der Fall. Immer wieder bauen Menschen trotz Verbots ihre Häuser in definierten Risikogebieten für Vulkanausbrüche, müssen evakuiert werden und verlieren unter Umständen alles. Das Vorgehen bei Vulkanausbrüchen ist in Chile gut organisiert, und die Menschen reagieren meistens ruhig und geordnet. Alle haben das schon mehrfach geübt oder eigene Erfahrungen gemacht. Bevor ein Vulkan ausbricht, gibt es meistens Stunden zuvor eine Warnung, und es ist genug Zeit, sich in Sicherheit zu bringen.

Viel gefährlicher und schädlicher kann aber die Staubwolke werden, die sich über das Land legt, nachdem die Eruption vorbei ist. Häufig weht der Wind für die Chilenen glücklich Richtung Argentinien und nimmt alles mit in die riesigen Weiten der Pampa. Als 2015 der Vulkan Calbuco ausbrach, stand der Wind ungünstig für die Chilenen und legte im Anschluss eine dicke Schicht aus Staub und Asche über die Regionen Los Ríos und Araucanía. Was das bedeutet, kann man sich kaum vorstellen. Es sieht aus, als wenn jemand bei Photoshop die Farbe abgedreht hätte. Alles ist grau, sogar vom Himmel schneit es grau, und alle Freude scheint erstickt. Ein apokalyptisches Gefühl. Menschen müssen sich Mund und Nase bedecken, weil niemand genau weiß, was der Vulkan in die Luft geschleudert hat und ob man es einatmen sollte. Viele Kleinbauern beziehen ihr Wasser aus nahe gelegenen Quellen, die mit der gefallenen Asche ungenießbar werden. Tiere wie Kühe und Schafe müssen in den Stall, weil sie verenden, wenn sie die Asche auf den Wiesen fressen. Allerdings haben die wenigsten Kleinbauern genügend Futter für die Tiere und müssen sie schlachten. Vor allem für die ländliche Bevölkerung, aber auch für Tourismus und kleine Unternehmer ist so eine Staubwolke eine Katastrophe, die innerhalb weniger Stunden die Arbeit mehrerer Jahre zunichtemachen kann.

Fast nirgendwo auf der Erde gibt es so viele Vulkane wie in Chile. Die chilenische Geologie- und Bergbaubehörde zählt über 2000 auf chilenischem Staatsgebiet, wovon 500 als aktiv gelten. Sie sind dort, weil vor der chilenischen Küste die Nascaplatte unter die Pazifische Kontinentalplatte abtaucht und bei dieser Bewegung viel Reibung entsteht. Deswegen rumort es immer irgendwo. Für die Chilenen gehören Vulkanausbrüche und Erdbeben zur normalen Nachrichtenlage. Sie geschehen ständig. Alle kennen die Anzeichen, das Vorgehen, die Risiken. Und trotzdem ist es auch für die abgebrühtesten Chilenen beeindruckend und angsteinflößend, wenn wieder ein Riese erwacht und als Vulkan Feuer und Lava spuckt.

110. Grund

Weil Chile mit Draht zusammengehalten wird

Es ist mal wieder so weit: Meine Freundin Ana lässt entnervt den Schraubenzieher sinken und geht fluchend in den Schuppen ein Stück Draht holen. So ein blöder Topf! Wer braucht auf dieser Welt schon Schrauben, wenn sich auch (vorerst) alles mit Draht reparieren lässt? Kurz darauf kommt sie zurück, und im Nu hat sie dem Topf zwei neue Ohren gebastelt. Voilà, geht doch. Schon Chiles großer Dichterkönig Pablo Neruda wusste um die Relevanz des Drahtes für die Chilenen Bescheid und widmete ihm nicht nur ein langweiliges Gedicht, sondern gleich eine Ode: Die *Ode an den Stacheldraht* (*Oda al alambre de púa*). Auch wenn es eher eine etwas melancholische oder desillusionierte Beschreibung der chilenischen Kulturlandschaft ist, der Draht hat es damit bis ganz nach oben in den nationalen Dichterhimmel geschafft!

Denn egal ob Küchengeräte, Toilettenspülungen, Türklinken, Radios oder Fahrräder – es gibt nichts, was in Chile nicht mal eben mit Draht zusammenimprovisiert wird. Draht gibt Sicherheit und Ordnung, das lieben die Chilenen. Und er ist günstig. Jeder kann mit einem Stück Draht erfinderisch werden und schnell etwas wieder zurechtbiegen. Ganz Chile ist von Stacheldrahtzäunen geordnet, die das Land durchziehen, Grundstücke voneinander abgrenzen und verhindern, dass irgendjemand sich frei in Wald und Flur bewegen könnte. Wo käme man denn da hin? Drähte halten Wackeldackel in der Windschutzscheibe aufrecht und Fahrräder beieinander. Etwas mit Draht zusammenzuflicken bedeutet in Chile, kreativ und mit wenigen Mitteln Lösungen zu finden, sich selbst helfen zu können und nicht auf teure und komplizierte Technik angewiesen zu sein. Es hält zwar nicht ewig und nervt unsäglich bei jeder Benutzung, aber funktioniert ja (erst mal). Und wie jeder weiß: Nichts ist so beständig wie Provisorien.

111. *Grund*

Weil Chilenen den Tag genießen – denn es könnte immer der letzte sein

Es vergeht in Chile kein Jahr ohne mindestens eine größere Katastrophe: Entweder ein Vulkan bricht aus, ein Erdbeben erschüttert das Land und Tsunamis verwüsten die Küste, es herrscht Dürre, oder eine Überschwemmung reißt alles mit sich fort. Oder eine neue Protestwelle legt das öffentliche Leben lahm, das Benzin geht zur Neige, und die Lebensmittel werden rationiert. Der Strom fällt aus, auf dem Land wird das Wasser knapp, Institutionen streiken, der Partner wird krank, und die Behandlung kostet ein Vermögen etc … Die Chilenen kennen das, der Ausnahmezustand gehört zu ihrem Leben wie das Atmen. Kein Grund zur Aufregung. Das chilenische Lebensgefühl ist etwa so, wie wenn man immer auf einer sehr dünnen Eisschicht geht. Man weiß nie, ob sie den nächsten Schritt noch hält, jederzeit könnte man einbrechen. Weil es aber so aufregend ist, geht man immer weiter. Meine Theorie ist, dass die Chilenen wegen dieser ständigen Unsicherheit jeden Tag umso intensiver leben, denn morgen könnte es vielleicht schon wieder vorbei sein mit dem Glück.

Dieses Gefühl bestimmt das Fühlen und Agieren der Chilenen. Egal, zu welcher Uhrzeit man bei einem Freund an die Tür klopft – man wird mit Freude empfangen und darf so lange bleiben, wie man möchte. Es wird ein Wein geöffnet oder ein Essen aufgetischt, unabhängig davon, ob der Freund eigentlich gerade den Hausputz oder die Buchhaltung machen wollte. Man trifft einen Nachbarn und tauscht sich erst mal in aller Ruhe über die Neuigkeiten im Viertel aus oder bleibt einfach zum Abendessen. Feste werden in Chile gefeiert, wie sie fallen. Eine spontane Geburtstagsfeier für die Tante? Keiner zögert, auch noch Ende des Monats die letzten Pesos für die Feier auf den Kopf zu hauen. Onkel, Tanten, Freunde, Cousinen und Cousins tanzen bis morgens um fünf, grölen gemeinsam mit größter Begeisterung die Hits aus ihrer Jugend mit, liegen sich in den Armen, rauchen, lachen, heulen, und erst im Morgengrauen denkt Tante Hilda daran, dass ja um acht ein wichtiger Arbeitstermin ist. Macht nichts, es ist ja noch Zeit; schnell die Frisur zurechtrücken, den Lidstrich nachziehen, und weiter geht's mit größter Eleganz zum Termin. Was man gegessen und getanzt hat, kann einem keiner mehr nehmen.

Auch zum chilenischen Alltagsglitzern gehört für mich die Relevanz von Präsentation und Verpackung. Egal, wie ärmlich die Herkunft einer Person auch sein mag, für die Öffentlichkeit werden die weißen Hemden gestärkt, die Haare der kleinen Mädchen zu glänzenden Zöpfen geflochten und die Schuhe poliert. Zu Weihnachten bieten kleine Verkaufsstände auf der Straße ihren Service im Geschenkeverpacken an, natürlich mit allen Schleifchen und Glitzersternchen, die man sich vorstellen kann. Das Tischdecken ist bei vielen Familien ein Ritual, das seine Zeit braucht, weil das Essen andächtig präsentiert wird, für jedes Getränk das richtige Glas ausgesucht und jede Serviette zurechtgerückt wird. Man könnte meinen, all diese äußeren Dinge seien nichts als Schein und Rauch und irgendwie oberflächlich. Sie machen aber den Alltag tatsächlich schöner und vielleicht ein bisschen glamouröser, vor allem, wenn es schwer ist, die einfachen täglichen Bedürfnisse bezahlen zu können. Und für mich sind diese Details Teil einer chilenischen Lebenskunst, die einfachen Dinge des Alltags wertzuschätzen und zu etwas Besonderem zu machen. Denn in jedem Moment könnte schon wieder die nächste Katastrophe über einen hereinbrechen. Besser man hat vorher von allem gekostet.

111 GRÜNDE:

REISE INTERNATIONAL: 111 GRÜNDE, GEORGIEN ZU LIEBEN • 111 GRÜNDE, DIE SCHWEIZ ZU LIEBEN • 111 GRÜNDE, ALBANIEN ZU LIEBEN • 111 GRÜNDE, CHINA ZU LIEBEN • 111 GRÜNDE, BULGARIEN ZU LIEBEN • 111 GRÜNDE, COSTA RICA ZU LIEBEN • 111 GRÜNDE, DIE SLOWAKEI ZU LIEBEN • 111 GRÜNDE, SINGAPUR ZU LIEBEN • 111 GRÜNDE, TSCHECHIEN ZU LIEBEN • 111 GRÜNDE, ARMENIEN ZU LIEBEN • 111 GRÜNDE, DUBLIN ZU LIEBEN • 111 GRÜNDE, ÄGYPTEN ZU LIEBEN • 111 GRÜNDE, DIE NIEDERLANDE ZU LIEBEN • 111 GRÜNDE, DIE UKRAINE ZU LIEBEN • 111 GRÜNDE, ARGENTINIEN ZU LIEBEN • 111 GRÜNDE, DIE TÜRKEI ZU LIEBEN • 111 GRÜNDE, SÜDAFRIKA ZU LIEBEN • 111 GRÜNDE, LONDON ZU LIEBEN • 111 GRÜNDE, NEW YORK ZU LIEBEN • 111 GRÜNDE, MALLORCA ZU LIEBEN • 111 GRÜNDE, DÄNEMARK ZU LIEBEN • 111 GRÜNDE, SCHWEDEN ZU LIEBEN • 111 GRÜNDE, FINNLAND ZU LIEBEN • 111 GRÜNDE, IRLAND ZU LIEBEN • 111 GRÜNDE, ISLAND ZU LIEBEN • 111 GRÜNDE, SCHOTTLAND ZU LIEBEN • 111 GRÜNDE, POLEN ZU LIEBEN • 111 GRÜNDE, PORTUGAL ZU LIEBEN • 111 GRÜNDE, AUSTRALIEN ZU LIEBEN • 111 GRÜNDE, NEUSEELAND ZU LIEBEN • 111 GRÜNDE, INDIEN ZU LIEBEN • 111 GRÜNDE, KUBA ZU LIEBEN • 111 GRÜNDE, RUSSLAND ZU LIEBEN • 111 GRÜNDE, FRANKREICH ZU LIEBEN • 111 GRÜNDE, ROM ZU LIEBEN • 111 GRÜNDE, ENGLAND ZU LIEBEN • 111 GRÜNDE, BRASILIEN ZU LIEBEN • 111 GRÜNDE, JAPAN ZU LIEBEN • 111 GRÜNDE, WALES ZU LIEBEN • 111 GRÜNDE, KANADA ZU LIEBEN • 111 GRÜNDE, ITALIEN ZU LIEBEN • 111 GRÜNDE, NORWEGEN ZU LIEBEN • **REISE DEUTSCHLAND:** 111 GRÜNDE, DEN RUHRPOTT ZU LIEBEN • 111 GRÜNDE, DIE NORDSEE ZU LIEBEN • 111 GRÜNDE, KÖLN ZU LIEBEN • 111 GRÜNDE, DAS RHEINLAND ZU LIEBEN • 111 GRÜNDE, THÜRINGEN ZU LIEBEN • 111 GRÜNDE, FRANKEN ZU LIEBEN • 111 GRÜNDE, BADEN ZU LIEBEN • 111 GRÜNDE, BAYERN ZU LIEBEN • 111 GRÜNDE, SACHSEN ZU LIEBEN • 111 GRÜNDE, HAMBURG ZU LIEBEN • 111 GRÜNDE, DIE PFALZ ZU LIEBEN • 111 GRÜNDE, SYLT ZU LIEBEN • 111 GRÜNDE, SCHWABEN ZU LIEBEN • **MUSIK:** 111 GRÜNDE, HIPHOP ZU LIEBEN • 111 GRÜNDE, HEAVY METAL ZU LIEBEN • 111 GRÜNDE, KLASSISCHE MUSIK ZU LIEBEN • 111 GRÜNDE, JAZZ ZU LIEBEN • **EROTIK:** 111 GRÜNDE, SM ZU LIEBEN • 111 GRÜNDE, OFFEN ZU LIEBEN • **HOBBY & FREIZEIT:** 111 GRÜNDE, SELBST ZU KOCHEN • 111 GRÜNDE, POKER ZU LIEBEN • 111 GRÜNDE, SCHACH ZU LIEBEN • 111 GRÜNDE, BÜCHER ZU LIEBEN • 111 GRÜNDE, DAS BÖSE ZU LIEBEN • 111 GRÜNDE, COMPUTERSPIELE ZU LIEBEN • 111 GRÜNDE, DIE EISENBAHN

WWW.111-GRUENDE.DE

111 GRÜNDE, NEUSEELAND ZU LIEBEN

EINE LIEBESERKLÄRUNG AN DAS KLEINE GRÜNE LAND AM ANDEREN ENDE DER WELT, DAS IMMER IM HERZEN BLEIBT, WENN MAN EINMAL DORT GEWESEN IST

111 GRÜNDE, NEUSEELAND ZU LIEBEN
EINE LIEBESERKLÄRUNG AN DAS SCHÖNSTE LAND DER WELT
Von Jenny Menzel
320 Seiten | Premium-Paperback
Plus zwei Farbteile á 16 Seiten
ISBN 978-3-942665-46-9 | Preis 14,99 €

Neuseeland ist kein einfaches Reiseziel; dagegen spricht als Erstes der elendig lange Flug. Aber oh, es lohnt sich! Neuseeland verzaubert unweigerlich, und das nicht nur mit seinen grandiosen Landschaften. Wer einmal da ist, will nicht mehr weg; und wer von dort zurückkommt, hat für immer diese Sehnsucht im Blick …

Die Autorin ist mehrere Monate lang im Wohnmobil über beide Inseln gereist und hat sich Zeit genommen für Entdeckungen fernab der bekannten Touristenrouten, für faule Nachmittage am Strand, für Nächte unter der Milchstraße und für Begegnungen mit den Menschen Neuseelands.

Lange nicht genug Zeit, um alles zu sehen, was Neuseeland zu bieten hat, aber doch lange genug, um sich unsterblich in das Land zu verlieben. 111 Gründe dafür listet Jenny Menzel auf – und das sind noch längst nicht alle.

WWW.SCHWARZKOPF-SCHWARZKOPF.DE

JOHANNA UMBACH hat Journalismus in Berlin sowie Geschichte in Eichstätt und Temuco studiert und wurde im Fach Geschichte Lateinamerikas promoviert. Sie hat zu Missionen in Süd-Chile, Frauenbildern und zu Eigen- und Fremddarstellungen in historischen Fotografien geforscht. Seit 2006 besucht sie regelmäßig das lateinamerikanische Land und pendelt zwischen Deutschland und der Araukanie hin- und her.

Johanna Umbach
111 GRÜNDE, CHILE ZU LIEBEN
Eine Liebeserklärung an das schönste Land der Welt

ISBN 978-3-86265-842-8

BILDNACHWEIS
Bildteile: © Johanna Umbach: Bildteil 1: Seite I–V, Seite XV unten, Bildteil 2: Seite I–IX, Seite X unten, Seite XI–XII, Seite XIII unten, Seite XIV unten. © **stock.adobe.com:** Bildteil 1: Seite V oben: © jon_chica, Seite V unten: © Dmitry Pichugin, Seite VI-VII: © Stefan, Seite VIII oben: © jck landscape, Seite VIII unten: © Goodwave, Seite IX oben: © Travelbild.com, Seite IX unten: © Dr. Jürgen Tenckhoff, Seite X oben: © jon_chica, Seite X unten: © jon_chica, Seite XI: © daboost, Seite XII-XIII: © Fotos 593, Seite XIV: © Picturellarious, Seite XV oben: © f11photo, Bildteil 2: Seite X oben © oscargutierrezfotos, Seite XIII unten: © Luis Sandoval M., Seite XIV oben: © Carlos, Seite XV unten: © GesangPhotography, Seite XVI: © wemm. © **Wikimedia Commons:** Bildteil 1: Seite XVI, Bildteil 2: Seite XV oben. **Coverfoto:** © Kushnirov Avraham – stock.adobe.com

VERLAG
Schwarzkopf & Schwarzkopf Verlag GmbH
Kastanienallee 32, 10435 Berlin

INTERNET | E-MAIL
www.schwarzkopf-schwarzkopf.de
www.facebook.com/schwarzkopfverlag
info@schwarzkopf-schwarzkopf.de